E-commerce Economy and
Modernization of Rural Communities

电商经济与村落社区的现代性转型

韩庆龄 著

中国社会科学出版社

图书在版编目（CIP）数据

电商经济与村落社区的现代性转型 / 韩庆龄著 . —北京：中国社会科学出版社，2020.11
ISBN 978 - 7 - 5203 - 7331 - 9

Ⅰ.①电… Ⅱ.①韩… Ⅲ.①电子商务—关系—农村—社会转型—研究—山东 Ⅳ.①F713.36②C91

中国版本图书馆 CIP 数据核字（2020）第 186794 号

出 版 人	赵剑英
责任编辑	马　明　孙砚文
责任校对	任晓晓
责任印制	王　超

出　　版	中国社会科学出版社
社　　址	北京鼓楼西大街甲 158 号
邮　　编	100720
网　　址	http://www.csspw.cn
发 行 部	010 - 84083685
门 市 部	010 - 84029450
经　　销	新华书店及其他书店

印　　刷	北京明恒达印务有限公司
装　　订	廊坊市广阳区广增装订厂
版　　次	2020 年 11 月第 1 版
印　　次	2020 年 11 月第 1 次印刷

开　　本	710×1000　1/16
印　　张	18.25
插　　页	2
字　　数	255 千字
定　　价	99.00 元

凡购买中国社会科学出版社图书，如有质量问题请与本社营销中心联系调换
电话：010 - 84083683
版权所有　侵权必究

目 录

第一章 导论 …………………………………………………… (1)
第一节 研究缘起:村落社区的现代性转型——转向
　　　　哪里? ……………………………………………… (1)
第二节 电商经济与村落转型的研究脉络 ……………… (5)
第三节 理论资源 ………………………………………… (32)
第四节 研究方法与田野概况 …………………………… (41)
第五节 分析框架与核心概念 …………………………… (49)

第二章 电商兴起的前夜:社会变迁中的乡村图景 …………… (56)
第一节 集体经济背景下的乡村社会 …………………… (56)
第二节 市场经济背景下的乡村社会 …………………… (69)
第三节 村落传统的延续和松动 ………………………… (80)
第四节 小结:电商兴起前夜村庄的"经济与社会" …… (90)

第三章 电商经济兴起与村落经济结构的转型 ……………… (95)
第一节 电商经济的兴起与发展过程 …………………… (95)
第二节 电商经济与电商群体的属性特征 ……………… (108)
第三节 电商经济与村落经济结构的变迁 ……………… (133)
第四节 小结:电商发展带来的经济活力 ……………… (146)

第四章 电商经济与村落结构基础的转型 …………………… (149)
- 第一节 土地秩序的失衡 ………………………………… (150)
- 第二节 公共规则的失效与重建 ………………………… (168)
- 第三节 社会关系网络的重构 …………………………… (178)
- 第四节 小结:村庄公共性的式微 ……………………… (194)

第五章 电商经济与村落治理模式的转型 ………………… (197)
- 第一节 电商经济的政治效应 …………………………… (197)
- 第二节 多元利益主体下常规治理模式失效 …………… (209)
- 第三节 多元社会主体协同下的过渡型治理 …………… (215)
- 第四节 小结:对派系政治超越的可能 ………………… (225)

第六章 共同体本位的农村社区建设何以可能 …………… (228)
- 第一节 电商经济带来的经济活力与秩序动荡 ………… (229)
- 第二节 乡村社会内源性活力的激发机制 ……………… (238)
- 第三节 小结:共同体本位的农村社区建设 …………… (251)

第七章 村落社区转型的牵引和展望 ……………………… (253)
- 第一节 村落社区现代性转型的牵引 …………………… (253)
- 第二节 村落社区现代性转型的前景 …………………… (259)

终 章 ………………………………………………………… (264)

参考文献 ……………………………………………………… (267)

第一章 导论

第一节 研究缘起：村落社区的现代性转型——转向哪里？

一 研究问题

法国农民研究的著名学者孟德拉斯在《农民的终结》中开篇直言，"二十亿农民站在工业文明的入口处，这就是20世纪下半叶当今世界向社会科学提出的主要问题"，[①] 我国社会学者陆学艺基于对20世纪90年代中国农村社会的认识，提出"8亿农民的问题，广大农村的问题，这正是中国社会主义现代化事业今后必须要解决的经济社会问题"。[②] 早在1998年，中共十五届三中全会就指出："农业、农村和农民问题是关系到改革开放和现代化建设的重大问题。没有农村的稳定就没有全国的稳定，没有农民的小康，就没有全国人民的小康，没有农民的现代化，就没有整个国民经济的现代化。"[③] 在当前全球化的浪潮中，中国正处于急速的现代化转型时期，农村社会的和谐稳定直接关系到转型的成败。

[①] [法] H. 孟德拉斯：《农民的终结》，李培林译，中国社会科学出版社1991年版，第1页。

[②] 陆学艺：《"三农论"：当代中国农业、农村、农民研究》，社会科学文献出版社2002年版，第3页。

[③] 《中共中央关于关于农业和农村若干重大问题的决定》，人民出版社1998年版，第1页。

中国作为传统的农业大国，在向工业强国转型的过程中，内发型的发展模式不可避免地带来农村人财物等资源的流失。近年来，社会主流的声音一直遵循典型的欧美现代化路径，认为只要加快工业化、城市化、大量转移农村富余劳动力，就能解决"三农"问题，把消灭农民、农村的城市化等同于"三农"问题的解决。但是，中国作为一个人多地少的"超大型农民国家"，[①] 复制西方的现代化经验，具有诸多现实局限性和不确定性。从户籍看，当前中国还有大约9.5亿农村户籍人口，农村人口占全国人口的65%。到2030年前后，伴随人口增长，即使实现50%—60%的城市化，依然会有7亿—9亿人生活在农村。[②] 由此，"三农"发展确实需要外部环境和条件，但工业化和城市化不能代替"三农"自身的发展。在工业反哺和城市支持的条件下，特别需要加强农业农村这一承接载体的建设。[③] 从现代化发展角度看，东亚国家的小农家庭和村社群体发挥着劳动力"蓄水池"的作用，稳定时期为经济发展源源不断地提供廉价劳动力，困难时期则成为各种社会危机转嫁的承载底线。[④] 因此，基于小农经济和农村社会长期存在的社会现实，同时基于农村在现代化进程中的战略地位，中国的乡村建设就始终是一个历久弥新的主题。改革开放以来，中国农村社会取得了巨大的经济建设成就，但是伴随经济的高速发展，村落社会的公共秩序却不断受到冲击，传统习俗低俗化、家庭教会泛滥、公共事业无人问津、互助合作解体等，乡村社区建设面临前所未有的新挑战，农村社会的现代化转型也更具不确定性。农村经济发展与社会发展不同步、不协调。在农村经济发展的同时，农村社

[①] "超大型农民国家"是温铁军提出的，他认为中国大陆乡村建设的长期性和必要性是基于超大型农民国家而非地大物博的国情。参见温铁军《我们还需要乡村建设》，《开放时代》2005年第6期。

[②] 温铁军：《我们还需要乡村建设》，《开放时代》2005年第6期。

[③] 王景新：《工业反哺条件下的中国新乡村建设》，《小城镇建设》2005年第11期。

[④] 参见［美］富兰克林·H.金《四千年农夫》，程存旺、石嫣译，东方出版社，温铁军所作的序言。

会发展、社会进步却没有获得相应的进展。①那么，在当前经济发展与社会建设脱节、国家治理转型、社会价值多元的背景之下，处于传统到现代变迁进程中的农村社区又该走向何处，就成为本书关心的宏观问题。

党的十九大报告提出了"乡村振兴战略"，开启了农村社区建设的新征程，为高速转型的中国农村指明了发展方向。乡村振兴，产业兴旺是重点，治理有效是基础，产业兴旺和治理有效的有机协同构成了乡村振兴的两大抓手。早在2015年《国务院关于积极推进"互联网+"行动的指导意见》中就明确指出，要推动互联网由消费领域向生产领域拓展，加速提升产业发展水平。2018年中央一号文件指出，鼓励支持各类市场主体创新发展基于互联网的新型农业产业模式，以推进乡村产业融合、培育乡村发展新动能。2019年中央一号文件则明确提出了实施数字乡村战略，同年5月，中共中央办公厅、国务院办公厅印发《数字乡村发展战略纲要》，强调数字乡村既是乡村振兴的战略方向，也是建设数字中国的重要内容，由此开启了数字乡村与乡村振兴有机衔接的建设进程。电子商务与其他产业的结合发展，是消费互联网到产业互联网转型的重要标志。可以说，互联网进村背景下数字经济产业的发展，把农村社区发展推上了快车道，掀开了乡村产业兴旺的新篇章。由此，对电商经济发展过程与村落社区转型的互促推进进行社会学研究，探究内生数字经济产业驱动乡村振兴的机制逻辑，为构建经济与社会协调发展的乡村振兴路径提供学理支持，则成为本书所关注的中观问题。

进一步而言，村落现代性转型，既受结构因素的制约，又受文化因素和地方经验的影响，没有一种普遍而无特殊的固定模式。完全市场经济和政治自由主义的西方现代化之路，在激进的生产和发展主义话语下，以经济和效率主导的市场至上的逻辑，带来了系统对生活世

---

① 陆学艺：《"三农论"——当代中国农业、农村、农民研究》，社会科学文献出版社2002年版，第13—14页。

界的殖民，出现资源与环境危机、社会不平等、道德滑坡、伦理危机等一系列问题，都时刻启发我们要走出西方现代化的陷阱。既然西方式的现代化对中国是伪问题①，我们又该在现代化的具体进程中应该追求怎样的现代性转型之路？村庄真的难逃走向终结的命运吗？本书在田野调研基础上，将村落现代性转型与共同体本位的中国农村研究相结合，以乡村电商经济产业的发展为研究脉络，区别于经济本位的农村现代化路径，聚焦当代农村社区共同体属性生成与再生产问题，力图在新型经济产业与村庄内外资源要素相结合基础上探讨农村社区内发型发展的动力机制，并从社会基础层面和政治基础层面挖掘适应经济基础变革的协调发展路径。本研究强调发展过程中村庄内源活力的激活与村庄整体社会系统的逐步均衡，在本土现代型转型过程的特殊性和复杂性中，探讨现代性转型的动力牵引及共同体的新形态，回答村落社区现代性转型的另一前景。

二 研究意义

中国作为一个巨型农民国家，农村在我国的整体社会结构和现代化发展中始终处于重要地位，农村社区建设在今后及相当长的时期内都是重要性不减的主题。中国现代化的关键在于农村现代化，难点也在于农村现代化，农村现代化的命运如何，决定了整个中国现代化的发展前途。② 西方高度现代化国家已经形成了发展的比较优势，作为后发的现代化国家，中国的现代化建设进程与现代性的转型之路，不可避免的以其为参照，并在多方面向其取经。但是，在这个过程中，我们更应对西方现代化的发展道路进行现代性反思，处于不同的发展时代和发展阶段，中国工业化的发展环境与西方发展起步时的环境截然不同，中国走的是一条农业支持工业、农村支持城市的自我内部支

---

① 温铁军等：《中国大陆的乡村建设》，《开放时代》2003 年第 2 期。
② 陆学艺：《"三农论"——当代中国农业、农村、农民研究》，社会科学文献出版社 2002 年版，第 290—291 页。

援路径，而非对外扩张的工业化侵略之路。此外，在当前西方主导的世界经济体系中，中国尚处于边缘位置，从边缘到中心的位置转变需要高新等核心技术产业的创新、突破和发展，因此中国的现代化发展道路无法复制欧美发达国家的路径，村庄社会的现代性转型亦有自己的特殊性。产业发展才能带来以人为本的城镇化，当城镇化的速度与产业发展不匹配时，无疑会带来社会失衡和秩序危机。从该角度讲，共同体本位的农村社区建设，是中国高速现代化发展的稳定基础，它可以是村庄现代性转型的完成形态，亦可以是发展过渡形态。

本书将共同体理论与社会系统论、现代性理论结合，探讨经济活力与村庄公共性、地方政治有机协调的可能性，丰富共同体理论在本土经验研究中的应用，在经验研究中推进共同体理论的进展，亦展现现代性与共同体这一对西方理论的悖论，在中国具体经验实践中融合的可能。同时，本书采用转型社会学的理论分析视角，综合已有的村落社会转型研究，将村落转型操作化为经济结构之变、社会结构基础之变、治理之变三个维度，提供一个研究村落社会变迁的相对综合、清晰的分析框架，有利于推进社会转型的相关理论研究。简言之，在转型社会学的理论视角下，区别于学界对结果型村庄形态的研究，聚焦村落现代性转型的过程性研究，展现现代性全面浸入村庄的背景下电商产业发展与村庄整体社会转型之间的交相互动。同时，将共同体理论与现代性理论结合，力图凸显共同体主体性与历史性动态生成的一面，展现新型经济产业与村庄社会基础、政治结构在"嵌入—自反"过程中的互动变迁，为村落社会转型提供以村庄为本位的本土化理论建构方向。此外，本书对村庄中多元社会组织与地方政治关系的探讨，对于拓展本土化的治理经验和组织理论的发展亦有一定意义。

第二节 电商经济与村落转型的研究脉络

一 农村电商发展研究

电子商务（简称"电商"）与农村产业的结合发展，是助推产业融合和产业振兴的重要方式；电商产业与农村社区的融合发展，则是产业振兴驱动乡村振兴的有力实践。2009年，"淘宝村"的概念由阿里研究院首次提出，是指大量电商聚集在某个村落，以淘宝为主要交易平台，以淘宝电商生态系统为依托，形成规模和协同效应的网络商业群聚空间形态。根据阿里研究院2014年的《中国淘宝村研究报告》，淘宝村的认定标准包括：一是经营场所在农村地区，以行政村为单元；二是全村电子商务年交易额达到1000万元以上；三是本村活跃网店数量达到100家以上或者活跃网店数量达到当地家庭户的10%以上。从2013年到2014年，我国"淘宝村"数量由22个急剧增加到211个，同时出现19个拥有不少于3个"淘宝村"的"淘宝镇"，2015年淘宝村刷新到780个，"淘宝村"进入了发展的活跃期。据阿里研究院最新发布的《中国淘宝村研究报告（2009—2019）》显示，目前"淘宝村"覆盖全国25个省（自治区、直辖市），已达到4310个，带动就业机会超过683万个；该报告预计下一个十年全国淘宝村将超过2万个，将带动超过2000万个的就业机会。可见，近年来我国农村电子商务的发展进入快车道，"淘宝村"已经成为中国农村经济转型的重要新引擎，在农业农村现代化进程中发挥着不可替代的经济和社会功能。但是，农村电子商务作为一种新兴事物，目前学界对其研究还相对薄弱，与其迅猛发展之势远远不成比例，已有文献主要是调研报告和新闻通讯，关于农村电商的学术研究则主要围绕服务"三农"发展的大局，推进农业农村现代化进程展开，与农村产业融合、产业链优化和价值链增值[1]、乡村城镇化转型[2]、精准扶贫治理[3]等主题

---

[1] 李国英：《"互联网+"背景下我国现代农业产业链及商业模式解构》，《农村经济》2015年第9期。

[2] 邵占鹏：《农村电子商务的兴起与新型城镇化的破局》，《江汉大学学报》（社会科学版）2015年第1期。

[3] 郑瑞强、张哲萌、张哲铭：《电商扶贫的作用机理、关键问题与政策走向》，《理论导刊》2016年第10期；朱燕：《电商精准扶贫——互联网+农业背景下的扶贫新路径》，《经济研究参考》2017年第16期。

结合，多角度透视电商产业在农村社区的发展趋势与综合影响，主要聚焦以下两大方面。

一是基于案例考察的淘宝村及电商发展形成机制、路径模式与问题对策研究。农村电商的发展，既得益于其交易费用低、经济效率高、对生产、管理、流通、新增服务业以及其他产业有促进和带动等主观优势，① 也得益于城乡二元体制、强有力的基层治理能力、规模庞大且同质统一的市场等客观环境，② 同时，京东、阿里巴巴等电商平台纷纷开拓农村市场，建设农村服务站，亦是农村电商发展的直接契机，正是主客观因素的结合促成了其势如破竹的发展局面。其中，产业基础、淘宝平台、基础设施与物流、新农人、市场需求是淘宝村形成的主要要素。③ 概括来讲，学界主要从村庄资源禀赋和制度环境展开对发展基础的分析：前者主要从村庄内部视角出发，认为农村电商发展与当地经济发展水平具有明显正相关④，村庄的特色产业、社会组织、专业人才是电商产业发展的必备要素⑤，而村庄的互联网普及率、市场前景、治理秩序、互助伦理、人情网络、网民素质、返乡青年等⑥都构成地方电商产业发展的社会基础资源；后者则从村庄外部视角展开，认为农村电商产业发展是系统工程，国家对三农问题的

---

① 桂学文：《经济发展新动力：电子商务的作用机制与效果测度》，科学出版社2013年版。
② 房冠辛：《中国"淘宝村"：走出乡村城镇化困境的可能性尝试与思考——一种城市社会学的研究视角》，《中国农村观察》2016年第3期。
③ 曾亿武、郭红东：《农产品淘宝村形成机理：一个多案例研究》，《农业经济问题》2016年第4期。
④ 郑亚琴：《我国农村电子商务区域基础设施发展水平的主成分聚类分析》，《中国科技论坛》2007年第1期。
⑤ 史修松、魏拓、刘琼：《农村电商产业集群发展模式与空间涉及差异研究——江苏淘宝村的调查》，《现代经济探讨》2017年第11期；李艳菊：《论我国农业电子商务发展动力机制与策略》，《求索》2015年第3期。
⑥ 舒林：《淘宝村"发展的动力机制、困境及对策》，《经济体制改革》2018年第3期；崔丽丽、王骊静、王井泉：《社会创新因素促进"淘宝村"电子商务发展的实证分析——以浙江丽水为例》，《中国农村经济》2014年第12期。

重视、国务院和各部委的参与推动以及政策资源的输入等[1]，均构成了当前电商产业发展积极有利的制度环境。在此基础上形成电商产业发展的过程机制研究，学者们指出，我国农村电商产业的发展既与村庄社会基础有明显的契合性[2]，又展现出鲜明的政策推动性，在主观致富驱动、村内产业基础和政府政策引导的合力下，根据电商进村的阶段性需求合理推进[3]。

在此基础上，学界多围绕农民、地方政府、农业企业、合作社和行业协会等社会组织以及电商平台之间的互动组合展开电商发展模式的研究。村庄实践中，具体形成了诸多发展模式，可大致归纳为社区自发型、企业主导型、电商平台主导型和政府主导型四种类型[4]。另外，有学者探讨以政府为主导的，以农村合作社为主体的电商模式；[5]还有学者根据村落主营产业发展，将农村电商分为自组织模式和产业再造模式；根据资源依赖性，分为资源型产业和特色产业模式；根据网商参与角色，将电商分为自产自销、订单+网销、自产+多平台网销和共生模式。[6] 不同路径模式的效果评估成为研究者关注的重点，且重点围绕如何提升农村电商产业的发展质量和市场竞争力的核心问题，侧重从电商产业集群发展的角度提出改进方向[7]，认为各类市场

---

[1] 胡天石、傅铁信：《中国农产品电子商务发展分析》，《农业经济问题》2005年第5期；李丽、李勇坚：《中国农村电子商务发展：现状与趋势》，《经济研究参考》2017年第10期。

[2] 康春鹏：《我国农村电子商务研究综述》，《农业网络信息》2014年第12期。

[3] 张喜才：《电子商务进农村的现状、问题及对策》，《农业经济与管理》2015年第3期。

[4] 郑亚琴、李琪：《整合网络信息链：发展农业电子商务的前提》，《情报杂志》2007年第6期；骆毅：《我国发展农产品电子商务的若干思考——基于一组多案例的研究》，《中国流通经济》2012年第9期；岳欣：《推进我国农村电子商务的发展》，《宏观经济管理》2015年第11期。

[5] 宋孟丘、黄小庆：《基于合作社的农村电子商务发展探讨》，《商业时代》2014年第26期。

[6] 郭承龙：《农村电子商务模式探析——基于淘宝村的调研》，《经济体制改革》2015年第5期。

[7] 寇光涛、卢凤君：《"互联网+农业产业链"的实践总结与创新路径》，《农村经济》2016年第8期。

主体通过空间集聚和组织协同建立区域性的电商圈,以核心企业和平台商圈为中心[1],实现产供销一体化和全产业链增值的共生发展[2],是实现农村信息化和产业化深度融合的创新途径。另有学者从建立公共服务机构[3]、强化消费者信任[4]、引入共享经济理念[5]等方面提出改进举措。

此外,农村电商在迎来前所未有的发展机遇的同时,也面临诸多发展困境。学者们普遍意识到,电商发展的专业人才缺乏,人才培养体系不健全;特色品牌缺乏,且同质化竞争严重;生产场地受限,且发展潜力不足。[6] 另有学者提出,农村地区的网络通信设施在网络技术、通信速度、安全保障条件等方面都无法与城市媲美,严重制约了电商活动的开展。[7] 同时,农村电商所涉及的发展资金、冷链物流、金融服务、法律保障、摄影美工等配套条件也有待完善。[8] 此外,网络购物在农村普及率不高,农民对电子商务缺乏信任也是电商发展受阻的重要外部条件。[9] 对此,学界相应提出一系列的对策举措,比如,大力培养农村电子商务人才;加强建设我国农村电子商务的基础设

---

[1] 董坤祥、侯文华、丁慧平、王萍萍:《创新导向的农村电商集群发展研究——基于遂昌模式和沙集模式的分析》2016 年第 10 期。

[2] 郭承龙:《农村电子商务模式探析——基于淘宝村的调研》,《经济体制改革》2015 年第 5 期。

[3] 张喜才:《电子商务进农村的现状、问题及对策》,《农业经济与管理》2015 年第 3 期。

[4] 梁文卓、侯云先:《团购网站运营影响因素主成分分析——基于消费者满意导向》,《经济体制改革》2012 年第 1 期。

[5] 陈宇:《运用共享经济理念优化农村电商发展模式》,《人民论坛》2019 年第 23 期。

[6] 梁晓音:《"淘宝村"发展模式、问题与对策——以广西"淘宝村"为研究对象》,《商业经济研究》2016 年第 14 期;李海平、刘伟玲:《农村电子商务存在的问题与模式创新》,《陕西科技大学学报》2011 年第 2 期;郑胥睿、叶梦:《对我国"淘宝村"发展现状的调查与思考》,《城乡社会观察》2015 年年刊。

[7] 杨静、刘培刚、王志成:《新农村建设中农业电子商务模式创新研究》,《中国科技论坛》2008 年第 8 期。

[8] 孟晓明:《我国农业电子商务平台的构建方案研究》,《科技进步与对策》2009 年第 4 期;郭海霞:《农产品电子商务发展的法律保障》,《学术交流》2010 年第 5 期。

[9] 李玲芳、徐思远、洪占卿:《农村电子商务:问题与对策》,《中共福建省委党校学报》2013 年第 5 期。

施，完善物流配送等相关配套体系；界定电商发展主体的责任边界，等等。①

二是关于电商发展的社会经济影响研究，探索乡村城镇化和现代化转型的新方向。学界对"淘宝村"和农村电商的发展定位给予了极高的社会评价，认为在中国经济新常态阶段，实现经济结构调整和质量提升，客观上要求有创新驱动的新引擎，②而电子商务是发掘市场需求潜力、刺激消费的有效手段。③从社会层面讲，"淘宝村"为带动乡村就业本地化，城乡消费无差别化和产业"在线化"提供了新路，传统农业生产和生活方式通过互联网被嵌入城市生活中，形成具有典型的乡村城镇化意义的城乡良性互动。④电商产业通过改变传统的生产交易方式而带动了村庄生活方式和空间意义的转变⑤，推动农村剩余劳动力在村就业创业⑥，展现出乡村产业带动就地城镇化转型的新方向。因此，有学者直接提出"淘宝村"是真正具备"本土性"的乡村城镇化路径，它以农民自觉学习和运用网络电商、信息科技、物流仓储等技术为核心，在同一阶段同时推进经济现代化与生活现代化的双重转型，从产业层面、生活层面、地域生产力层面，实践乡村现代化的新路径。⑦同时，也有学者从文化层面指出，"淘宝村"

---

① 徐芳：《我国农村电子商务现状及其对策研究》，南京大学2012年硕士学位论文。
② 李扬、张晓晶：《"新常态"：经济发展的逻辑与前景》，《经济研究》2015年第5期。
③ 曾亿武、万粒、郭红东：《农业电子商务国内外研究现状与展望》，《中国农村观察》2016年第3期。
④ 陈然：《地方自觉与乡土重构："淘宝村"现象的社会学分析》，《华中农业大学学报》（社会科学版）2016年第3期。
⑤ 王静：《我国农产品物流电子商务供应链网络结构与运行机制》，《学术论坛》2012年第2期；王迪、王汉生：《移动互联网的崛起与社会变迁》，《中国社会科学》2016年第7期。
⑥ 汪向东：《农民"卖难"与农村电子商务》，《中国信息界》2012年第5期；吕丹：《基于农村电商发展视角的农村剩余劳动力安置路径探析》，《农业经济问题》2015年第3期。
⑦ 房冠辛：《中国"淘宝村"：走出乡村城镇化困境的可能性尝试与思考——一种城市社会学的研究视角》，《中国农村观察》2016年第3期。

作为一种"全球乡村经济体",有利于重构自身的乡村性,是乡村文化重建的一种可能。① 政治层面,学者们认为,"淘宝村"内代表行业共同利益的民间团体,上接村委会、街道办和政府,下连村民和网商租客,作为老百姓和政府的中间桥梁参与社会治理,激发了社会活力,即电商组织在基层治理中发挥纽带功能②,电商产业扶贫助推政治稳定等③。总之,学界认为农村电商产业对乡土社会带来全面影响,是激发乡村社会活力、引领新时代农村社区建设的新业态。

从整体上来讲,农村电子商务的兴起,正好迎合了农业农村现代化的发展形势。2013 年中央一号文件明确提出:"要大力培育现代流通方式和新型流通业态,发展农产品网上交易、连锁分销和农民网店"。可以说,农村电子商务是信息化与农业现代化融合发展的必然产物,它改变传统经济组织形式和交易形态④,实现跨区域和跨产业经营的新型经济模式,能有效弥补国家和市场调节的不足,解决分散小农户对接大市场的结构难题,展现出中国乡村经济发展的新趋势和新动能。学者们一致认为,发展农村电子商务是以科学发展观统领农村工作的必然要求,是社会主义新农村建设的首要任务,是解决"三农"问题的有效手段。⑤ "淘宝村"现象,在中国目前"经济结构性调整"的目标中具有战略重要性,⑥ 是农业产业化经营的必然结果,

---

① 吴昕晖、袁振杰、朱竑:《全球信息网络与乡村性的社会文化建构——以广州里仁洞"淘宝村"为例》,《华南师范大学学报》(自然科学版)2015 年第 2 期。
② 董运生、博园园:《合法性悖论:淘宝村民间团体的生存困境》,《江海学刊》2016 年第 4 期。
③ 解梅娟:《电商扶贫:"互联网+"时代扶贫模式的新探索》,《长春市委党校学报》2016 年第 2 期;颜强、王国丽、陈加友:《农产品电商精准扶贫的路径与对策——以贵州贫困农村为例》,《农村经济》2018 年第 2 期。
④ 参见王曙光《中国农村:北大"燕京学堂"课堂讲录》,北京大学出版社 2017 年版,第 303 页。
⑤ 李玲芳、徐思远、洪占卿:《农村电子商务:问题与对策》,《中共福建省委党校学报》2013 年第 5 期。
⑥ 顾淑林:《包容性创新和淘宝村现象:电子商务与中国农村社区嵌入型创业》,《经济导刊》2015 年第 9 期。

可以促进农业发展的转型,实现农村社会经济的可持续发展,[1] 是互联网技术背景下中国农民自发式的乡村建设运动。[2]"淘宝村"作为新农村建设的新方略,悄然改变着中国农村传统的经济模式,呈现出中国社会转型的特殊路径,[3] 成为中国城镇化进程中极具特色和启发意义的新导向。[4]

综上所述,学界的关注点主要是电商发展带来的社会经济意义。学界普遍认为,"淘宝村"和农村电商的发展,创造了一种新的经济形态和模式,已有研究都是在城镇化和农村现代化的大语境下探讨淘宝村和农村电商发展的前景意义,而电商发展在社会转型中的作用都是基于宏观的结构叙述,具体的实践机制并没有展现出来,社会事实之间的相互作用机理也鲜有呈现。简言之,现有研究主要集中在"淘宝村"的"淘宝"与"电商"研究,对电商成长的土壤——乡村社区关注不足,出现了"只见电商,不见村庄"的研究取向。电商兴起对乡村社会的影响,远远不限于经济方面,它产生的是一种全方位的社会刺激,给乡村社区带来了全面的、辩证的政治经济效果。基于此,本书旨在展现电商发展与村落社会变迁之间的互动脉络,将电商发展置于立体的村庄整体社会中加以考察,明确电商在村庄社会结构中的位置和电商与村庄内生资本之间的社会关联,由此为切入点来探讨电商兴起与村落社会转型的背景下新型经济产业对乡村内源活力的激发机制,阐释高速城镇化进程中乡村社区的转型发展之路。

此外,在学界对电商经济模式高唱赞歌的同时,鲜有研究注意到这一新兴产业类型的发展运作逻辑。电商经济作为互联网兴起背景下

---

[1] 刘可:《农村电子商务发展探析》,《经济体制改革》2008年第6期。

[2] 陈然:《地方自觉与乡土重构:"淘宝村"现象的社会学分析》,《华中农业大学学报》(社会科学版)2016年第3期。

[3] 董运生、傅园园:《合法性悖论:淘宝村民间团体的生存困境》,《江海学刊》2016年第4期。

[4] 房冠辛:《中国"淘宝村":走出乡村城镇化困境的可能性尝试与思考——一种城市社会学的研究视角》,《中国农村观察》2016年第3期。

的新兴产业，往往是与村庄中传统的特色产业相结合的产物。本研究选取的案例地区，电商发展主要依托的是传统的手工编织业，也有部分木制品、机器编织的帘子和苇席等。关于近代乡村手工业的研究，学者们大多倾向于将其看作传统农业的补充、农民的家庭副业，并认为农民家庭手工业阻碍了近代工业的发展。如黄宗智认为，商品化了的手工业，与其说是过渡到资本主义工业的跳板，不如说是资本主义发展的障碍；① 陈德庆也认为，在资本主义生产基础以完全建立起来的近代世界性历史联系中，以手工业为体的社会经济发展，使近代化历史转变的道路受到阻塞。② 当前，在互联网兴起的背景下，手工业在乡村经济结构中的地位出现逆转的可能性，电商经济开拓了乡村商品新的市场潜力。但是，电商经济的快速推进，遵循的是资本扩展的生产主义逻辑。"生产主义"（productivism）一开始主要被用来概括20世纪后半期的农业变迁，是指在技术变迁、全球化以及政府调节共同作用下的农业，追求生产最大化、食品生产性产业的发展，主要表现为农业的商业化、商品化和工业化发展。当前，电商经济作为嵌入村庄社区内部的产业类型，资本扩展的生产主义逻辑不可避免地渗入进乡村生活的每一个角落，冲击改变了村庄社区自身的生活秩序，正如 Halfacree 所言，乡村的日常生活在生产主义的视域中体现出来。③ 在生产主义对村庄的裹挟中，等价交换、竞争等市场原则侵入非经济的日常生活领域，经济分化与阶层结构出现变迁，社会关系嵌入经济体系，家庭生活、村庄政治、土地观念、价值信仰等都受到全面的波及。

虽然"逐利是资本的共同属性"，但是农村电商作为依托村庄内生产业的经济类型，是村庄内生资本的激发与激活，与城市工商资本

---

① ［美］黄宗智：《华北的小农经济与社会变迁》，中华书局2000年版，第203页。
② 陈德庆：《论中国近代手工业的发展趋势》，《求索》1991年第6期。
③ Halfacree, K., "From Dropping out to Leading on? British Counter-cultural Back-to-the-land in a Changing Rurality", Progress in Human Geography, 2006 (3): 53-54.

和金融资本亦有一定的区别,村庄传统的基于"自己人"认同的血缘和地缘小共同体内部,仍然遵循熟人社会之间的伦理互惠的原则,基于利益关系结成的生产型小共同体内部,相互之间串货拿料,也展现出市场经济之下理性小农道义的一面,这些具有乡土底色的温情碎片,成为对抗生产主义的村庄共同体精神的支撑。"生产主义"为内核的发展观将会逐步改变乡村的经济和社会文化系统,该背景下,村庄的传统形态已然不再,而现代城市也并非村落转型的唯一选择,在传统与现代之间,在乡村、国家、多元社会组织的良性互动中产生的建设路径将是最具生命力的。"现代化的发展不会戛然而止,对现代化道路的反思也不会甘于寂寞,迎接我们的将是现代与传统的混杂文化,发展与发展之外的混杂模式"。① 手工业从农业的分离,开启了第二次社会大分工的浪潮,以费孝通为代表的学者,则将乡村经济尤其是乡村工业作为推动中国乡村现代化的重要路径,这一研究思路也成为后续学界重要的参考取向。从该角度将农村内生的电商经济产业的发展,使村落社会的转型在动荡中呈现出特殊的可能。

二 村落转型与路径探讨

（一）村落转型：是什么？

关于村落转型的研究,多见于欧美发达国家,他们多强调乡村转型是因资本积累的地理学变迁而产生的社会空间结构的横向瓦解和重新组合,主张弱化传统城乡二元的空间标准；重视资本主义生产转型与市民社会之间的关系,强调社会分层体系的影响；强调把全球—地方关系的本质和特殊性放在地方性的社会、经济和政治行为中来解释。② 回归本土社会,近代已降,中国社会面临千年未有之大变局。秦晓在《当代中国问题研究：使命、宗旨和方法论》一文中,指出

---

① 叶敬忠：《发展、另一种发展与发展之外》,《中国农业大学学报》（社会科学版）2010年第1期。
② 参见王萍《村庄转型的动力机制与路径选择》,浙江大学2013年博士学位论文。

"当代中国问题可以表述为中国的社会转型,即从前现代性(传统)社会转变为一个现代性社会。这一转型自晚清始已经经历了 100 多年的历程,至今仍是一个'未完成的方案'(哈贝马斯语)"。① 李培林从社会转型的总体性背景来反思转型的整体性和全面性,在他看来,中国的社会转型带有特殊的时代背景:阶级阶层变化、城乡结构变化、收入分配结构变化、人口家庭结构变化等,一系列伴随市场化、工业化、城市化带来的社会整体性结构变化。② 孙立平等从社会结构和阶层变迁的角度来看社会转型,认为社会结构变迁是转型社会的核心特征,改革开放以来,中国社会转型的后果主要体现为社会结构的多方位、多层次、多向度的变迁,阶层分化逐步朝着阶级化形塑,这些结构的变迁带来断裂和失衡,呈现出今天碎片化的社会生态。③

村落社会的转型一直处于宏观中国社会转型的结构场域之中,且在一定程度上是中国社会转型的主导。"现代性"的全面性和广泛性,决定了中国社会转型和村落社会转型的多样性和多重性。当前西方学界,Marsden 从生产与消费关系,社会关系与社会行动,制度与权利的社会性构建来操作化村落转型的机制,Cloke 和 Goodwi 则用更为具体的经济变迁(economic change)、社会文化重组(socio-cultural recomposition)以及国家角色的再设计(re-engineering the role of the state)的三维模型来评估村落转型。④ 参考借鉴上述学者的分析模型,笔者在中观层面,将本土学界已有的村落转型的相关成果,归纳总结为三大方面。

---

① 秦晓:《当代中国问题研究:使命、宗旨和方法论》,秦晓:《当代中国问题:现代化还是现代性》,社会科学文献出版社 2009 年版,第 3 页。
② 李培林:《我国发展新阶段的社会建设和社会管理》,《社会学研究》2011 年第 4 期。
③ 孙立平、王汉生、王思斌等:《改革以来社会结构的变迁》,《中国社会科学》1994 年第 2 期。
④ 王萍:《村庄转型的动力机制与路径选择》,浙江大学 2013 年博士学位论文。

其一是经济层面的市场化和商品化之变：中国自1978年实行改革开放以来，经济持续高速增长，使社会主义现代化事业在各个领域都取得了显著的成就，正在从计划经济体制转变为市场经济体制，正在从传统的农业、农村社会转变为工业化、城市化、现代化社会，发生了自1840年以来最深刻的社会大变迁。[①] 在这一过程中，中国的指导思想发生了变化，大讲"发展是硬道理"，一味追求经济增长速度。在这种意识形态变化的大背景下，中国经历了从伦理经济演化到市场社会的转变。伦理经济的格局逐步瓦解，各级财政之间的关系从"大锅饭"变为"分灶吃饭"；在给农民生产自由的同时，农村实行的大包干解除了集体对个体的责任。[②] "捆在土地上的中国"，正在向"捆在市场上的中国"转变。[③] 经济基础决定上层建筑，经济层面的变化，是乡村社会的变迁之本，直接带动村庄结构和性质的变迁。

其二是村庄层面的社会结构和性质之变：改革开放以来，农村社会流动加速，村庄内部出现经济分化，农民职业多元，异质性增强，亲密的私人生活日益取代村庄里的公共活动，日常生活的个体化趋势加强，传统血缘和地缘关系维系的村庄社会的基础结构已经发生巨变。在费孝通笔下，乡土社会在地方性的限制下，成了生于斯、死于斯的熟悉社会和没有陌生人的社会。血缘和地缘关系合一，村落自然地理的边界和社会生活的边界清晰又高度重叠，是相对封闭的社会空间。熟人社会的社会结构是"差序格局"，讲究伦理情谊、礼俗规约和亲疏有别。当前的乡村社会，已经不是费孝通"熟人社会"的经典模式所能涵括得了，贺雪峰提出了"熟人社会"到"半熟人社会"的转变，用"半熟人社会"的概念来解释村组建制以来，农村村民

---

① 陆学艺：《"三农论"——当代中国农业、农村、农民研究》，社会科学文献出版社2002年版，第4页。
② 王绍光：《大转型：1980年代以来中国的双向运动》，《中国社会科学》2008年第1期。
③ 贺雪峰：《新乡土中国》，广西师范大学出版社2003年版，序言。

之间随着互动减少，面熟却不知根知底的社会性质；①吴重庆则用"无主体熟人社会"来解释空心化农村的运作逻辑，认为目前乡村大量青壮年劳动力长年的异地化生活，导致乡村社会的日常运作日渐呈现出帕森斯所言的社会系统失衡的"病态"。②徐勇指出，传统农村社区性质发生了转变，由"依靠传统维系的文化共同体"，转变成"具有多样性共同联系的地域共同体"。③村庄社会结构和性质的巨变，构成了村庄治理之变的引子。

其三是国家与社会互动层面的治理之变：渠敬东等通过对中国30年来社会改革的动态分析，认为中央政府与地方社会各领域的权力机制经历了从总体支配到技术治理的转变；④周飞舟通过对税费改革过程中政府间财政关系的考察，发现基层政权从过去的"汲取型"变为与农民关系更为松散的"悬浮型"；⑤赵晓峰、张红在前人研究基础上进一步指出，取消农业税费以后，国家与农民关系从汲取—控制型向反哺—服务型转变，基层治理从"嵌入式控制"向"脱嵌化治理"转型。⑥当前，国家从管制型行政管理体制转变为以公共服务为本的治理体系，同时，简政放权，服务型政府理念的提出，都有力促进了国家与社会关系的改善。在此基础上，传统的依靠村庄内生力量的乡村自治，正在向依靠法律和政策制度的近代性质的民主自治转变。

当前巨变的社会背景，既是当前乡村社区建设的出发点，又是回应点。曹锦清主张把"三农"问题置于社会转型框架内来理解和寻

---

① 贺雪峰：《新乡土中国》，广西师范大学出版社2003年版，第2—4页。
② 吴重庆：《无主体熟人社会》，《开放时代》2002年第1期。
③ 徐勇：《在社会主义新农村建设中推进农村社区建设》，《江汉论坛》2007年第4期。
④ 渠敬东、周飞舟、应星：《从总体支配到技术治理：基于中国30年改革经验的社会学分析》，《中国社会科学》2009年第6期。
⑤ 周飞舟：《从汲取型政权到"悬浮型"政权——税费改革对国家与农民关系之影响》，《社会学研究》2006年第3期。
⑥ 赵晓峰、张红：《从"嵌入式控制"到"脱嵌化治理"——迈向"服务型政府"的乡镇政权运作逻辑》，《学习与实践》2012年第11期。

解，他认为"三农"问题是当代中国社会转型中出现的问题，所以应该从转型的视角来研究中国的农民、农业、农村。[①] 孙立平则直接将转型社会学作为一个学科概念提出来，认为转型社会学是一种理论视角，它面对的不是某一类特定的现象，而是将所研究的对象置于社会转型这个基本的背景框架之中，更确切地说，是置于转型这种知识框架之中。[②] 当前城镇化进程中，中国农村正在面临多重变局和多重转型，构成时下农村社区建设的社会背景条件。上文所述的村落转型的研究，多是学者对中国社会结构和性质的总体性判断，或是作为其他主题研究的参与影响变量，而在已有的乡村建设研究中，多是将社会转型或村落转型视为常识背景存在，以多角度村落转型为主题的农村社区建设研究并不多见。[③] 于是，笔者参考借鉴学界已有的对村落转型的综合分析，将上文梳理的"村落转型是什么"的三大维度，视为本书中村落转型的基本背景框架，在这一背景知识中来探讨农村社区建设的问题与路径，将村落转型研究与乡村建设研究统一起来。

（二）村落转型：转向哪里？

中国乡土社会幅员辽阔，地域文化和区域经济的发展极不均衡，村落转型作为现代性影响下正在进行的过程，并非所有的村庄都平稳地朝同一方向转型，当前学界关于中国农村在转型过程中的发展路径主要由以下几种。

一是城镇化本位的现代化转型论。

城镇化本位的现代化转型论具体包括包括"村落终结论"和"四化同步论"。村落的终结叙事起源于西方发达国家现代化进程中，

---

① 曹锦清：《中国农村转型：转向何方》，http://www.zgxcfx.com，2007-07-10。
② 孙立平：《转型与断裂：改革以来中国社会结构的变迁》，清华大学出版社2004年版，序言。孙立平所言的知识框架是指：在对于整个共产主义文明及其转型的理解上，所形成的有关这个文明和及其转型的系统知识。
③ 学界已有的相对系统的村落转型研究：毛丹：《村庄的大转型》，《浙江社会科学》2008年第10期；王萍：《村庄转型的动力机制与路径选择》，浙江大学2013年博士学位论文；陆保良：《村落共同体的边界变迁与村落转型》，浙江大学2011年博士学位论文。

工业对农民、农业的吸附和转化。近年来,在我国高速城镇化和现代化的进程中,社会各界对农村社区的急剧衰落表现出强烈关注。据统计,"从1985年到2001年,在不到20年的短短时间里,村庄数目因为城镇化与村庄兼并等原因,已由原来的940617个锐减到709257个;仅2001年,村落就比2000年急速减少了25458个,每天平均减少约70个,而且减少的速度还在加快。"[1] 村落终结的观点认为,中国正在经历剧烈的"现代化"社会变迁,伴随着现代民族国家的形成,社会关系的垂直整合取代水平整合,建立在社会分工和市场交换基础的市场经济规则成为具有普遍意义的社会交往规则,均质化大众消费社会替代传统共同体,村落共同体正在走向终结。[2] "村落终结论"多与两种类型的乡村相联系,一类是"城中村",另一类是政府合村并组政策实施的自然村。李培林对广东羊城村的观察结果定义为"村落的终结",认为村落终结与农民终结并不是完全同一的过程。羊城村是珠江三角洲地区处于繁华市区、已经完全没有农用地的村落,它是一种村落和企业合一的特殊的经济组织,是市场网络和企业组织之间的一种形态,羊城村是"城中村"走向终结,过渡到城市社区的代表。此外,周大鸣对广州市城乡接合部南景村的研究,王春光、项飙、王汉生对北京流动人口聚居地"浙江村"的研究,折晓叶对高度工业化的东南地区超级村落"万丰村"的研究,王铭铭对发达地区农业村闽南"美法村""塘东村"的研究,陆学艺等对北方地区初步工业化的"行仁庄"的研究,都是农村社区在城市化进程中,经过景观、文化、生产方式、生活方式等的全方位的城市化,转变为城市社区的典型代表。[3] 同时,田毅鹏指出,在后发外生型现代化国家的历史上,存在着另一种以行政为主导推动力的自上而下的村

---

[1] 李培林:《村落的终结:羊城村的故事》,商务印书馆2004年版,第1页。
[2] 参见陆保良《村落共同体的边界变迁与村落转型》,浙江大学2011年博士学位论文。
[3] 刘梦琴:《中国城市化进程中村落终结的路径选择》,《农村经济》2011年第2期。

落改造建设运动，即通过强大的行政力量，以村落合并等形式，推动村落实现迅速变革。① 因合村并组带来的自然村数量的减少，则是典型的政策推动的村落的终结。

综上，村落的终结并不等于农民的终结，也不尽是农村的消亡。"城中村"的终结过程中，农民因为区位优势与城市工业化的辐射，具备离土转入第二、三产业就业的机会，具备转为市民的经济进入门槛，农民和村落的终结可能并不同步，但都会逐步转型为市民和城市；政府主导的合村并组带来的村落的终结，其实只是一种村落数量的简化组合，村落只是终结了原来自然村的行政边界而已，农村和农民的实质身份变化不大。简言之，"城中村"终结的实质是村庄社区向城市社区转型的结果，农村变成城市；合并村终结的结果是政策推动的行政区域的合一，农村还是农村。近年来，也有学者将"空心村"判定为走向终结的命运，但是空心村终结的结果飘忽不定，其命运和前途走向也颇带悲观论调。

关于农村社区的发展建设问题，当前主流的观点是基于"四化同步论"提出的乡村城镇化和农业现代化相互协调的方略，与西方学术界主流提出的"土地私有化＋流转市场化必然导致农业规模经营"的思想相互对应。按照新古典和制度学派的理论，只要全面实行了土地产权的私有化，就会有利于土地买卖、自由流转、兼并集中，一方面使农业有可能出现土地规模经营，以参与国际市场竞争获取规模收益；另一方面，多余的农业劳动力和人口会自然被城市化吸纳，推动城市化进程。② 政界也希望以城市化作为抓手，拉动内需，保持中国经济增长的速度。在此背景下，城镇化本位的农村现代化路径成为农村发展转型的主要方向和政策制定的基本出发点。

具体而言，城镇化论者认为，中国的现代化就是城乡一体化，计划经济体制下的城乡二元结构极大地阻碍了城乡生产要素的自由流

---

① 田毅鹏：《"村落终结"与农民的再组织化》，《人文杂志》2012年第1期。
② 温铁军：《我国为什么不能实行农村土地私有化》，《红旗文稿》2009年第2期。

通，限制了城市资源向农村的输送和农村资产要素的市场化变现，①只有通过一系列制度变革，特别是农村土地制度的变革，放开城乡生产要素，城乡差距才会缩小，相应带来城市化率的提升和中国现代化的快速推进。②农地产权主体的模糊带来巨大的谋利空间，妨碍运用市场机制配置土地资源，并导致生产和交易的低效率。③应遵循市场逻辑的土地私有化路线，因为产权清晰是产生市场激励和资源有效配置的前提。只有打破政府对土地的垄断，允许市场直接配置的多元土地使用权结构，才是中国城市化低成本、健康发展的关键。④

农业现代化论者认为，分散的自耕农为主的传统农业经营模式，无法走出农业"过密化"的困境，无法促进农村发展和农民致富。近些年来，从中央到地方的政策实践基本遵循了以市场化改革为导向的农业现代化模式，认为只有推进农业规模化和农村劳动力转移，才能真正实现农业现代化和农民市民化。⑤并且，地方政府理解的农业现代化几乎无一例外是通过推动土地流转形成土地规模经营基础上的农业现代化，甚至大都将农业现代化与资本下乡结合起来，通过政策和资金扶持来消灭老人农业，消灭小农，也消灭农民在自发的土地流转基础上形成的"中农"。⑥2013年党的十八届三中全会通过的《中共中央关于全面深化改革若干重大问题的决定》中明确提出："鼓励承包经营权在公开市场上向专业大户、家庭农场、农民合作社、农业企业流转，发展多种形式规模经营。"2014年的中央一号文件中进一

---

① 厉以宁：《论城乡二元体制改革》，《北京大学学报》（哲学社会科学版）2008年第2期。
② 厉以宁：《缩小城乡收入差距促进社会安定和谐》，《北京大学学报》（哲学社会科学版）2013年第1期。
③ 周其仁：《产权与制度变迁：中国改革的经验研究》，北京大学出版社2004年版，第110—111页。
④ 文贯中：《市场畸形发育、社会冲突与现行的土地制度》，《经济社会体制比较》2008年第2期。
⑤ 厉以宁：《走向城乡一体化：建国60年城乡体制的变革》，《北京大学学报》（哲学社会科学版）2009年第6期。
⑥ 贺雪峰：《论中国式城市化与现代化道路》，《中国农村观察》2014年第1期。

步指出："在落实农村土地集体所有权的基础上，稳定农户承包权、放活土地经营权、允许承包土地的经营权向金融机构抵押融资。"城镇化论和农业现代化论一脉相承，相互关联，都是遵循发展主义的逻辑来改造乡村社会，改变农村相对于城市的落后面貌，实现传统农业社会向现代社会的转型。

此外，基于对中国宏观背景的不同判断，诸多学者展开了城市化为主，新农村建设为辅的研究路径，来为"三农"问题寻找出路：陆学艺认为，解决当前的"三农"问题，就应该按照建立和完善社会主义市场经济体制的方向，继续深化改革，关键是要尽快改变"一国两策，城乡分治"的制度安排，"消灭"农民，即城乡二元结构是"三农"问题产生的根源，要改变二元社会结构，建立城乡统一的社会主义市场经济体系。[1] 李昌平指出，未来的数十年，城市化是农民的根本出路，现代化的基本任务之一就是减少农民，减少农民也是现代化的根本任务。通过工业化带动城市化，达到减少农民。但是，中国完成工业化时，中国30%的农民可能依然会留在农村，因此，我们一方面要集中资源城市化，另一方面也要着手新农村建设。[2] 李昌平最近10年一直在进行农村内置合作金融的试验，借内置金融来组织农民，凝聚农民，从而为千千万万分散小农增强内生性发展动力提供实际帮助。林毅夫也是在城市化本位的逻辑上，提出要从根本上解决农民问题，必须发挥中国廉价劳动力的比较优势，鼓励农村劳动力进城，发展劳动密集型产业，并希望通过国家投资农村基础设施建设，既增加农民就业和收入，又拉动内需。

二是乡村本位的"新乡村建设"转型论。

2000年前后，在政府倡导新农村建设的时候，学界也掀起了新

---

[1] 陆学艺：《"三农论"——当代中国农业、农村、农民研究》，社会科学文献出版社2002年版，第5—6页。

[2] 李昌平：《中国农民的出路与中国的道路》，百度文库，http://wenku.baidu.com/view/17f4b96baf1ffc4ffe47acc8.html。

一轮的乡村建设运动,并形成"新乡村建设学派",以温铁军、何慧丽、贺雪峰等为主要代表人物。他们认为以"四化同步"为口号的消灭小农的村庄转型路径可能会造成严重后果。在当前中国经济发展阶段,国家显然没有能力为庞大的进城农民提供全覆盖的高水平社会保障。若如此,进城农民势必落入城市贫民窟,国家财政也会面对越来越艰难的社会求助与紧张。[①] 因此,他们提出了另一条立足于乡村自身的转型路径。

温铁军从中国是一个"超大型的农民国家"的国情出发,探讨解决"三农"问题的新出路和农村社会的新转向。他认为工业化的高速发展和农村衰败之间存在必然联系。中国特色的工业化必然是加速内向型积累、内向型剥削的,同时伴随农业商品化率的提高和农业产业化,这为工商资本、金融资本进入农业创造了条件,加剧了对传统小农经济的剥削,是造成农村解体、小农破产的一个重要原因。[②] 因此,民国时期的乡村建设和今天的乡村建设是异曲同工。他通过对中国多次发展危机的考察,指出中国进入21世纪后,"三农"问题的内涵已经发生了改变,已经由原来的农业增产、农村发展、农民增收,转变为农民权益保护、农村可持续稳定和农业生态安全。针对"新三农"问题,只有抓住提高农民组织化程度这个政策关键,才能形成制度创新的空间,来承接政府各项惠农政策和生态文明导向资源的注入,才能依靠群众改善乡村治理,实现农村经济基础和上层建筑的可持续稳定。[③]

贺雪峰关注农村文化性组织的建设,将之看作是构建"低消费,高福利"的农民生活模式的重要手段,他在湖北五村主持乡村建设实验,并在四个自然村发起成立老年人协会。但他更重视农村基层组织的建设,认为加强农村基层组织建设,是应对"三农"问题的最有

---

① 贺雪峰:《论中国式城市化与现代化道路》,《中国农村观察》2014年第1期。
② 温铁军:《我们还需要乡村建设》,《开放时代》2005年第6期。
③ 温铁军:《世纪之交的两大变化与三农新解》,《经济问题探讨》2012年第9期。

利的武器。在国家资源下乡的背景下，发展村社组织来解决农民合作应是当前中国农村发展的主要渠道，是正途，也是捷径。① 否则，无论国家向农村转移多少资源，提供多少基本公共服务，农村基层组织的能力没有提升，农民对国家的认同没有提升，基层治理活力也就越来越缺少。②

何慧丽在开封多处农村借挂职启动并发展了有着中原地区本土特色的新乡村建设试验，影响较大。她主张新乡村建设应以村庄为基本单元；以村民生计为本，以提高村民收入和生活福利为要务；以合作组织为纲，促成村庄的文艺队、老人协会、经济合作社的运行；以大众文化为根，发展秧歌、腰鼓等农民喜闻乐见的大众化文艺为形式，形成农民的生活价值系统为根基。③ 她希望借助宗法制度等传统基因，形成"政府与社会力量"对农民内生力量激活促发的动员机制，以组织和制度创新的方式把留守在村的农民们组织起来，转化为乡村建设的积极能量，实现乡村复兴路。④ 与何慧丽强调宗法组织建设不同，曹锦清通过重温宋以来乡村组织重建的历史，认为宗法组织在中国历史上发挥了重要的治理作用，当前新农村建设的重大使命则是在宗法组织不复存在的情况下如何在分散的小农经济之上重建一个组织。在他看来，组织建设的关键是要确定组织的有效性，要有一定的权威，还要有一整套的文化机制来保障，而文化建设的核心则是要为中国农民提供一套生活的价值、意义系统，就是要解决梁漱溟乡建核心的"我们中国人只能这样活，不能那样活"的问题。⑤

---

① 贺雪峰、魏华伟：《中国农民合作的正途和捷径》，《探索与争鸣》2010 年第 2 期。
② 贺雪峰：《基层治理的活力在哪里》，《中国社会科学报》2015 年 7 月 20 日第 7 版。
③ 何慧丽、程晓蕊、宗世法：《当代新乡村建设运动的实践总结及反思——以开封 10 年经验为例》，《开放时代》2014 年第 4 期。
④ 何慧丽：《当代乡村复兴之路》，《人民论坛》2012 年第 31 期。
⑤ 曹锦清：《历史视角下的新农村建设——重温宋以来的乡村组织重建》，《探索与争鸣》2006 年第 10 期。

综上所述，新乡村建设是在国家治理转型和村庄社会性质巨变这一双重转型的背景下展开，旨在推动国家与社会的良性互动，探求乡土社会如何再组织，是在中国本土寻找非西方和非主流现代化的努力。学者们的乡村建设思想具有诸多层面的一致性。其一，强调以村社为单位的组织重建，注重发展组织多样化的能力，重视组织在维持乡村社会基本秩序方面的作用。温铁军从制度经济学交易成本的角度来讲，主张以综合性的合作社为基础，进一步组织农民协会，以此实现乡村自治，节省高昂的国家管理成本；贺雪峰强调，加强现有的农村基层组织能力建设，才能抓住巨变时代的牛鼻子；曹锦清强调了组织建设的有效性条件。学者们均是从村庄出发，探讨组织农民，组织乡村社会的有效方式。其二，重视文化建设在乡村建设中的作用。农村文化建设的目的，是要通过农村娱乐活动等方式，增加农民之间的公共交往，在交往中获得人生体验，恢复农民生活的主体性价值，都肯定了文化建设对乡土社会价值重建和丰富农民意义世界的重要性，强调文化对价值系统的整合功能。其三，强调小农经济的基础地位，反对城市工商资本和金融资本对农村经济的侵蚀。坚持该道路的学者认为，不能将农业现代化与小农经济对立起来，以家庭经营为基础的小农经济是中国特色农业现代化的基础和底色。他们都判断中国的小农经济将长期存在，因而将农业放入村庄社会和整个中国的经济结构中来定位，而非只关注经济学意义上产量的增长增收。其四，都强调走稳健的农村城镇化路径，认识到城镇化进程的长期性和农村在现代化进程中的战略地位。该路径认为鉴于国情的约束，中国不具备一般性地模仿欧美现代化进程中以工业化带动城市化的条件，中国不应该走其他发展中国家的那种用大型贫民窟来实现城市化的路子，而应该着力于用新乡村建设的思路来实现良性的城市化，进而实现乡村社会的转型与再造。

三是城乡之间"第三条道路"式中间转型论。

从上述研究来看，村落终结论和城镇化本位的现代化路径有很强的相关性，都是以城市指向的乡村转型之路，最终旨在超越村庄。当前，现代化的城镇本位与乡村本位的农村社区建设之间的对立，取决于对中国宏观局势的判断，前者是依托城市本位的西方现代化道路，后者是依托乡村本位的本土现代化选择，那么两者之间是否存在中间地带？王萍在其博士学位论文中梳理了中国城市规模的快速增长的同时，伴随着的"半城市化"现象。其一是地理学者从土地利用、社会经济结构、过渡性地域类型角度出发，把已完成产业结构由农业向非农业产业转移，但是其人口与产业的空间转移与集聚仍未完成的区域概括为"半城市化"地区，把这种"半城市化"状态称为"半城市化"现象。其二是社会学学者用"半城市化"概念来分析农村流动人口在城市的社会融合问题，即指一种介于回归农村与彻底城市化之间的状态，它表现为各系统之间的不衔接、社会生活和行动层面的不融合，以及在社会认同上的"内卷化"。[①] 从上述归纳来看，"半城市化"是城市化的未完成时或曰非成功状态，"半城市化"依然是基于主流现代化和城市化的假设前提，所以它必然是非理想的社会形态。

与"半城市化"的概念相类似，蓝宇蕴用"都市村社型共同体"来指称在中国现有条件下，与城中村相伴生的、具有鲜明过渡性意涵的是农民城市化的一种"新型社会空间"，认为这一空间是弱势的非农化群体"小传统"得以依托、行动逻辑得以体现的社会场域。他认为，当前政策设计应注意合理借用这一空间的社会资本资源，来实现城市对乡村的自然淹没。[②] 蓝宇蕴的研究已经聚焦到了城市与乡村之间的过渡形态，但是他探讨的是城中村这一工业化和城市化辐射区域范围内的乡村类型，注定了这一类村庄走向终结的命运。毛丹把中国农村 30 年的变迁放在村庄与市场、与国家、与城市社会三大关系

---

① 王萍：《村庄转型的动力机制与路径选择》，浙江大学 2013 年博士学位论文。
② 蓝宇蕴：《都市村社共同体——有关农民城市化组织方式与生活方式的个案研究》，《中国社会科学》2005 年第 2 期。

转变中加以考察，认为村庄正在经历从农业共同体到城乡社区衔接带之弱质自治社区的大转型，并提出就新兴国家来看，农村社区可以通过农村和城市的中间形态实现顺利转型。①

上述几位学者的研究给了笔者重要启发，城镇化本位的现代化路径与乡村本位的农村社区建设之间可以存在"第三条道路"。与孟德拉斯《农民的终结》中，依靠产业吸纳农民，使农民终结的道路相异，中国社会受资源和人口等外部条件的局限性，同时鉴于在全球分工体系中的位置影响，中国的农民、农村难以完全走向终结，这是所有乡村研究存在的基础与价值所在。中国作为一个巨型的农业国家，决定了其城镇化和现代化的特殊性。西方主流的现代化路径和理论在面对中国经验时，不可避免地面临局限性，激进的城镇化路径自然不利于乡村社会乃至整个中国社会的发展与稳定。2000年以后，农村社区建设在国家发展战略大局中，不再是为工业化服务的被动角色，而是从社会秩序稳定和城乡社会和谐发展的角度定位乡村建设，开始了资源下乡、项目惠农的政策实践。在新的政策背景下，社会和学界已有的现实实践和理论探讨，均为本书提供了重要参考和启示。

当前学界都认为乡村要"变"，要转型，但是变的轴心主要是围绕城市本位。电商经济作为一种新兴产业类型，即激活当地内生资源的引线，它对村落社会转型产生激荡冲击的过程中，能否实现乡村自我发展的创新？能否发育出一种乡村本位的城乡中间形态？区别于城市化本位的中间道路的探讨，本书立足乡村社会，探讨位于多重转型过程中"半城半村"型的社区建设路径，它可以是带有中国特色的现代化的完成时，也可能随着社会全面发展向现代城市进一步过渡转化。以乡村本位的社区建设，不管是何种具体表现形态，都离不开共同体这一经典范式，村落社会的多重转型，并不是同步发生的过程，转型过程中系统要素的协调变迁，也应该在共同体的框架内寻求支

---

① 毛丹：《村落共同体的当代命运：四个观察维度》，《社会学研究》2010年第1期。

点，正如有学者所言的"农村社区建设只有在共同体的理论框架内才能得到合理的解释"。[①]

三 共同体本位的中国农村社会研究

"共同体"的理论与经验研究一直与中国村庄的社会性质和结构单元的探讨紧密联系在一起，形成了比较典型的"村落共同体"、"基层市场共同体"、"文化网络共同体"和"宗族共同体"的解释传统。在此基础上，伴随社会转型和村落变迁，学者们通过经验考察，多方面、宽角度地衍生出一系列新的共同体解释范式，丰富发展了共同体本位的中国乡村社会研究。

"村落共同体"的研究中，日本学者的观点影响最大。学者平野义太郎在20世纪40年代通过满铁惯调资料的梳理，指出中国村庄是以寺庙祭祀为中心形成的共同生活组织，他认为村落是在农民生产生活中的农耕、治安防卫、祭祀信仰、娱乐、婚葬以及农民的意识道德、共同规范等方面具有共同体意义。不过，村落共同体理论遭到了戒能通孝、福武直等学者的否定。与平野注重村民日常生活的共同活动以及自治功能不同，戒能通孝则将拥有共同土地、固定的活动规则、获得成员认同与支持的领导者视为共同体界定的准则。他通过对比中、日村落和考察中国农民土地的私有权，论证了中国的村落仅是村民居住的一种集合体，而非"共同体"。后来，福武直与古岛和雄提出了"乡镇共同体"理论，批判性地发展了村落共同体理论，他们把"共同体"定义为一个自给自足的地域社会，即农民基本生活得以维持的农户聚集区域，认为农民的生活并不局限于村落内部，而是在跨越村落的乡镇区域内进行日常生活的交流与市场交换。[②] 70年代，旗田巍重新梳理了村落共同体理论，肯定了

[①] 刘祖云、孔德斌：《共同体视角下的新农村社区建设》，《学习与探索》2013年第8期。

[②] 参见郑浩澜《"村落共同体"与乡村变革——日本学界中国农村研究述评》，载吴毅主编《乡村中国评论（第一辑）》，广西师范大学出版社2006年版，第223—224页。

中国村庄的共同体性质，并认为正是这一性质构成了专制性权力支配的社会基础。① 80年代，石田浩基于中国村落内存在的诸多互助性活动，提出"生活共同体"的概念，试图从"传统"的角度重新解释中华人民共和国成立以来的乡村变革。② 石田浩的研究已经从中国乡村社会是否具有共同体性质的争论中走了出来，他提出的，建国以来土地改革和农业集体化运动利用了传统而非瓦解了传统的重要观点，开启了90年代日本学者关于近代中国乡村变革史的研究。

美国学者施坚雅否定了村落作为农村基本单位的意义，20世纪60年代提出"市场共同体理论"，认为市场结构具有农民社会或传统农耕社会的全部特征，因而将集市看作一种社会体系。他指出，农民的实际社会区域的边界不是由他所住村庄的狭窄的范围决定，而是由他的基层市场区域的边界决定，基层市场在满足了农民家庭正常贸易需求的同时，还具有地方语义下的社会文化意义。③ 杜赞奇在日本学者"村落共同体"和施坚雅"市场共同体"的基础上，用"文化网络"来概括和解释中国乡村共同体的性质和特征，为我们理解乡村社会如何应对国家政权深入所产生的压力及普遍腐化做出反应提供了一种新的解释方式。"正是文化网络，而不是地理区域或其他特别的等级组织构成了乡村社会及其政治的参考坐标和活动范围"。④ 另外，弗里德曼通过对我国广东和福建两省的研究，发现宗族与村落两者在相当程度上已经融为一体，共同的祠堂和族产构成宗族关系存续的纽带和基础，由此延伸出"宗族共同体"的村庄结构单位。⑤

---

① 旗田巍『中国村落と共同体理論』東京：岩波書店1995年版，第35—36頁。
② 石田浩「中国農村社会経済構造研究の再検討と分析視角」『関西大学経済論集』1984年第5期。
③ ［美］施坚雅：《中国农村的市场和社会结构》，史建云、涂秀丽译，中国社会科学出版社1998年版，第40页。
④ ［美］杜赞奇：《文化、权力与国家——1900—1942年的华北农村》，王福明译，江苏人民出版社1996年版，第14页。
⑤ ［美］莫里斯·弗里德曼：《中国东南的宗族组织》，刘晓春译，上海人民出版社2000年版，第1—3、61—65页。

与上述学者的研究并进，国内学者也做了大量的经验研究，拓展和推动了共同体理论的深化。费孝通在《江村经济》中描述的农村社区是一个由各相关要素有机构成的整体，在《乡土中国》中，他则运用"熟人社会"和"差序格局"的经典理论，解释和概括了中国传统乡村的社会结构。礼俗社会的定位无疑暗含了村落共同体的内涵。延续村落共同体的经典范式，陆学艺在《内发的村庄》中，通过对行仁庄的家庭、亲族网络、村民小组和村落民间组织与生活互助的分析，指出其具有村落生活共同体的性质，认为农民之间长期以来围绕生产生活的互助，使其逐渐形成了超越血缘纽带、超越日常利益的共同体归属意识。[①] 在市场共同体理论的影响下，杨懋春在《一个中国村庄：山东台头》，根据社区感情、社会服务、人口和交通等因素对社区生活范围的影响，认为有效的农村社区组织不应由一个村庄或者几个村庄构成，而应由集镇及周围农村构成。在作者看来，集镇组织在农村重建、农民合作、农业改造事业中，都是最理想的单位。[②] 与上述学者相比，黄宗智采取了一种颇为综合的视角，他把村落共同体理论与基层市场体系理论的对立总结为西方形式主义与日本实体主义的取向之争，认为美国学者注重研究中国较先进的地区，而日本学者研究的是战时的华北平原，两地区在商品化发展水平、社会分化程度以及宗族势力和家族结构上，都存在差异，导致了两地区的乡村社会形态和乡村社会结构有很大差别。华北村庄及其在近代的演变，必须综合实体主义、形式主义和马克思主义的观点，而又注意不同村庄的区别来进行研究，多数村庄具有上述三种特征，混合比例据村庄经济和社会结构而变化。[③]

随着工业化、城市化和现代化进程的加速，乡村社会出现全面的

---

① 陆学艺：《内发的村庄》，社会科学文献出版社2001年版，第171—196页。

② ［美］杨懋春：《一个中国村庄：山东台头》，张雄、沈炜、沈美珠译，江苏人民出版社2001年版，第236—237页。

③ ［美］黄宗智：《华北的小农经济与社会变迁》，叶汉明译，中华书局1986年版，第21—27页。

变迁，共同体解释范式面临挑战的同时，也在不断拓展，出现了一系列新的共同体概念和解释框架。比如，秦晖通过考察中国乡村社会共同体性质的变迁，指出传统中国乡村社会是大共同体本位的"伪个人主义"社会。中华人民共和国成立后的村落仍具有明显的共同体特征，是国家政权向乡村渗透之后的"官制共同体"。[1] 刘玉照通过实证考察，用"基层生产共同体"来指称乡村工业化导致的新的社会结构单元，他回应的依然是乡村社会结构单元的范围与特征这一共同体理论讨论的经典命题。[2] 毛丹从村庄社会转型的动态视角，提出中国的村庄是有实质性意义的农村社会单位，并认为村庄正在经历从农业共同体到城乡社区衔接带之弱质自治社区的大转型中。[3] 此外，蓝宇蕴通过对守护型经济的城中村研究，提出"都市村社共同体"的概念，指与传统小农村社共同体相区别，建立在非农化的经济结构基础之上，并据此发展出一整套既具有历史绵延性，又有现实变异性的共同体生存体系。[4] 胡必亮以山西省原平市屯瓦村为例，论证了"关系共同体"的存在，认为村庄共同体是地缘关系共同体的一种特殊形式。[5] 苏海舟基于人际之间的互动行为关系提出了"文化共同体"的概念，[6] 等等。

综上所述，共同体是一个涵盖乡村基层治理、村庄性质与结构、情感归属、人际关联的综合分析范式，同时也是一个动态、不断发展的概念。学界关于中国村落是否具有共同体性质的争论，很大程度上是对共同体概念内涵的分歧所致。当前，学者们在共同体理论经典范式的基础上，结合社会变迁与自己的研究旨趣，融进诸多新的解释元

---

[1] 秦晖：《传统中国社会的再认识》，《战略与管理》1999年第6期。
[2] 刘玉照：《村落共同体、基层市场共同体与基层生产共同体——中国乡村社会结构及其变迁》，《社会科学战线》2002年第5期。
[3] 毛丹：《村庄的大转型》，《浙江社会科学》2008年第10期。
[4] 蓝宇蕴：《都市村社共同体——有关农民城市化组织方式与生活方式的个案研究》，《中国社会科学》2005年第2期。
[5] 胡必亮：《关系共同体》，人民出版社2005年版，第3页。
[6] 苏海舟：《文化共同体》，载中国农村研究网。

素，多元的共同体理论范式正在形成。探讨今天的农村社区建设，不管从哪个维度切入，共同体范式都是一个重要窗口。但是，纵观学界已有的共同体本位的中国农村社会研究，多是从乡村社会的某一种属性如地域、关系、市场、文化等出发来探讨和定义本土经验中的共同体，即共同体的概念多是用于肢解的村庄社区，以至于共同体成了一个到处泛化可用的术语，少有研究从整体主义和现代性的视角来阐释和探讨当前大转型时代的农村社区的共同体属性。基于此，本书将共同体定位为一种理想型的村庄社区存在，从经济活力、社区公共性、地方政治三大维度来探讨在电商经济的发展刺激中，村落社区在现代性转型中形成的新形态，将村落共同体内在性的结构生成与外在性的表现属性之间的关联，通过村落内部诸多实体性的小共同体与村庄整体共同体的属性之间的嵌套与建构表现出来。

第三节　理论资源

一　共同体理论

（一）"共同体"与"社会"的关系：二分—联系—第三条道路

"共同体理论"引起学界关注肇始于德国社会学家斐迪南·滕尼斯的著作《共同体与社会》。他基于社会变迁以及乡村社会与资产阶级社会的对比，概括了人类群体生活的两种结合类型，系统地对"共同体"与"社会"进行了综合阐述。共同体是一种古老的群体结合类型，建立在自然基础上，如人们本能的中意、习惯制约的适应或共同的记忆，是一类浑然一体的有机整体，其纽带是持久的，是人类本质意志思想的表现。社会则是一种新的群体结合类型，建立在选择意志的基础之上，是个人出于目的的结合，人们也共处并相互发生关系，但本质上个体是分离的，这种结合是机械的。共同体的类型主要体现在建立于自然基础之上的群体，如家庭、宗族，或者历史形成的小的联合体，如村庄、城市，又或者思想的联合体，如友谊、师徒关系等。血缘共同体、地缘共同体和宗教共同体是共同体的基本形式。①

延续滕尼斯的思路，韦伯从考察社会行动入手，区分了共同体化和社会化这两类社会关系。共同体化是指，社会行为的调节建立在主观感觉到的参加者们在情绪或者传统方面的共同属性上。社会化是指社会行为的调节建立在以理性为动机的利益平衡或者同样动机上的利益结合之上，理性包括目的理性和价值理性。另外，韦伯指出，大部分的社会关系，同时兼具共同体化性质和社会化性质，即共同体中可能包含社会化的社会关系，社会中也能包含共同体化的社会关系。②韦伯视野里，这种"你中有我，我中有你"的社会形态与滕尼斯笔下二元划分的共同体与社会相比，突显出了社会关联的连续统性质，并且韦伯强调了任何一种社会关系的开放性，打破了共同体的封闭性质。

在韦伯社会行动理论的基础上，哈贝马斯的沟通行为理论更加强调共同体的开放性与包容性。他在《交往行为理论》中，从生活关系的视角，提供了超越"共同体"与"社会"之间的非此即彼的选择的第三条道路。在《包容他者》一书中，明确提出了道德共同体的概念，即平等地尊重每一个人，并非仅仅针对同类，而且也包括他者的人格或者他者的他性。在哈贝马斯看来，这种道德共同体没有任何本质规定，处于透明和开放状态，并且还在不断扩大，它的结构原则就是要消除一切歧视和苦难，包容一切边缘群体，并且相互尊重。这样建立起来的共同体不是一个迫使一切成员用各自的方式都彻底趋于同化的集体，而是一个包容他者的集体。在该状态下，共同体对所有的人，包括那些陌生人和想保持陌生的人都是开放的。③ 这一思想

---

① ［德］斐迪南·滕尼斯：《共同体与社会纯粹社会学的基本概念》，林荣远译，商务印书馆1999年版，第52—53页。
② ［德］马克斯·韦伯：《经济与社会（上卷）》，林荣远译，商务印书馆1997年版，第70—72页。
③ ［德］哈贝马斯：《包容他者》，曹卫东译，上海人民出版社2002年版，前言1—3页。

奠定了哈氏交往行为理论的基础。

(二)"共同体"的内涵拓展：建构性—双重性—认同性

20世纪初，英国社会学家麦基弗（R. M. MacIver）在《共同体：一种社会学的研究》中强调，共同体由一群生活在一起且分享共同利益的成员组成，成员之间具有强烈的"我们感"。为了实现广泛的公共利益，共同体需要依托小到家庭，大到国家的各种组织。[①]在麦基弗看来，由于共同体的核心要旨在于实现公共利益或是团体所共有的一系列利益，基于这一特殊意识，共同体可以被主观地创造出来。

安德森（B. Anderson）面对20世纪马克思主义和自由主义两大理论思潮的共同缺陷，开辟了民族与民族主义问题研究的新理论范式。他在民族概念的界定中，引出了"想象共同体"的论述，"想象"是形成任何群体认同所不可或缺的认知过程，而民族是一种想象的政治共同体，它被想象为本质上是有限的，同时也享有主权的共同体。[②]在安德森的语境里，"共同体"是具有深层文化根源的意识和思想的联结，是现代性对人类原初意识改造的反应，这里的共同体与麦基弗的共同体都不再是滕尼斯笔下基于本质意志自然而然的产物，它们是可以基于主观认知而构建的，共同体内成员的主体性初步表现出来。

鲍曼（Bauman）共同体概念的提出缘起于迅速全球化和解除控制的风险社会，鲍曼笔下的"共同体"具有双重性，他认为，共同体在带给人类确定性、信任、相互理解、亲密和谐、安全感等"成为共同体中一员"的好处的同时，也意味着要放弃部分自由，需要付出"自主""自决权""成为自我的权利"。并且，"共同体"会给人不错的感觉，是一个"温馨"的地方，是温暖而舒适的场所，但这并

[①] [英]麦基弗：《共同体：一种社会学的研究》，转引自俞可平《社群主义》，中国社会科学出版社2005年版，第73页。在俞可平的著作中，将community翻译为"社群"。

[②] [美]本尼迪克特·安德森：《想象的共同体：民族主义的起源与散布》，吴叡人译，上海人民出版社2005年版，第7—9页。

不意味着共同体是一种我们可以获得和享受的世界，而是一种我们将热切希望栖息、希望重新拥有的世界。① 可见，鲍曼的共同体理论充满辩证性，共同体在带给人们稳定的归属感的同时，也意味着个人自由的部分付出。由此，共同体在象征意义的层面存在，具有强乌托邦性质，充满悲观论色彩。与鲍曼将自由和共同体对立起来相反，塞尔兹尼克则认为自由不是共同体精神的对立面，相反，它们的命运相互纠缠，责任是共同体的精神特质，个人需求和共同体需求之间有共同繁荣的可能。②

桑德尔（M. J. Sandel）指出，共同体是由具有共同的自我认知的成员组成的，并且通过特定制度形式得以具体体现的某种安排。共同的认同决定了共同体的存在与否。他依据联结纽带的不同提出了三种性质各异的共同体，工具意义上的共同体、感情意义上的共同体和构成意义上的共同体。戴维·米勒发展了社会主义的共同体主义，他将市场、国家与共同体视为人与人之间发生相互联系的三种基本方式。共同体由通过认同纽带发生相互关系的成员组成，成员之间为了相互的利益承担了特定的非正式义务。③

回顾共同体理论的发展演变过程，不难发现"共同体"从一种与"社会"相对应的地域性与时空连续性的社会形态，逐步发展为凸显建构性、双重性和认同性的生存方式，是从客体结构到主体建构的发展过渡。在这一过程中，共同体的内涵不断变动，从表征人类群体生活、人类社会结合类型的社会形态到建构的、抽象的主体感觉和主体认同，个人和对他人的体验，正在成为共同体形成的基础，可以说，"共同体"在更抽象和宽泛的现代性话语下被书写和运用。正如有学

---

① ［英］齐格蒙特·鲍曼：《共同体：在一个不确定的世界中寻找安全》，欧阳景根译，江苏人民出版社 2003 年版，序曲第 1—8 页。

② ［美］菲利普·塞尔兹尼克：《社群主义的说服力》，马洪、李清伟译，上海人民出版社 2009 年版，第 4—5 页。

③ ［美］桑德尔：《自由主义与正义的局限》，剑桥大学出版社 1982 年版，第 150 页，转引自俞可平《社群主义》，中国社会科学出版社 2005 年版，第 74—79 页。

者所言，随着全球化的扩张和交通通信的日益便利，人与人、群体与群体之间联系和交往的纽带不再受传统血缘和地域的局限，原始意义上的共同体概念不断瓦解，共同体概念不断在新的语境中获得重构。[①]结合笔者的研究，共同体理论是本书的理论基础，笔者更倾向在结构性与建构性相结合的角度下，综合使用共同体的理论来解释研究的现象与问题。在电商经济模式与村落社会转型结合互动的背景下，理解村庄地域范围内诸多生产型小共同体、地缘与血缘关系的"自己人"共同体的生成与再生产，借助社会形态的结构性"共同体"理论脉络无疑会得到较好的理解；而分析村庄社会关联重构，内生秩序变迁，村内社会资本激活与分化，以此来探讨村庄作为一个整体的共同体何以可能的路径时，"共同体"的建构主义又是必不可少的理论工具和方法论支撑。此外，共同体理论与社会有机体论、社会系统论有很强的关联性，抑或说，共同体本身就是一个社会有机体或社会系统。社会有机体论和系统论一般是从整个宏观社会出发，强调的是社会的整体性和内部系统要素之间的协调配合作用，是从结构功能的角度来解释整体社会的存在与运行。本书将村庄社会本身视为一个有机体和社会系统，而共同体既是村庄有机体的属性特征，又是表现形态。

二 现代性理论

启蒙运动开启了近代理性主义，揭开了现代社会的面纱。蕴涵于启蒙话语中的现代性方案是人类在以理性信仰为基础的进步主义信念支撑之下对未来之"现代社会"的第一次展望、构想。经典社会学理论，则是对首先出现在西方世界的作为一种普遍的经验现实的现代性问题的系统审视，以及由这种审视引发的对现代性方案的首度反思

---

① 张志旻、赵世奎、任之光等：《共同体的界定、内涵及其生成——共同体研究综述》，《科学学与科学技术管理》2010年第10期。

和重估。① 具体而言，在韦伯看来，现代与其所说的西方理性之间有着内在联系，他把宗教世界解神秘化的过程视为合理，在欧洲导致了宗教世界图景的瓦解，由此形成了世俗文化。韦伯从理性化角度描述的不仅仅是西方文化的世俗化过程，更是现代社会的发展，资本主义企业、官僚国家机器、日常生活世界都受到了文化合理化和社会合理化的影响，前现代的传统生活方式消失不见。涂尔干和米德则从微观互动和社会个体的角度提出，理性化的生活世界，其特点更多在于对丧失了本质特性的传统进行反思，在于行为规范的推广和把交往行为从狭隘的语境中解放出来，最终旨在培养抽象的自我同一性目标和促使成人个体化的社会化模式。②齐美尔从社会心理学的角度，提出"现代性的本质是心理主义，即根据我们内在生活的反应并事实上作为一个内在世界来体验和解释世界"，③这是一种对时间与空间、自我与他者、生活的可能性与危机的切身体验。在古典社会学家对现代性的经验现实进行多角度剖析的同时，都意识了现代性在社会各个方面展开所带来的负面后果，马克思揭示了资本主义生产方式下人和社会的全面异化，韦伯描绘出科层制带来的人性缺失和自由沦陷下的牢笼，涂尔干阐释了反常社会分工带来的社会失范，齐美尔展现了主客文化颠倒带来的"文化悲剧"，皆是现代性带来理性进步同时裹挟的负面效应。

直到20世纪中叶，"现代性"才作为一个学术概念广泛使用，其背景是"后现代"思潮的出现，为了区别两者，人们将欧洲启蒙运动倡导的价值观及后来由此产生的西方工业社会称为现代性和现代性社会，并对之提出解构、质疑和批判。与现代性相关的另一个概念是现代化，或现代化理论。④ 具体而言，随着世界经济政治局势的动荡

---

① 王小章：《现代化求索与现代性反思》，《现代哲学》2005年第4期。
② [德] 尤尔根·哈贝马斯：《现代性的哲学话语》，曹卫东译，译林出版社2011年版，第1—2页。
③ Frisby, D., *Fragments of Modernity*, The MIT Press, 1986, p. 46.
④ 秦晓：《追问中国的现代性方案》，社会科学文献出版社2010年版，第19页。

发展，在当代社会学理论视野中，现代性涉及经济、政治、社会、文化等多个面相，逐步发展成为一个综合的概念体系。从黑格尔开始，"现代"成为一个时代概念，"新时代"是现代，"新世界"的发现、文艺复兴、宗教改革等发生于1500年前后的历史事件，成为区分现代与中世纪的时代分水岭。① 作为一个历史分期的概念，现代性标志了一种断裂或一个时期的当前性或现在性。作为一个社会学的概念，现代性总是和现代化过程密不可分，工业化、城市化、科层化、世俗化、市民社会、民族国家等历史进程，都是现代化的种种指标。② 同时，关于现代性与现代化关系的经典认识，源于亨廷顿对现代化理论的理解，在他看来，现代性是现代化的完成时，只有完成了现代化，才能获得现代性。"现代性孕育着稳定，而现代化过程却滋生着动乱"。③ 在此基础上，一些国内学者继而认为，现代性是现代化的理论抽象、基本框架；现代化是现代性的具体实现；现代性代表着与传统性不同的理念和因素，现代化代表着与传统社会不同的崭新的时代和社会形态。④ 抛开传统与现代关系、资本主义与社会主义的意识形态争论，简言之，现代化的核心要旨就是工业化和城市化的发展过程，现代性则是在这一过程中形成或作为这一过程完成结果的相对稳定的制度和价值形态。现代化和现代性之间的不和谐，是由于在社会分化过程中，经济、文化、政治等子系统变迁的速度不匹配所致，而二者之间的紧张和矛盾会引致社会失范和政治不稳定等诸种社会现象。⑤

---

① ［德］尤尔根·哈贝马斯：《现代性的哲学话语》，曹卫东译，译林出版社2011年版，《现代性的哲学话语》，第5—6页。
② ［英］杰拉德·德兰蒂：《现代性与后现代性：知识、权力与自我》，李瑞华译，商务印书馆2012年版，总序第3页。
③ ［美］塞缪尔·P.亨廷顿：《变化社会中的政治秩序》，王冠华、刘为等译，生活·读书·新知三联书店1989年版，第38页。
④ 周穗明等：《现代化：历史、理论与反思——兼论西方左翼的现代化批判》，中国广播电视出版社2001年版，第165页。
⑤ 彭大鹏：《现代化与现代性：理解转型期农村政治秩序的一个视角》，华中师范大学2005年硕士学位论文。

20世纪六七十年代西方社会的各种危机，直接促成了对现代性价值目标追求的时代反思，也是现代性与后现代性争论的社会根源。后现代性理论的批判直指现代性的核心——理性主义，认为现代性倡导的借助理性的力量，人类就可以摆脱来自传统的神权、父权、王权等一切专制权威的束缚，建立起自由、平等、博爱的理想社会，然而实际的情况却是借助理性建立起来的现代社会中，对人类的统治和控制更加变本加厉。[①] 同时，正是源自在现代化理论中被自觉不自觉地作为参照目标的西方社会的一系列危机及其带给人们的痛切感受，促使当代社会理论家们不得不掉过头来再度全面地重新审视和反思现代性以及当初孕育它的方案，从而接续上并推进经典社会理论家们的思路和言路。[②] 此外，诸多西方学者开始反思西方现代工业社会的发展，力图提出更好的促进西方文化和社会发展的多元现代性模式，比如芬伯格（A. Feenberg）"可选择的现代性"、詹姆逊"单一的现代性"、泰勒"多重的现代性"、鲍曼"流动的现代性"、拉什"自反的现代性"等等。[③] 简要而言，西方现代性的推进和发展本质上就是资本主义和工业化的扩张，即以理性和效率优先的市场经济、自由主义的政治体制和消费主导的社会文化为主的资本主义发展模式的复制与延展。

全球化作为现代性的后果，已经在世界各地蔓延开来，在全球化的背景和进程中，中国的现代性方案是什么，怎样避免西方资本主义社会的病态与发展矛盾，如何在融入全球化过程中自省自觉而避免淹没和同质的命运等等，一直是中国学界理论探讨的方向。19世纪中叶，在西方侵略下中国被迫打开国门，开始现代化的进程，是典型的后发现代性国家。在秦晖看来，晚清以降，为了避免西方现代化的种

[①] 谢立忠、阮新邦：《现代性、后现代性社会理论：诠释与评论》，北京大学出版社2004年版，第7—9页。
[②] 王小章：《现代化求索与现代性反思》，《现代哲学》2005年第4期。
[③] 《现代性的歧义》，http://www.doc88.com/p-21571718205.html。

种弊端，对现代性的质疑和批判本身构成了中国现代性思想的最基本特征。同时，中国知识界的历史反思集中于中国如何实现现代化和为什么中国未能成功地实现现代化。现代化对于中国知识分子来说一方面是寻求富强以建立现代民族国家的方式，另一方面则是以西方现代社会及其文化和价值为规范批判自己的社会和传统的过程。因此，中国现代性话语的另一最为主要的特征之一，就是诉诸"中国/西方""传统/现代"的二元对立的语式来对中国问题进行分析。冷鹤鸣亦是从中国独特的历史背景出发，指出了中西方现代性的不同内容和迥异的发展目标，他认为中国现代性求索的时代环境，决定了中国现代性的话语同西方的独立、自由、民主、平等、正义、个人本位、主体意识等这种现代性保持着距离；它更多地是关心民族的复兴和国力的壮大，而不是社会性的个体化、自由意志的形成、合法的宪政民主和自足独立的公民社会。当前，现代化转型的中国面对着传统性、现代性与后现代性的前所未有的大汇集、大冲撞、大综合。他进一步指出，抽象的现代性是不存在的，现代性只存在于具体的现代化实践中，中国完全是可以构建自己的现代性。[1] 在金耀基看来，中国的现代性建构，千言万语则不外乎是一个中国现代文明秩序的塑造。[2] 在社会转型的过程中，这个现代文明秩序到底该如何塑造，中国的现代性方案在汲取传统经验元素与避免西方社会病态的前提下，怎样借鉴西方现代性的优秀成分而又有自主性的发展前行，学界只在宏观层面给出了抽象总结，却少有具体的经验求索。

　　回归具体的中国乡土实践，乡村建设历经百年演变，始终与中国现代化的进程相伴随，中国的现代化是理解乡村建设的重要场域。[3] 随着革命运动、国家建设和市场经济，以个体权利为本位的现代性因

---

　　[1] 冷鹤鸣：《当代中国社会现代化转型中的现代性问题》，《理论参考》2007年第10期。
　　[2] 金耀基：《中国的现代转向》，牛津大学出版社2004年版，自序。
　　[3] 宣朝庆：《百年乡村建设的思想场域和制度选择》，《天津社会科学》2012年第3期。

素开始强有力的渗透进乡村地区，不可避免的带来了村庄社会的个体化和原子化，同时破坏了传统简约治理发生的社会基础和家族、宗族的组织体系，乡土社会传统的伦理本位也受到现代化秩序的强力冲击，相应地经济、社会、文化等社会子系统的发展失衡，即乡村社会在现代性因素影响下大发展的同时，也伴随着社会结构的功能性失调。在本书中，借鉴国内外已有的现代性理论资源，笔者将现代性具体操作为政治、经济、社会多个维度，来探讨中国农村现代性转型的过程及呈现出来的特点与可能发展前景。在高速流动的现代性中，鲍曼认为"共同体成了失去的天堂——但它又是一个我们热切希望重归其中的天堂，因而我们在狂热地寻找着可以把我们带到那一天堂的道路"，[①] 现代性条件下的共同体建设，在鲍曼笔下成为虚幻的乌托邦。与其相反，本书力在探讨在中国乡村社会转型的过程中，现代性的共同体如何生成，通过阐释经济层面市场经济在西方效率和理性之外的本土特征，社会基础层面公共性的消解与利益联结的社区合作的可能，政治层面中地方政治扩大民主参与的过渡型治理等等，在具体经验里追寻中国国情和本土文化语境中的现代化之路。

第四节　研究方法与田野概况

一　研究方法

（一）个案基础上的质性研究与"事件—过程"分析

陈向明认为，"质性研究是以研究者本人作为研究工具，在自然情景下采用多种收集资料的方法对社会现象进行整体性的研究，使用归纳法分析资料和形成理论，通过与研究对象互动对其行为和意义建构获得解释性理解的一种活动。"[②] 同时，因为个案比较擅长回答如

[①] ［英］齐格蒙特·鲍曼：《共同体：在一个不确定的世界中寻找安全》，欧阳景根译，江苏人民出版社2003年版，序第1—8页。

[②] 陈向明：《质的研究方法与社会科学研究》，教育科学出版社2000年版，第12页。

何（how）和为什么（why）这种层层深入、逐步递进的问题，质性研究通常要借助于个案研究的方式进行。① 在具体操作实践中，个案研究又通常借助"事件—过程"的分析策略，即从人类行为构成的事件和过程中去把握现实的社会结构与社会过程的社会化意义。孙立平认为"事件—过程分析策略试图突破结构—制度分析的局限，在分析的过程中凸显了行动者的力量。其特点是针对'事件'的分析，真正把'事件'本身作为分析的对象，把过程作为一个相对独立的解释源泉或解释变项，对其中的逻辑进行一种动态的解释，以期发现社会生活的隐秘"。因为，"农村社会复杂而微妙的关系并不是在如'小社区—大社会'、'国家—社会'这样的结构中，而是通过许多偶然性事件特别是冲突性较强的事件才得以充分地展现或调动起来的"。②

本书采取个案研究基础上质性研究方式，借鉴"事件—过程"的分析策略，通过对典型的标志性案例的分析，来"更好的面对实践状态的社会现象"③。齐美尔认为，"基本过程"乃社会产生的动力所在，具有整合社会的功能，是社会生活纷繁复杂的内容的载体，社会学若是弃这些过程于不顾，则无疑将自己束缚在对极其有限的社会现实的描述与分析之上。④ 笔者通过阿里淘宝来大湾村召开记者会、郭树清省长来大湾村调研电商事件，来展现电商经济在村庄中的树立及其全面政治经济社会影响的铺展；通过对村庄集体性冲突事件，如抢占村庄广场事件、抢占铁道东 800 亩耕地事件等来展现村庄社会秩序的失衡。通过对标志性事件和冲突事件中交锋主体的话语策略、符号

---

① 周春发：《旅游、现代性有社区变迁——以徽村为例》，社会科学文献出版社 2012 年版，第 47 页。
② 孙立平：《"过程—事件分析"与对当代中国国家—农村关系的实践形态》，出自清华大学社会系编《清华社会学评论》特辑，鹭江出版社 2000 年版，第 1—20 页。
③ 孙立平：《转型与断裂：改革以来中国社会结构的变迁》，清华大学出版社 2004 年版，序言。
④ 成伯清：《格奥尔格·齐美尔：现代性的诊断》，杭州大学出版社 1999 年版，第 50 页。

效应、行为拓展的分析，来展现乡村社会结构的复杂性，呈现村庄社会全方位转型的动态性，以及村庄政治、经济、文化各系统的高度关联性。我们在对电商发展，尤其是村落转型寻求结构性解释的同时，也要兼顾行动主体的存在，从结构与主体共存的方向出发，才能对村庄社会才做出鲜活的解释。此外，值得注意的是，本书虽立足于个案村庄，却不只局限于该村庄，调研大湾村之外的办事处、管区、县宣传部、周边村庄的电商发展，亦是本书的重要组成部分。

（二）拓展个案法

个案研究从诞生之初，概括性就不是它所追求的目标。由于社会科学体系化的努力，个案研究若要立足就必须解决这个难题。扩展个案方法的提出为我们开辟了一片新的天地。① 美国社会学者布洛维看来，拓展个案法就是通过参与观察，将日常生活置于其超地方和历史性情境中的研究方法。该方法将研究者与研究对象的互为主体性作为前提假设，并使得干预、过程、结构化和理论重构之间相互协调。在本土学界，费孝通的《江村经济》将人类学田野调查的方式引入社会学研究，并把村庄作为社区研究的基本单位，将村庄社区内的日常生活与社区之外的大历史、国家及社会转型紧密联系起来，从村庄里来透视全球性现代化的扩张。费老社区研究的根本旨趣和拓展个案法有很强的相关性，他的研究并非限制在村庄之内，村庄只是研究的载体和理解其他社会问题的"透镜"。② 吉尔兹也认为"研究的地点并不是研究的对象。人类学家并非研究村落——部落、小镇、邻里……他们只是在村落里研究"。③ 可见，社区研究和"在村落里研究"都是与拓展个案法一脉相通，在一定程度上拓展了鲜活个案的可移植空间。

---

① 卢晖临、李雪：《如何走出个案——从个案研究到扩展个案研究》，《中国社会科学》2007年第1期。

② 刘小峰、夏玉珍、余佳伲：《质性社区研究的三种模式——以费孝通社区研究史为参照》，《学习与实践》2012年第12期。

③ ［美］克利福德·吉尔兹：《地方性知识：阐释人类学论文集》，王海龙、张家道译，中央编译出版社2000年版，第29页。

虽然本书并非采用严格的人类学田野调查方式，但也结合拓展个案法，将研究的村庄内部视野与村庄外在的社会世界相结合，即本书虽立足于个案村庄，却不只局限于该村庄，调研大湾村之外的办事处、管区、县宣传部、周边村庄的电商发展，亦是本书的重要组成部分。另外，全球化的进程中，跨越社区边界的社会关联正在日益建构，电商经济的社会效应早已跨越地域范围，村落社会的多重转型也是村落内外多重因素共促的结果，这也在一定程度上决定了在村庄里做的研究与村庄之外的关联性。

（三）村庄生活视角下的机制分析

一般认为，人们在日常生活中的沟通和社会行动具有"索引性"，即当事人的实践活动是运用共同完成且未经申明的假设和共享知识进行。行动或表达的"无尽索引"表明，对它们的意义必须诉诸索引及其行动表达的意义才能理解。行动可以被观察、被报道，即行动具有说明性；同时，行动与说明不可分，二者的辩证关系构成实践行动的"反身性"。在日常实践活动中，行动、说明和场景构成了复杂的实践整体，所以，对行动的理解应该是对实践系统的理解。村庄生活的视角就是将村庄社会的行动和现象放到村庄生活的整体格局中去索引背后的原因，在村庄中对行动和现象进行在地化的解释，在地解释需要保持对行动和现象的理论解释的经验性，让行动和现象在村庄经验系统内得以自洽。[①]

当我们在村庄生活中来理解电商兴起与发展这一新兴社会现象时，局部的场景只是村庄整体社会的一环，要去索引局部场景背后的相关联的全部场景，不仅要看到它对就业的带动，对家庭经济收入的影响，也要索引村民生活的日益商品化、农民自我定义的劳动伦理、老年人编样品对家庭代际关系的改善，索引对公共秩序的冲击、对传统社会关联的冲击等。索引本身是无止境的，局部的在场情境背后是

---

① 陈柏峰：《乡村江湖：两湖平原"混混"研究（1980—2008）》，中国政法大学出版社2010年版，第19—20页。

复杂相关、环环相扣的大世界。所以，我们通过电商发展这个孔洞，可以窥探见转型巨变中的乡土社会。在用村庄生活视角全面认识村庄事件的同时，要避免陷入冗杂的现象和故事之中，还需要借用机制分析的研究方法，来进行抽筋剥骨的提炼升华。

所谓机制分析，意指一组被明确限定的事件，在各种不同的环境中，以相同或者颇为类似的方式，使特定要素之间的关系得以改变的原理，诸机制的组合则形成过程。① 经验的认知需要一个循环往复的过程，通过修正机制，不断深化、提炼中观机制和中观概念。② 从该角度讲，机制分析在一定程度上提供了突破个案研究面临的普遍性与代表性难题的可能性。在笔者看来，机制分析就是通过经验现象抽丝剥茧的分析解读，在错综复杂的现象之间找到背后的关联线索，将碎片化的社会场景有机串联起来，找到背后自洽的逻辑体系，抽离出有普遍解释力的框架的一系列关联过程。机制分析在本质上讲，是去形式主义的、从经验认识上升到理论概括的过程。值得注意的是，任何社会科学研究都扎根于具体的时空背景，故任何机制分析都难以获得放之四海而皆准的绝对理论。在本书中，通过前述章节的经验阐释，结论部分将集中探讨国家与社会互动背景下，乡村秩序生成与再生产的机制，乡土社会的活力激发机制，并总结共同体本位的农村社区建设的主要维度，为当前新型农村社区建设提供政策和实践参考。

二　田野概况

本书选取的田野地点是大湾商圈③，以商圈的核心村庄大湾村为主。大湾商圈是小清河沿岸的狭长形小村落聚居区，因大湾村电商经济的带动，使得周边的小村庄纷纷加入，形成了大湾商圈。该商圈隶

---

① [美] 查尔斯·蒂利、西德尼·塔罗:《抗争政治》，李义中译，译林出版社 2010 年版，第 36 页。
② 贺雪峰:《华中村治研究中的机制研究》，《云南行政学院学报》2016 年第 2 期。
③ 根据学术匿名原则，本书已对地名、人名进行处理。

属于山东省滨州市博兴县锦秋街道。博兴县历史悠久，境内村庄发现的龙山文化遗址证明，远在4000多年前（新石器时代），境内已是父系氏族社会，是比较稠密的人烟聚居区。现在，博兴县是山东省滨州市的一个下辖县，位于山东省滨州市东南部，全县共辖9个镇、3个街道（城东街道、锦秋街道和博昌街道）、1个省级经济开发区，2012年有48.9万人口，总面积900.7平方公里。济东（从济南到东营）铁路、205国道纵贯南北，交通便利。博兴是董永故里、吕剧之乡、中国厨都，是中国草柳编之乡，也是胶东调水工程渠首所在地和胜利油田原油主产区。[①] 县域经济发达，文化底蕴深厚。

2007年撤销博兴镇，将原博兴镇的北关等15个行政村，湖滨镇的东风村、大湾村等18个行政村划归锦秋街道管辖。现在，锦秋街道包括县城2个社区（锦秋社区和城关社区）和33个行政村，其中33个行政村又规划为5个管区。鲁北最大的天然淡水湖——麻大湖，位于博兴县和桓台县交界处。博兴县沿湖有25个自然村，村村相连，连同桓台县沿湖20多个村庄，构成一个椭圆形的风景带。该湖系孝妇河、乌河等众水汇流而成，全湖东西长7公里，南北宽3.5公里，面积20平方公里，水面面积1000公顷，最大水深2.3米，是鲁北平原仅有的一大淡水湖泊。湖区鱼类资源丰富，水生植物繁多，苇蒲丛生，湖中有河，河中有渠，船道纵横，特产为九孔白莲藕、金丝鸭蛋、四鼻鲤鱼。麻大湖内的芦苇、蒲草都是编织草鞋、坐垫、提篮、锅盖、床席的初始原料，湖区周边的村庄都有编织的传统，而大湾村是湖区周边的核心村庄。

博兴县的草柳编有800多年的历史，早在明代就享誉中外，经过历代民间艺人的传承创新，逐步实现了草编、柳编、蒲编、藤编等工艺的结合，现已发展成为具有广泛代表性的民间传统手工艺术形式。2009年草编被列为省级非物质文化遗产，2011年柳编被列为国家级

---

① 《滨州博兴县》，360百科，http://baike.so.com/doc/7752654-8026749.html。

非物质文化遗产。2010年博兴县被文化部命名为"中国草柳编之乡"。大湾村曾经是全省最大的蒲草交易市场，自2006年开始，大湾村一批年轻人，发现草柳编工艺品网上销售的商机，纷纷在淘宝网、京东商城开设店铺，网上销售草柳编工艺品，最近几年木器加工制品也成为热销品类，带动了商业模式创新。截至目前，大湾村有草柳编工艺品实体店105家，在"淘宝网"注册网店811家，在"天猫网"注册商城店（旗舰店）30余户，年销售额过百万元的网店有50余家，带动本村2500多人就业。2013年大湾村草柳编和木器工艺品网上交易额突破1.17亿元，2014年突破2亿元。2010年大湾村被评为山东省"旅游特色村"，村庄中心的"媒仙"古槐、董永公园、草柳编产业及其邻近的麻大湖湿地公园等，都构成了县域范围内的文化旅游的特色项目。2013年大湾村成为全国首批13个"淘宝村"之一，2014年大湾村所在的锦秋街道出现6个淘宝村，成为全国19个首批"淘宝镇"之一，2015年增至16个淘宝村，围绕大湾村形成了一个聚集性的电商圈。

具体而言，大湾村位于博兴县城南3.5公里，淄东（淄博到东营）铁路以西，南依麻大湖，与桓台县接壤，北靠小清河。西汉初置村，因地处"龙湾"之北，故名大湾庄，1912年曾名大湾镇。博安路（博兴到安柴）纵贯南北，湾西路（大湾村到西闸村）横贯东西。博兴县重点保护文物"媒仙古槐"位于村中心。交通便利，商贾云集，是麻大湖畔重要的经济、政治和文化中心。全村现有1617户，4700口人，耕地2700亩，苇、藕、渔水面200亩，户均耕地不足2亩，人多地少。村庄主要姓氏是安姓和贾姓，其中安姓分4股，约1800人，贾姓分10股约1400人，两大姓氏占村庄总人口的近70%，其余姓氏有姜、魏、周、孙、王、封等，封姓是村庄历史最久的坐地户，现不到20户。村庄以老槐树为中心，以通济河（1980年代道路拓宽，已填土修成路）为界，划分为"河南""河北"两片区。河北，临近村北小清河，中华人民共和国成立前，推小车、从事运输行业的村民居多，编织以蒲编为主，生产商品，供市场销售，产品主要有蒲团、蒲扇、笤鞋，销往寿光、淄博、济南等地。河南，多苇草地，水地居多，村民传统以拿鱼、摸虾、采藕为业，编织以苇草编为主，主要生产篮子、筐子等劳动工具，以满足自家使用为主，少有市场销售。村庄有12个村民小组，1—8村民小组在"河北"，9—12村民小组在"河南"，村庄呈"丰"字状形态，与周边诸多村庄搭界。1950年以后，大湾村就是远近闻名的水旱码头，地理区位优越。

作为远近闻名的淘宝村，农村电子商务激活了村庄内生的工业体系，村庄内部的各种社会资本也得以复兴，村庄社会正处于发展变迁的转折点上。当地村庄在以小农经济为基础的地方社会规范和以现代法律为基础的公共规则交织碰撞的过程中，村庄政治、社会、价值秩序的波动呈现出丰富的跳跃性和转折性，是探讨转型过程中农村社区建设的重要窗口。依托村庄传统的手工艺编织制品，电商带来了村庄经济的大转型，村庄1600户村民，其中800多户开上了网店，年交易额过千万。电商群体作为新兴经济主体，是村内正在崛起的经济精英，村落低度分化的扁平阶层结构被打破，家庭作坊内部的生产关系形塑出村庄新的人情单位，电商之间也开始形成新的社会组织单位，村庄内部基于血缘和地缘认同的传统社会关联走向多样。不过，淘宝电商带来村庄经济高速发展的同时，却刺激村庄公共秩序却陷入总体性危机：土地秩序全面失衡，政治秩序脆弱不稳，道义小农日益转变为理性小农，黑社会势力介入村庄项目，村庄集体性冲突事件出现，等等。乡村社会建设陷入无主体的困境之中。

大湾商圈经济活力与社会乱象的经验悖论给了笔者重要启发，农村社区建设绝不是经济发展一头重，经济社会发展与日常生活政治、村庄价值规范是一个相互协调的系统，相互协作的过程构成村庄社会秩序的正常运行。高速城镇化的背景下，村庄社区解体的速度在不断加快，乡土社会正在发生质性重构，理性化和原子化程度都在加剧。在社会转型的变迁时期，也就是现代性对村庄的全面渗透时期，如何走出亨廷顿"发展的不稳定"的预言，新型的数字经济产业如何与乡村振兴有机衔接，乡村社会的整体社会秩序如何在变动中再整合等等，都构成了本书需要回答的时代问题。

第五节 分析框架与核心概念

一 分析框架

鉴于本书是对村落社区现代性转型的过程性研究，笔者用"电商经济"和"村落转型"这两个概念，来统摄个案村庄的经济发展和社会变迁。村落转型背后是现代性与传统的碰撞，电商本身就是现代性的产物，所以电商发展与村落转型之间是双向共时变化的过程。只不过，电商经济作为乡土社会的新兴现象，进一步刺激了正在转型变迁中的乡村社会，使原本就动荡变迁的村庄社会秩序，泛起了层层巨浪。简言之，当前的农村社区建设就是要抚平经济活力伴生的村庄乱象，探索与经济活力相匹配的共同体的其他要素，寻找与村庄结构巨变、治理巨变等多重转型相对应的秩序禀赋，使村庄的经济系统与社会系统在动态的转型过程中有机协调起来，增强村庄社区作为一个有机整体来承接内外发展机遇的能力，这无疑是农村社区建设的重点，也是本研究的中心论题。具体章节安排如下。

第一章是导论部分，主要介绍本书的问题意识、文献综述、理论资源、研究方法等基本问题。作者通过对村落转型理论、共同体理论与社会系统论、现代性理论的综合梳理，结合本土实践和已有研究成果，将村落转型操作化为经济结构之变、社会结构基础之变、治理之变三个维度，以此建构新型经济产业发展过程中村落社区现代性转型的体系和架构。

第二章是对电商经济兴起之前乡村社会的发展变迁图景进行展现。本章节集中描绘集体经济时代到市场经济时代转型中的村庄图景，从中华人民共和国成立以后村庄的政治生活、经济结构和社会交往到市场经济时期乡村劳动力市场、本地商品市场、手工业的发展、村内土地市场的发育等，均展现出现村落传统的延续与松动，本书以此来勾勒电商经济兴起前夜村庄的"经济与社会"。

第三、四、五章是本书的主体部分，笔者从"经济与社会"的关系出发，展现现代性背景下电商经济对村落社会的"脱嵌"带来的全面政治经济影响，以及乡村社会正在奋起的反向自我保护运动。

具体而言，第三章介绍电商经济兴起与村落经济结构的转型。本章节全面梳理电商经济发展的基础要素，呈现新型经济产业发展过程中村庄内外资本的市场化整合，把握电商经济进入村庄的起点与具体的发展阶段进程。电商产业与村落经济结构的共生互动主要表现在村庄阶层结构和家庭生计发展结构两大维度：村庄层面，考察电商经济产业对村庄不同年龄、阶层群体的就业和职业分工的影响，及其与村民原有的务工、务农生产方式的结合机制，研究电商经济发展背景下村庄阶层结构的现代性转型。家庭层面，从家庭生计模式变迁与再生产角度，展现新型经济产业带来的机场机遇对不同类型农民家庭发展策略的形塑机制，探讨家庭生计发展结构的新转型。在上述研究基础上，挖掘村庄经济活力的生产机制。

第四章介绍电商经济与村落结构基础的转型。电商经济与村落结构基础的契合互动主要表现在村庄中的土地秩序、公共规则、社会关联三大维度，重点考察新型经济产业发展过程中村庄土地要素的资源属性和社会伦理属性之间的张力；从规则混乱与共识消解的角度，探讨电商产业拓展过程中围绕土地利用的公共规则的失效与重建逻辑；厘清电商群体之间的市场利益和社会利益的关联，研究传统的血地缘关联、互惠伦理、人情关系等在新型经济产业拓展过程中的实践脉络，呈现产业发展和社会生活交织中村庄新型社会关联的黏合机制。在上述研究基础上，探究村庄公共性的式微与重建机制。

第五章介绍电商经济与村落治理模式的转型。经济基础和社会基础的变革，直接决定了建立在其上的基层治理逻辑的转变。本章节将分析电商经济产业发展给村庄社会带来的政治效应；探讨多元电商利益主体兴起以后，常规治理模式面临的治理困境；考察电商经济产业发展过程中村庄内部正式和非正式组织体系的发展建构，阐释建立在村庄内部多元组织基础上的地方政治重建的新抓手，从治理主体、治理单位和治理规则角度探讨与新型生产关系相适应的村庄政治结构的发展机制。

第六章和第七章是总结部分，主要进行共同体本位的农村社区建设的经验与理论总结。经济结构、社会基础、治理模式是村落现代性转型的三个基本维度，三者紧密关联，互为变迁基础。在上述多重转型的过程中，立足传统与现代的共生互动，反思"经济"与"社会"的嵌入性关系，总结村庄基础层面公共性建设的机制以及新型经济产业发展中地方政治的重建机制，相应总结社会软约束和制度硬制衡的双重联结对村庄经济社会秩序的维系之道，破解新型经济产业拓展进程中村落经济活力与社会秩序失调的发展悖论。在此基础上总结以农民为主体、以村庄为本位的乡村内源性活力的激活机制，进而阐释现代性共同体的新形态，为当前的农村社会改革和发展提供理论参考和实践借鉴。

简言之，本书旨在探讨在电商经济为主的新型经济产业发展进程和村落社区现代性转型交相互动的过程中，如何使农村社区建设成为集经济活力、社区公共性、地方政治有机协调的综合系统，如何实现现代性背景下的农村社区共同体属性的生成与再生产，并以此来回应当前农村社区建设中社会基础重建、个体化农民的再组织和基层国家政权建设的具体论题。

二　核心概念

（一）电商经济

"电商"是电子商务（Electronic Commerce）的简称。电子商务通常是指在全球各地广泛的商业贸易活动中，在因特网开放的网络环境下，基于浏览器/服务器应用方式，买卖双方不谋面地进行各种商贸活动，实现消费者的网上购物、商户之间的网上交易和在线电子支付以及各种商务活动、交易活动、金融活动和相关的综合服务活动的一种新型的商业运营模式。① 从广义上讲，电子商务是利用微电脑技术和网络通信技术进行的商务活动。相应而言，电商经济，就是依托互联网平台进行交易的经济模式或经济形态。

在本书中，结合村落语境，本研究中的农村电商产业或曰电商经济是指依托农业产业和其他地方特色产业进行生产供货，依靠互联网技术和电商平台进行流通销售的新型经济业态，是包括生产供货（生产商）、平台销售（平台商+网店商）、物流配送（物流商）等各个环节的完整产业链条。另本书将村庄中2000年以后由村民引导建立的外销出口产业也定位为电商经济，因为该时期的外销出口已经借助互联网、电子邮件等工具，进行非对面的贸易交流与订单合作，已具备跨境电子商务活动的核心特质。

（二）现代性转型

鉴于前文综述，村落转型就是村落的现代性转型，它是中国现代化转型的重要组成部分或曰主体部分。本书中，将"村落转型"视为村庄在全面现代性影响之下动态变迁的社会过程，具体操作化为三个维度，即经济结构之变、社会基础之变、治理模式之变。

（三）共同体

在滕尼斯、韦伯、涂尔干等古典社会学家的研究中，一定的地域、共同的纽带、社会交往、以及认同意识是共同体最基本的要素和特征。到了哈贝马斯、安德森、鲍曼等学者的研究中，共同体开始兼具开放性和包容性、主体的体验和认同感取代地理上的界限成为共同体新的社会边界。并且，伴随着全球化和资本主义的扩张，共同体的

---

① 《电子商务》，360百科，http://baike.so.com/doc/5333306-5568741.html。

命运也颇受争议。鲍曼认为,"现代资本主义瓦解了所有传统、自我维系和自我再生产的共同体,位居需要熔化的固形物名单的榜首"。①但是传统从来不是被动的存在,在吉登斯看来,完全传统的传统社会是不存在的,传统和习俗会因为各种原因被重新改造出来,即"传统是被发明和不断被重新改造的"。② 从这个意义上讲,不管共同体是对过去的美好追忆还是对未来的乌托邦想象,我们暂且不议,只要共同体的存在和体验能够增进人类生活的福祉,它就有存在的必要性,就有被发明和被改造的空间。

基于这一前提假设,本书结合古典社会学家与当代社会学家关于共同体的综合论述,认为共同体是人类组织的基本形式,并且社会和共同体在现代社会不是二元对立的形态,社会中有共同体,共同体中有社会,共同体是社会的基石。具体而言,本书中"共同体"是以一定的地域边界、组织边界或血缘等关系边界为基础,内部群体之间基于主体反思与共同的利益,长期持续的沟通和交往,形成的具有"自己人"认同和归属的组织体系。它是具有稳定社会秩序的生活世界和地方价值信仰的意义世界的统一,又是历史性不断被生成的动态过程。本书在两个层面上应用"共同体"的概念和理论:一是指村庄内部基于血缘、地缘、生产合作关系生成的各种各样的实体性小共同体组织;二是在村庄整体层面上,将"共同体"的组织形态作为一种相对理想的社区生活模式,指称农村社区在现代性语境中,旨在建立的传统与被创新的传统相结合的"共同体"属性。

(四)社区、村落社区

在本土学界,费孝通最早将"社区"(Community)作为学术概念引入中国,他指出,社区是若干社会群体(家庭、民族)或社会

---

① [英]齐格蒙特·鲍曼:《共同体在:在一个不确定的世界中寻找安全》,欧阳景根译,江苏人民出版社2003年版,第33页。
② [英]安东尼·吉登斯:《失控的世界》,周红云译,江西人民出版社2001年版,第37—38页。

组织（机关、团体）聚集在一个地域里，形成一个在生活上互相关联的大集体。① 在此基础上，郑杭生从更为综合的角度提出，社区是进行一定的社会活动、具有某种互动关系和共同文化维系力的人类群体及其活动区域。② 二者都共同强调社区的地域性、群体性和关联性特征。简言之，社区是社会生活的基本组织单位，以共同居住的地域为基础，具有共同的社会联系和价值认同的社会生活共同体，是一种地方性社会。

关于村落社区或农村社区的界定，政界和学界并没有统一的标准。在政策层面，2006 年中共十六届六中全会通过的《中共中央关于构建社会主义和谐社会的若干重大问题的决定》中，提出"积极推进农村社区建设，健全新型社区管理和服务体制，把社区建设成为管理有序、服务完善、文明祥和的社会生活共同体"。"农村社区"的概念在中央的政策文件中首次提出，主要是作为与城市社区相对应的一种组织结构，是统筹城乡一体化发展的基础平台。另外，农村社区在地方性的政策文件中，还意指由若干行政村合并在一起，统一规划、统一建设，或者是由一个行政村建设而成的类似城市的居民小区，该界定主要是从村庄居住形态和生活方式的角度考虑。在学界，有学者认为滕尼斯笔下的共同体就是社区，农村社区就是人们生活的共同体。具体而言，农村社区是一定地域范围内的人们基于共同的利益和需求、密切的交往而形成的具有较强认同的社会生活共同体。当前新农村建设中的"农村社区"并非自发形成的"自发型社区"，也不是一般意义上的"共同体"，而是一种政府主导的规划性的社会生活共同体，是一种"规划型社区"。③ 也有学者从综合视角出发，认为我国的农村社区既是国家管理农村社会的基础单位，又是统筹城乡

---

① 参见费孝通《社会学概论》，天津人民出版社。
② 郑杭生：《社会学概论新编（第三版）》，中国人民大学出版社 2003 年版，第 272 页。
③ 项继权：《论我国农村社区的范围与边界》，《中共福建省委党校学报》2009 年第 7 期。

一体化发展的基础平台,还是农民生产和生活的全新载体。①

华北村庄多是自然村和行政村合一,中华人民共和国成立初期国家现代性的建构并没有在地域范围上对传统村庄进行整合,当前上楼话语背景中的现代社区建设也是以单独的行政村为主。因此,当地的农村多是"自发型社区"与"规划型社区"的交叠。结合前人研究和本书个案的特征,笔者将"村落社区"界定为一定地域内的乡民以农村集体土地等生产资料为基础和边界,与城市社区互补互动的关系结合体,这一社会关联不仅包括传统的血缘、地缘关系,也包括现代性的合作和契约关系,该语境中的"农村社区"既是共享一套地方性知识和价值规范的地域和文化实体,又是国家提供公共服务和社会管理的基层自治单位。另外,在本书中,村落、农村、村庄是同一的概念,不做具体区分。

---

① 王金荣:《中国农村社区新型管理模式研究》,中国海洋大学 2012 年博士学位论文。

第二章 电商兴起的前夜：社会变迁中的乡村图景

陈旭麓先生认为，近代社会秩序的变迁，只有同古代社会的政治、经济、文化结构以及与此联系的生活、风俗相对比，才能得到认识和说明。① 同样，今天的农村社区建设需要明晰历史的脉络，才能汲取经验，避免弯路。大集体时代，村庄社会经历了基层政权、小农生计体系、社会生活和民间信仰的全方位大改造与社会主义背景下的大建设。家庭联产承包责任制的实行，使农民由社员变成独立的商品生产者，从而与市场发生越来越密切的联系，相应地加速了农村自然经济的解体，从而向有计划的商品经济转化。这是农村最本质的变化，乡土社会的一切变迁由此滥觞。②

第一节 集体经济背景下的乡村社会

中华人民共和国成立后，国家通过土地改革、阶级成分划分、合作化运动、人民公社制度等一系列的举措，从行动、身体、精神上对传统小农进行了一场全面的社会主义大改造，成功塑造了具有集体主义精神的"革命小农"。乡土社会的连接纽带从传统的地缘、血缘关

---

① 陈旭麓：《近代中国社会的新陈代谢》，上海人民出版社1992年版，第1页。
② 陆学艺：《"三农论"——当代中国农业、农村、农民研究》，社会科学文献出版社2002年版，第8页。

系转向中国共产党领导的基层组织体系，一个新的社会政治结构建立起来，国家与村庄和农民的关系发生了翻天覆地的变化，乡村社会的内聚力也依靠行政权威得以加强，乡土中国的面貌呈现出复杂而又崭新的一面。

一 国家在场下"革命小农"的塑造

新中国成立后，鉴于国家基层政权建设和从农村提取资源的需要，国家通过在基层建立组织体系、参与选举基层权威、组织改造生产生活等直接在场的方式，持续不断对传统小农进行社会主义大改造，塑造出忠于国家、忠于共产党、忠于社会主义意识形态的"革命小农"。"革命小农"是指站在国家和集体立场，秉持服务付出、不求回报的观念和情怀的无产阶级农民群众。人民公社时期，每年都有从县级政府一直到生产小队的五级组织会议。村庄一层，大队干部和小队长层层传达上级政策和指示，进行思想和觉悟教育，相互监督检讨，提高干部和农民的工作热情，从而促使"革命小农"的革命精神能够持续持久的发挥作用。"革命小农"的成功塑造，一方面激发了中国农村强大的建设活力，在翻天覆地的建设热潮中，农村社会的土地、水利、道路、河坝等都通过义务劳动或公社小队派工的方式，完成了初级改造，为农业生产和日常生活提供了极大的便利，提高了劳动生产率，直接改善了乡土社会的生产生活条件。另一方面，在当时农业剩余极为有限的条件下，农民通过自我剥削和牺牲自我小家的利益，竭力完成国家资源提取的任务，为最大化的国家利益不断奉献。

"革命小农"是在国家与村庄互动之下，国家充分动员、教育农民的产物。国家与乡村社会的互动，很大程度上是以基层代理人为连接纽带的。大集体时期，国家以工作队、工作组的形式扎入村庄内部，它们以高于农村大队和生产队的组织权威形态存在，直接代表国家，重新整合了乡土社会基于传统血缘和地缘的关联结构，将村庄社会有力的统合起来，并进一步树立了国家威权意识，建立了乡村社会严格的控制体系，使国家权力的触角渗透到乡村的各个角落。当时的大湾村，经常有公社干部到大队里蹲点，大队干部也经常到各个生产队蹲点，并有上级的武装队、"四清工作组""农业学大寨工作组"等进驻村庄，下分到各个生产队，与社员同吃、同住、同劳动，带领指导生产队的各项工作，强化对生产队的监督管理，持续塑造"革命小农"的革命热情。"那时，成天光讲政治，讲生产"是村庄老一辈村民对大集体时代生活的直观感受，正是这样一种严格的层级组织，重新塑造了村庄的政治和公共生活，让农民从家族组织中脱离出来，深深嵌入到村社组织当中，建构出强大的国家主义和集体主义的向心力，保证了国家治理目标的实现。

各种外来的工作队和工作组，与村庄内部的大队和生产队相互契合，成为笼罩村庄的组织体系。该背景下，部分学者认为，以宗族为内在基础的旧的社会制度在人民公社时期遭到了毁灭性打击，宗族被合作化和人民公社所创造的新的组织形式所取代，农民被纳入到了跨家族的集体之中，家庭的功能也被严重削弱。[1] 在高压政治的统治下，农民的集体主义观念和忘我顾大家的精神，很难界定是出于对社会主义意识形态的认同，还是出于对传统家族、宗族的归属，抑或是对国家威权的畏惧，也或是受各种思想宣传教育改造的影响。但是，传统作为一种文化积淀，有一定的惯性，不可能因为各种社会运动就一扫而空。有研究表明，宗族观念在20世纪80年代前并没有因为宗族制度遭遇打击而毁灭，仍然在农村或明或暗地发挥作用。高王凌对人民公社时期以瞒产私分等主要表现形式的农民"反行为"的研究，以及张乐天对人民公社时期"旧传统的回归"的论述中都有极为明显的体现。[2] 大湾村小队内部私卖蒲草等群体性自发行为，也是与理想

---

[1] 王沪宁:《当代中国村落家族文化——对中国社会现代化的一项探索》，上海人民出版社1991年版，第59页。

[2] 赵晓峰、李婷:《塑造"革命小农"：人民公社时期新旧制度的博弈机制探析——兼与"理性小农"和"道义小农"的对比分析》，《中共杭州市委党校学报》2014年第6期。

型的"革命小农"相悖的"反行为",传统的文化心理与社会主义的实践在矛盾中磨合。此外,生产队的划分多是基于居住位置,而传统时代村民多聚族而居,贾家屋子、窦家天井、封家胡同等村庄内的地域小名,都反映出村落内部家族居住的传统。从该角度讲,生产队的建立之初,内部就已经融进了传统的因素,革命小农的塑造与传统血缘、地缘的关系相融合,在碰撞和矛盾中服务于当时的基层国家政权建设。

国家在场背景下,大湾村村民被燃起的革命热情和集体主义的忘我情怀,土地改革的完成和阶级身份的定位,是"革命小农"塑造的前提。通过土地改革,国家对乡村社会的利益财富进行了重新分配,阶级成分的划分则使贫穷取代财富,成为这一时代重要的政治资本和身份基础。大湾村在中华人民共和国成立前,于1947年7月进行土改,但当时第一次土改不彻底,因国民党重点进攻山东,在大湾村住了两个月,村里主持工作的干部都撤离到湖滨边上,没法继续主持土改。后来国民党撤退,干部回来再次主持土改工作。1951—1952年,大区干部崔英到大湾村带领工作,成立"农民救国委员会""妇女救国委员会",主持划阶级成分,确定地权,颁发土地证。当时,村里没有支部和其他组织。1952年土改结束,土地和房屋都分给了农户,村里直接分到户。伴随土改结束,"农救会"撤销。1956年,土地都入社,生产大队下设生产小队,土地所有权和使用权都收归生产小队,全部归集体管理,拉开了大集体时代生产生活的序幕。

"磨得铮亮的铁锨头""不知疲倦的日夜劳作""冰河里带头的小队长"[①]都是这一时代大湾村"革命小农"高度集体主义建设热情的彰显,是用实际行动来表现对国家和社会主义的忠诚信念。当时,劳动不积极就会被戴上"落后分子"的帽子,并给予不同的工分待遇,成为社会主义改造的对象。在阶级成分直接影响命运的年代,农民都想争当"五好社员",生产小队都想创优争先,一场轰轰烈烈的建设

---

① 安XM,村庄老书记,20160320S。注:20160320S表示访谈时间为2016年3月20日上午,在本书中访谈时间中的S表示上午,X表示下午,W表示晚上。

运动铺展开来。同时，外来的驻村工作队、工作组对村庄治理进行全面干预，时刻监督村庄里的阶级动向，对村庄生产和政治进行全方位指导，确保基层政治在国家设计的轨道上前行。外来驻村工作组和工作队的制度，给村庄带来高压化的政治运动，在调动小农热情的同时，也给基层常规性治理造成冲击，"老百姓很高潮很积极，干部们都吓得慌"，① 注定了这一制度的特殊性和非均衡性。

人民公社后期，各个生产队内部因为劳力配置、土地要素、副业生产、外联关系等多重要素的影响，开始出现经济分化。落后小队的生产主动性更加堕落，小队内部偷奸耍滑磨洋工、追求自我私利的行为开始变得普遍起来。并且，小队内部的精英农民开始偷偷摸摸地做小生意，赚取远大于在生产队劳作的利益所得，即所谓的"投机倒把"行为，生产小队长开始带领社员跨地域偷卖蒲草，获得高于本地区的统一收购价格。伴随农民个体家庭的贫富分化，加之70年代后期，各种政治思想运动的减少，革命小农的革命热情出现降温，他们开始反思国家和集体之下的自身生活，对自主性和主体性的追求开始增强，特别是青年农民更是急于追求自身发展。同时，该时期大队干部和生产队长倾向于在国家政策与地方利益之间寻找均衡，一方面要带头践行国家政策的各项规定，另一方面又要立足地方社会的需求，开始扮演既是国家的"代理人"，又是地方的"当家人"的双重角色，与五六十年代只讲高度的国家意识形态和单向度甚或偏执极端地执行国家政策有了微妙的变化。伴随着社会大环境的转变和农民主体革命热情的衰退，在"劳动力高度集约化的内卷劳作"② 下，人民公社体制再也难以解决对青年的束缚问题，难以重新塑造"革命小农"，普通小农和精英小农均展现出多面性，一场新的农村制度变革在该背景下呼之欲出。

---

① 安MD，9组组长，20160327S。
② ［英］黄宗智：《华北的小农经济与社会变迁》，叶汉明译，中华书局1986年版，第315页。

二 地域范围内"耕织结合"的经济体系

乡村的经济和社会制度与当地生态环境,诸如气候、地形、水源、土地产量、人口密度和居住模式等密切相关。① 大湾村位于麻大湖畔,境内有小清河、支脉河纵贯,湿地多,户均耕地不足2亩,人多地少的矛盾一直彰显。20世纪70年代之前,天然的苇草地、藕地、鱼塘多,受湖区文化影响,村民就地取材,素有编织、捕鱼的古老传统,编织在妇女之中代代相传,成为一门自来就熟的地方手艺。大集体时期,手工业是整个湖区范围内的主要工业项目,是村庄社队经济的重要产业之一。农业生产与手工编织形成的"耕织结合"的经济体系,成为当地主流性的经营模式。

传统乡村手工业是对当地自然资源或农产品进行加工、销售而成的一种产业,是集农业种植、工业加工、贸易销售等一、二、三产业在内的综合经济形式。② 自古以来,手工业生产就是农村主要的家庭副业,不仅满足人们的生产、生活需要,还成为农民维持、改善生计的重要手段,更被作为发展农村经济的一项重要产业。在传统农耕社会,它是一种依附于小农业的家庭副业;新中国成立之后,国家通过合作化制度对手艺产业进行改造,由合作社或人民公社组织社员进行生产,再由国家统购统销;改革开放初期,手工业生产成为促进农村区域发展和换取外汇的重要手段;20世纪八九十年代,在社会主义市场经济体制建设时期,许多手工业产业在国外订单样品的基础上不断进行创新,将传统工艺与现代生活、文化方式相互融合,创造了一些与时代需求相适应的现代工艺产品。③ 笔者调研的地区,手工业生

---

① [美]李怀印:《华北村治:晚清和民国时期的国家与乡村》,岁有生、王士皓译,中华书局2008年版,第29页。
② 彭南生:《半工业化——近代中国乡村手工业的发展与社会变迁》,中华书局2007年版,第14页。
③ 刘永飞、许佳君:《困顿与转型:乡村手艺产业的社会建构——江苏福乡柳条编织技艺产业的拓展个案研究》,《南京农业大学学报》(社会科学版)2017年第1期。

产在整个县域范围内出现较早，明清时期，大湾村所在的原湖滨乡的草制品就蜚声京城，当地的工艺美术品的生产主要包括柳编、草编、苇编、抽纱刺绣和腊杆工艺①。工艺美术生产是县域经济的工业优势，产品不仅在国内享有盛誉，早在20世纪70年代就远销世界几十个国家和地区，是当地主要的创汇（外汇）项目。大集体时期，大湾村一直沿袭的手工业主要是柳编、草编和苇编，以社队副业经济的形式存在，多个生产队设有柳编或蒲编小组，每个小组10—15人，基本是妇女，实行和农业生产同等的工分制，草柳编制品从生活用品开始规模化的转化成为商品。下文根据当地县志的记载，简要交代20世纪80年代之前三项工艺的发展演变过程。

柳编工艺： 柳编已有800多年的历史，它发源于兴福镇一带。最早有一王姓青年，他用柳条编织的筐、篮、篓等器具，巧夺天工，人称"王缠"，至今人们仍塑其雕像，燃香火纪念他。民国时期，柳编技术在兴福镇一带传播开，周边15000余人从事柳编生产，成为这一带村民的主要经济来源之一；民国20年（1931），各区柳货业工会在兴福镇成立了柳业工会，附设贷款所，创设柳编工厂；民国35年（1946）建立柳编联社，统筹管理全县的柳编业。1955年分出建立柳业社，专门搞半成品加工。1973年，山东省工艺品进出口公司派人来博兴县发展柳制品出口业务，并组织柳编管理人员赴苏北参观学习，后赶制样品参加广州秋季交易会，从此，当地柳制工艺品打入国际市场。1977年春，全县14个人民公社建立艺品厂，负责本地柳编生产的组织和收购等。公社艺品厂将所收产品交县工艺美术一厂验收、整理、安装、烤漆、烘干、包装出口，全县生产一条龙，扩大了生产规模。②

---

① 腊杆工艺是70年代末产生的新工艺，主要在姜村一带（现湖滨镇境内），在大湾村没有兴起来，本文不作赘述。
② 山东省博兴县史志编纂委员会：《博兴县志》，齐鲁书社1993年版，第205—206页。

草编工艺：当地草编技艺也是历史悠久，清代境内编织的防寒蒲鞋就畅销京城。中华民国时期，境内生产的蒲鞋、蒲席、蒲扇、铺垫等草编工艺品远销西欧各国。民国18年（1929）兴福镇的村民以蒲草编织拖鞋，年产15万双，通过烟台远东洋行销往美国各地。民国27年（1938）以后，编织拖鞋工艺逐渐发展到大湾村一带数十个村庄，远销美国等地。民国30年（1941），日伪政府实行禁运，蒲草拖鞋生产停止，只生产少量的防寒蒲鞋，在本地集市销售。新中国成立后，草编工艺获得新生。1953年山东省土产进出口公司派人来博兴县恢复蒲草拖鞋出口业务。1968年和1971年分别从海阳、黄县引进玉米皮制品新工艺，很快在全县传开。因国际市场变化，草鞋拖鞋停止生产，转为生产茶垫、坐垫、草地毯等产品。1977年博兴县工艺美术二厂成立后，草编出口业务由外贸公司交工艺二厂经营。各人民公社艺品厂，将收购物品交二厂，经整理包装运往青岛交省进出口公司，远销美国、日本、法国、丹麦等35个国家和地区。当时，草制品的原料主要是蒲草、玉米皮、麦草、茅草等，草制品生产以小清河南较为普遍，尤其是湖滨乡品种多，产量高，普及面广。[①]

苇编工艺：清代当地村民已用芦苇编制各种筐、篮、苇席、草帽以及捕鱼、盛鱼工具，供自用或集市销售。20世纪60年代，沿黄地区农民利用坑塘小苇织帘。1975年博兴工艺美术一厂试用芦苇做原料，创制苇编工艺品，苇编工艺品开始打入国际市场。苇柳合制品、苇帘画由工艺一厂生产经营；苇草合制品、门窗苇帘子由工艺二厂生产经营。苇编工艺品的主要品种有提篮、纸篓、洗衣筐、苇箱、苇帘画及各种规格的门窗用苇帘等，产品销往日本、比利时、荷兰、英国等国家和地区。[②]

大集体时代，博兴县设有工艺美术一厂和二厂，两者均是博兴县

[①] 山东省博兴县史志编纂委员会：《博兴县志》，齐鲁书社1993年版，第206—207页。

[②] 同上书，第207—208页。

二轻工业系统下的集体企业，专门收购柳编和蒲编制品，出口外销。当时，这两个工艺品单位中，负责到外地交流产品、订货沟通的工作人员多是大湾村村民，大湾村又是周边的中心村，所以这两个厂子都优先向本村提供订单。在手工业编织成为生产队重要副业的同时，随着家庭手工业的恢复，个体的小农家庭在生产队劳作之余也开始编织样品。工艺美术一厂和二厂在各公社设点放货和收购，除了向生产队提供订单，也向私人放货，手工编织为小农家庭的再生产提供了重要的物质支持，在当时的家庭收入中占有重要的比重。下面通过乡村老医生讲述的生产队卫生员纷纷转业和生产队里的编织案例来说明：

> 1963 年，开始从医，一个生产队一个保健箱，开始一个生产队里有一个不脱产的卫生员。随着打预防针越来越多，生产队搞养殖的增多，(19) 65 年开始，卫生员全脱产。开始，12 个队与 12 个卫生员，后来只剩下 3 个，别人都不愿意干了。卫生员和别人挂同等劳力的工分，别人晚上下工后，在家里搞点小手工业，编点样品，当医生没时间做，收入低于生产队里的劳力收入，所以慢慢的很多人不愿意干了。我在街里老房子住了 3 年后，(19) 76—(19) 77 年，生产队"扒屋投肥"，扒了，盖了 3 间新房子。当时，扒 3 间，给了 5 间的地皮，生产队里给 3 间屋的土坯，盖 3 间屋的劳力，剩下的 2 间自己补上。当时，有小手工业，大人、孩子都拧样品，卖样品，慢慢盖了起来。（贾 CM，72 岁，乡村医生，2016-04-08S）

> 1963 年 10 月，各个生产队里开始编组，男的劳力编组编苇席，在队里晒粮食的大敞篷里编；女的编组编蒲草的筐鞋。我们 1 队里，女的 7 人一组，分了 11—12 个组，每个组有个进步的人当组长，每个组找一个家里地方大的户里编织，大队里给买上蒲子，没有孩子的妇女一天要拧两双，有孩子的妇女拧一双，记工

分 6—7 分（满分是 10 分）。自己白天给生产队里拧一双，晚上偷着拧一双，天不亮就去村西头的采购站上去卖了，当时也有外村的能人们挑着扁担来下头偷着收的。过了年，2—3 月份开春后，开始都去坡里干活。（姜 HX 母，79 岁，外销编织，2016 - 11 - 18S）

从八九岁开始，跟着大嫂学拧笤鞋，10 来岁学的拧蒲团，那时生产队里收，5 天一个期，生产队里的保管和会计负责去卖，卖给工艺美术一厂和二厂。生产队里按工日，一个工多少钱，扣出来买工分，剩下的钱分给你。（徐 LS 妻，62 岁，外销编工，2016 - 04 - 09X）

从上述经验材料来看，无论是生产队内的生计模式，还是个体家庭的生计模式，"耕织结合"形成了大湾村地域范围内的经济体系。门德尔斯（Mendels）在研究了弗兰德斯区域经济史后，认为弗兰德斯高水平的工业化出现在人口密度最大、土地分散的地区。[①] 在人地矛盾张力大的地区，单一的农业生产之外都会或多或少的发展起各式各样的副业经济，大湾村除了发展手工业以外，小农家庭一般都会养殖鸡、鸭、羊、猪等牲畜，鸡蛋多卖给供销社食品站，猪卖给公社肉食站，换取日常生活可支配的经济收入，也是获得货币现金的主要方式。在国家整体计划经济的管控之下，小农家庭的生产被严格框定在自然经济模式之下。

三 生产队内"公私一体"的社会生活

生产队是人民公社体制下的最基层组织和基本核算单位。人民公社所有制，从 1958 年初创立至 1982 年正式解体，是以"三级所有、

[①] Mendels, "Industrialization and Population Pressure in Eighteenth-Century Flanders", *The Journal of Economic History*, 1971（31）, p.269.

队为基础"为主要特征的人民公社、生产大队、生产队三级集体所有制。"三级所有、队为基础"的提法，最早见诸1960年11月3日的《中共中央关于农村人民公社当前政策问题的紧急指示信》。它开宗明义："三级所有、队为基础，是现阶段人民公社的根本制度"。这里的"队"指的是大队或管理区。《指示信》虽然强调这一制度"至少七年"不变，但仅15个月后，中央就把公社的基本核算单位下放到了生产小队，使"三级所有、队为基础"的所有制度终于基本稳定下来。①

大湾村生产小队均是30—50户的规模，生产队内部层级分工明确，组织结构完善，队长的选举标准是基于政治身份和劳动力的健壮程度，不同于传统的辈分、年龄、财富等权威标准，小队长拥有比较绝对的权威。北方地区的生产队虽是单纯的法律建制，不像南方村庄是依托自然村的界限成立的血缘、地缘和法律建制重合的基层单位。但是，如上文所述，家族聚居居住的传统也使得生产队的边界与家族有一定的吻合性，集体化的社会生产和生活，产生频繁的高密度互动，使生产队组织成为亲密的内群体，群体成员有共享的价值和规范，有高度一致行动的能力和内聚力。作为在政治运动下建构的组织群体，凝聚群体的价值和规范主要是国家意识形态主导的搞好生产和建设的思想，行政色彩是其主要性质。但是，生产队同时是最基础的帮工合作和人情互助单位，内部信息高度对称，彼此知根知底，也具有浓重的熟人社会的性质。于是，生产队内部，村民一方面是由行政纽带连接的社员，另一方面又是亲密的自己人。正如有学者的研究所言，生产队里传统的血缘关系被淡化，地缘因素在公社中被强化，并赋予了新的意义，社队共同体取代了家族共同体，村民对社队的认同甚至超过了自然村落。②

---

① 辛逸：《人民公社研究述评》，《当代中国史研究》2008年第1期。
② 王立胜：《人民公社化运动与中国农村社会基础再造》，《中共党史研究》2007年第3期。

该背景下，生产队内部建立起了的公共性和私人性高度合一的社会生活，其中的交往过程、话语空间、行为选择都渗透于当时的制度、文化和政治大环境之内。生产队组织抑制了个体之间的社会分化，为社员提供几乎均等的生存保障，社员可以从生产队分得粮食、蔬菜、柴火等日常生活的必需品，春节会分的猪肉和食用油，大队在春节时期会对贫困家庭进行救助，分发布、食品和少量的现金，20世纪60年代以后，"一个生产队一个医药箱，一个小学校"，生产队为社员提供基本的医疗和儿童教育。六七十年代，组织人力、物力进行基础设施建设，村里的农用渠、台田改造、道路修建都是该时期建设的成果。并且，生产队一般都会建立起一套应对生存风险的举措，如各个生产队都会有地窖，储存萝卜、地瓜干、白菜等食物，在冬季蔬菜贫乏或遇到饥荒的情况下使用。生产队在为社员提供基本生存保障的同时，也对社员进行严格的社会控制，如村民所言，"生产队里，你不听话，就不给你分粮食，那时，说不让你出去，你就不敢出门"。生存保障权和社会控制权的合一，使村民束缚在以地域为基础的公社范围内，城乡二元制度进一步明确了地域限制，农民与土地切实地捆绑在一起。个体被牢牢嵌入生产队的结构之网上，白天按时上工劳作，20世纪60年代在各项政治运动下，晚上经常开会进行思想教育、政策宣传等，70年代中后期各项会议减少，农户在晚上有较多的业余时间，可以相对自由支配。可以说，生产队内部的个体生活时间和空间都是制度性规划的结果，处于可预期的生活世界之中。

> 我从1961年开始在生产队当小队长。本村12个生产队，后分41个队，小队分成2—4个队，过了两年又合起来了，还是原来的12个队。7队当时只有200人，算人口少的，分了2个小队，南队（90口人，20小队）和北队（110口人，21小队）。每个生产队里有小队长、副队长、会计、保管，小队里面在分小

组，一个小组十来个人，领着干活。大队里只管布置任务，下面的小队长比大队长还忙，每天晚上，小队长、副队长、保管、会计，都一起商量明天怎么干活，有搞副业的，出去打工的，田里干活的，分好几个组。年底，生产队里把总共分加起来，把总的收入包括粮食收入+苇草收入+副业收入也加起来，算出每个工工分多少钱。队里的粮食70%按照人口平均分配，30%按照工分分配。队里种的菜园子，分菜，最后决算的时候也算成钱。自家的总工分×分值－（分的粮食+菜）＝领到手的钱。当时，很少有农户家庭能发到钱，30%的领钱，大部分欠生产队的钱。户里的是"来往"，生产队里的是"账"，都有详细的记录。

小队长每年一选，正副小队长，保管，会计都选，是劳力够年龄的都参加，没有候选人，直接选，谁票多谁就当选，也没有过半数这个政策，一遍成功。那时，有文化的人少，一写上，基本就知道谁干什么了。大队书记下来具体分工，当会计的一定是识字的，票多的当队长。（张ZT，81岁，7组老组长，2016-04-01X）

当时，建房子都是大队审批。村里有贫民委员会，人口多了，住不开了就给划房基。大队里给户里划线，弄上橛子。盖房子，是生产队组织派工盖，记工分。各队盖各队的房屋，个人自己盖就会耽误生产队里干活。自己家的老房子是75年左右建的，当时农业学大寨工作组在时盖的。死人了，发丧，也是生产队派工，一般派十几个人，也是本队负责本队的。红白事，一个队里的人都去，天天在一起干活，都很熟，结婚几个人凑钱买个喜帐，或是送幅墙上贴的纸画，死了人，都拿几张黄纸去。（安JG，75岁，11组组长，2016-03-29X）

上述大湾村第7和第11生产队的案例，集中展示了生产队内部的组织、生产、分配、用工、副业等社会生活的内容，生产队内部严格有序的管理体制和公私一体的社会生活是当时基层国家政权建设成功的关键。它将村民的思想与行动都整合在了有效动员的生产队组织内部，集体利益远远超过了个人利益，实现公私一体。不过，也有许多学者认为，人民公社体制下的生产队组织，导致了公社之间、大队之间甚或生产队之间的隔离和封闭。黄宗智认为，生产队和生产大队都是建立在自然村实际的社会经济基础上的，国家机器在运转中承认了村庄整体的重要性，而这个整体是垂直的，并于其他村庄隔离的单位，并不是一个地平的、并与其他村庄整合的阶级。①与黄宗智的观点类似，舒文秀认为，人民公社时期中国乡村社会是一种"蜂窝结构"，虽然国家权力纵向深入了基层，但横向权力扩展不足，结果导致人民公社体制及各地方和基层单位相互隔离、封闭和孤立，阻碍和削弱了国家对基层社会的控制和渗透能力。②但是，据县志记载和村庄中带领出义务工的老干部会议，人民公社时期，各个公社之间经常换工劳动，公社之间并非相互隔离。所以，不仅生产队内部存在高度的公共性，各个公社、大队之间也存在较强的公共性场域。

第二节 市场经济背景下的乡村社会

20世纪80年代是中国社会发展进程的转折点，从计划经济向市场经济转型揭开了其后至今三十余年来中国社会高速发展的序幕。在这一时期的变革中，人民公社制度的解体，市场经济的兴起及迅速发展，深刻改变了乡村社会的政治、经济和社会结构以及农民家庭的生活机遇。③萨列尼和考斯特罗曾提出了三个划分市场类型的标准：商

---

① [美]黄宗智：《华北的小农经济与社会变迁》，叶汉明译，中华书局1986年版，第315页。

② Vivienne Shue, *The Reach of the State: Sketches of the Chinese Body Politic*, Stanford: Stanford University Press, 1988, pp. 123 – 152.

③ 陈那波：《国家、市场与农民生活机遇：来自中国广东农村的经验（1978—2004）》，中央编译出版社2010年版，第5—8页。

品市场、劳动力市场和资本市场，强调根据商品、劳动和资本由市场供求机制的影响程度来衡量不同类型的市场发育程度。[①] 本文结合大湾村的发展情况，使用劳动力市场、商品市场、手工业市场和土地市场四个要素指标，来展现市场经济背景下的乡村社会。

一 周边劳动力市场的形成

1982年1月的中央"一号文件"（即《全国农村工作会议纪要》）正式肯定了土地的家庭联产承包经营制度，1982年大湾村一口人分了两分良田，本乡镇内的其他村都未分地，因公社党委意见不统一，直至1984—1985年，原湖滨乡的家庭承包责任制改革才基本完成，大湾村的旱地全部估产下分，水产地村集体统一承包。家庭承包责任制的推行，在盘活农民家庭副业经济的同时，更重要的是放开了对农村劳动力的限制，地方性的劳动力市场开始形成。1979年，县域范围内的县属企业25个，乡镇企业42个，涉及机械、化工、建材、工艺美术、轻工业等多种行业，分田到户伊始，正值桓台一带城市建设的高峰期，需要各行各业的建筑者，因用工量大，周边从事建筑行业的劳动力多，桓台素有"建筑之乡"的称号。在该背景下，博兴县域范围内的建筑行业起步，纷纷到桓台一带打工。在80年代中后期到90年中期，大湾村60%—70%的青壮年劳动力都从事建筑行业，他们在工头带领下在山东省范围内灵活打工，桓台、东营、博兴县城为主。由于东部劳动力市场较为充足的就业机会，当地村民少有出远门打工的传统，跨出省域范围的打工者寥寥无几，基本都是在省内做季节性零工，农忙返乡务农。90年代末期，大湾村老槐树处的劳动市场形成，现在每天早上有70—200人上市找活儿，均是周边

---

① Szelenyi, Ivan and Eric Kostello, "The Market Transition Debate: Toward a Synthesis", *American Journal of Sociology*, 1996, 101, pp. 1082–1096. 转引自陈那波《国家、市场与农民生活机遇：来自中国广东农村的经验（1978—2004）》，中央编译出版社2010年版，第23页。

及附近小村的无业村民，年龄在55—70岁之间。需要劳动者的个体或企业则可以当面协商价格，上市打工多是短期零工，在本县范围内劳动。2000年以后，县域经济日益繁荣，各种大型商场、企业纷纷落户，博兴县城外围的华兴置业、京博化工、口福食用油等大型企业，形成了巨大的本地用工市场，加之周边的兴福镇作为全国厨都，以生产销售厨房设备闻名全国，也吸纳了当地大量中青年劳动力。

二　本地商品市场的兴起

1953年10月16日，中共中央发出了《关于实行粮食的计划收购与计划供应的决议》，是中华人民共和国成立初期国家控制粮食资源的计划经济政策，后统购统销的范围又继续扩大到棉花、纱布和食油。这一政策取消了原有的农业产品自由市场，由国家统一定价收购。直至1985年《中共中央、国务院关于进一步活跃农村经济的十项政策》，明确提出国家不再向农民下达农产品统购派购任务，按照不同情况，分别实行合同定购和市场收购。乡村社会的商品市场才开始逐渐兴起。解放以前，老槐树周边一直是大湾村的主要商圈范围，东西走向的湾西路连接周边许多小村庄，每逢农历二、七，是当地的赶集日，因大湾村的集市属当地的大集市，所以吸引了诸多周边村庄的村民来赶集。20世纪80年代之前，大湾村以老槐树为中心，有两条主干道，一条是东西走向的湾西路，另一条是村庄中间南北走向的中心道（今天的博安路）。中华人民共和国成立前，村庄里的主要商店多围绕在老槐树四周的街道边上。集市也是以老槐树周边和湾西路为主要场所。

　　老槐树北边，泰和永商行，安耐英开的，曾经收了很多房子和马车店，是周边地区最早的银行。老槐树往东走，有个姓安的人开的包子和馒头店，石磨推的小麦，很劲道。紧挨着老槐树的一家，安耐郎，常年卖油粉、干粉、甜沫、炸油条。每逢二、七来赶集（赶桥集）的老头们，没有不吃他的油条、不喝他的甜沫的。老槐树以北，安饶训开的安家店，卖馒头、包子、招住客的，店很大。安家店的东南邻，有一个清朝老天主教的教堂，后来改成了小学，"文化大革命"时期，打牛鬼蛇神，扒了。老槐树以西，道南，张光明的旋饼最有名，周围几个村都知道。现在他的儿子买火烧，也很出名，他在巷子里自己家开，需要提前预定，根本排不上号。老槐树以西，道北，杨家店，炒菜，旅馆住人。老槐树以西，道北，安奈华，窖鸡、烧饼，一般说"下馆子"就是去这家。（安 ZX，65 岁，11 组党小组长，2016－04－07S）

湾头、建桥、三关，有三个桥口集，在桥头上及周边卖东西，生产队里只允许年龄大的没有劳动力的去赶集卖菜，妇女冬天没事时，可以请假去赶集，当时赶集不是以买为主。主要是卖菜、葱、姜、生产工具，锄、镰、锨、镢等。70 年代以前，买酱油醋都是用鸡蛋去供销社的门市部换，一个鸡蛋 5 分钱，可以换 2 分钱一斤的醋，3 分钱一斤的酱油。当时鸡蛋没有收购的，都是卖给供销社，供销社再销往城里的机关单位。（安 SL，61 岁，村广场管理员，2016－11－21S）

20 世纪 60 年代，村庄内部的商店多关门专转向农业生产，供销社、粮所、村卫生所、村大队等政府单位逐渐在老槐树周边沿两街道建立分布。一直到统购统销制度改革之前，农产品的交易均由公营商店实行高度垄断。农民家庭若需要购买生活用品或其他农产品只能到供销社或食品站购买，农户或生产队在市场上销售的农副产品受到严格限制，长途贩卖活动也不被允许。生产队里由队长安排专人负责赶集市，采购编织材料、锄、镰等劳动工具，普通村民要赶集市需要请假。20 世纪 80 年代博安路建设，是村庄内部的首条规划的柏油马路。伴随国家政策对农产品交易市场的放松，80 年代后期博安路两旁门头店铺增多，一些有手艺的农民开始开店，如开理发店、服装店、百货副食店等，成为村民日常商品购买的重要场所。同时，大湾村的集市贸易重新繁荣起来，伴随集市规模的扩展，交易场所也由老槐树周边转向村庄东南的村广场，集市以种子、化肥等农资产品、蔬菜瓜果等农产品和服装鞋袜等日用品交易为主。20世纪八九十年代，伴随集市和交通的发展，村庄的手工业、木器、水产品等也逐渐开始了规模生产和远距离的批发贸易，原来作为农村商品流通主渠道的供销合作社走向没落。

2000年以后，伴随村庄手工业品外销市场的拓展，村庄中出现了手工业品的门头店，多是外销户开设。同时，博安路上开始建了农村合作信用社、加油站等国营单位，农户个体经营的工艺品店、水产店、手机店、蛋糕店、五金店、妇婴店、肉食店也开始多起来。同时，村民的日常生活消费也开始全面商品化，从三餐主食的面条、馒头到果蔬蛋禽，小农家庭基本告别了自给自足的传统农业经济时代。伴随商品市场的发展，农民家庭的收入开始走向多元多样，消费结构发生了深刻变化，生产和生活资料日趋全面市场化。

> 现在一律都是用钱买，有钱什么都能买得到，你看看现在街上，卖啥的没有，就怕没有钱。街上没有的，我们这离县城开车就几步路的功夫，商场里更是要啥有啥，天南海北的特产都有，进口的吃的都很多，现在小孩喝那个奶粉，不都是超市里买进口的吗，总之就一句话，有钱就行。（安CL，55岁，内销编工，2016 – 06 – 12X）

21世纪以来，农村商品市场的高速发展，一方面是农民生活水平提高的表征，另一方面也是市场经济对村庄社会全面渗透的结果。在小农家庭收入和消费结构改变的同时，农户对货币的依赖程度也越来越深，经济理性开始蔓延开来。市场经济的大潮，在农村已经全面开启。

三 手工业的传承与发展

20世纪80年代,随着分田到户政策落实和乡镇产业的推动,县域范围内木器工业发展较快,至1985年全县已有乡村办小型木器厂7家,其中镇办4家,村办3家。其中,大湾村作为湖滨镇政府驻地,有镇办木器厂1家,主要生产立柜、衣橱、写字台、梳妆台、桌椅等家具。同时,个体手工业也雨后春笋般发展起来,到1985年全县个体工业生产专业户已达134家,行业有食品加工、编织刺绣、草柳编、木器加工等,年产值近百万元。蒲货、柳货、苇席等,作为家庭工业,都是在各集市出售。大湾村的手工业主要以木器加工和草柳编为主。木器制品的销售多以本地市场为主,草柳编依然是出口外销。

20世纪90年代,以大湾村临近的东风村为核心,形成了木制品加工的大市场,大湾村内部也有少数的木器加工作坊,村庄中40岁以下的青年人80%从事木制品加工,多数在东风村、周陈村工作,早出晚归,产品销往周边县城、城市的大商场。扫地厨、衣柜、写字台等木质家具是当时流行的时尚家具,是青年结婚的首选,因而有广阔的市场需求。该时期,草柳编制品主要依托县工艺美术一厂和二厂出口外销,90年代以后,随着地方工业企业的发展,越来越多的民营企业具备了出口外销的资格。因管理经营、订单量减少等多重因素影响,工艺美术一厂和二厂在2004年前后逐渐解体,原先的负责订货的工作人员在一厂和二厂没有倒闭之前,就开始利用广交会的客户货源,发展私营小企业,成为个体小企业主。大湾村现在从事工艺品加工生产的大户,40%左右有在工艺美术一厂和二厂工作的经历。小企业主向外联系订单,接到订单后再联系发展本村及周边村庄的代理人,具体订单的放货和收货都是通过作为"点"的中间代理人来完成,也就是代理人负责从小企业主处拿订单样品和发货、收货,直接与编工打交道。诸多工艺简单且不需要模型的蒲团等样品,多通过集市定点收购,代理人在周边较大的集市上,固定放货收货。该时期，农村地区的经济机会较少，家庭妇女主要从事农业生产劳动，当地耕地面积小，农闲时间多，草柳编成为务农妇女灵活的兼业方式。

四 村内土地市场的发育

中华人民共和国成立初期，国家通过农业合作化、农产品统购统销制度，确保农业对工业建设的原始支持，并通过户籍制度以及与其相配套的劳动就业制度、社会保障制度来控制劳动力等生产要素的城乡流动。以户籍制度为基础的城乡结构事实上将城乡居民分成了两种不同的社会身份，国家在从农村提取农业剩余的同时，对农民提供的社会保障匮乏，将农民与土地政策性捆绑在一起，由此，土地成为农民最重要的生产资料和生活保障，土地权属也与农民的社会身份紧密相连，只有通过村社集体成员的身份才能获承包集体土地、划拨相应宅基地的权利，土地在农村发挥了基础性的社会保障功能。该时期，农民对土地的权能需求相对单一，对土地是一种无差别的依赖状态，更多关注的是土地收入而非土地所有制形式，"土地是集体的"是农民土地认知的主流。

2000年以后，我国城镇化进程的速度加快，围绕土地增值收益如何分配，土地配置效率如何提升，学界展开了激烈讨论。这些问题的核心共同指向农村集体土地所有制的改革与完善。中央土地政策的总体趋势是赋予农户越来越多的土地权利，以致有学者认为农户享有的地权已经是一种"准私有制"的产权结构形式。[1] 当前，重构土地私有化的新产权成为土地制度改革的基本方向。不过，对于农村中宅基地的转让，我国在法律制度上一直存在严格限定，在《土地管理法》和《物权法》中均规定，宅基地的转让仅限于村集体成员内部，并需具备一定的条件，并严禁城镇居民购买农村宅基地，法律也明确

---

[1] 郭亮：《土地"新产权"的实践逻辑：对湖北S镇土地承包纠纷的学理阐释》，《社会》2012年第2期。

规定禁止农村宅基地随意转让和抵押。但是，大湾村历来存在老房屋买卖的传统，老房屋作为"祖业产"属于子代继承而非退出。并且，大湾村在1998年以后，宅基地实行购买制度，只要是本村社内部的成员，均可购买本村的地基，宅基地的有偿获得，简化了房基问题的治理，也为后期宅基地的资本化埋下了祸根。

　　土地到底能否像其他物品一样作为商品参与市场配置，一直是学界关注和争论的焦点。在波兰尼看来，土地、劳动力、货币都是虚拟商品，因为它们最初生产出来并非用于市场销售。现代经济将虚拟商品等同于真实商品，自然会把人类社会推向危险之中。考次基也认为，"与普通的商品价值不同，土地不是人类劳动的产品。因此，它的价格既不能由它的生产所必需的劳动量所决定，也不能由生产成本费来决定。土地价格只能由地租来决定。土地资本是不存在的，这不过是一种虚构而已，实际上存在的是地租"。简言之，土地作为自然界的不可再生的产物，不能等同于一般物品而具有市场价格，土地价格是地租的表现形式，而非土地价值本身。地租价格的上涨，亦取决于周边的城市建设和工业发展，而非土地资源本身所谓内在价值的提升。不过，土地作为现代经济重要的生产要素，完全脱离市场配置和规划调节也不尽现实，大湾村的土地市场，包括宅基地和农用地（耕地）的流转和买卖，尤其是宅基地市场发育得较早，且愈演愈烈。

（1）宅基地的私人买卖

　　很多老房子不是一户的，分家分下来就不是一户的了，村里老房子买卖比较多，最起码有50—60户。2010年前后，两户是一大家子的，老房子是一个院子，房屋很破了，两户一人50多平方米，其中一户不要了，8万元卖给了另一户。老房子，是继承的老辈的房子，属于祖业房，大小都不均匀。老辈子置下的地，儿子多的地就少，儿少的地就大。以前都是在老宅基的基础上建房。从60年代开始，新划宅基地。（安CY, 62岁，会计，

2016-03-30X)

父亲兄弟四个，排行老大，两个叔叔在外当兵，父亲分家时，一个兄弟分了2间屋。分家后，父母63年在三兄弟屋后的自留地上盖了3间屋，1间伙房，不盖住不开了，四兄弟一分家，分家后的房子就很小了。爷爷70多岁瘫痪在床，父亲一直照顾了18年，68年爷爷去世，爷爷住的3间屋给了父亲。贾CM兄弟三个分家时，自己分的街里一个3间屋的老房子，是父亲买的高祖父5人分家后两人的老房子。出博安路之前，大儿子80年结婚，我向大队申请了一处房基，给大儿子建的房子结婚。大儿子这个房子和我的5间房子挨着。出博安路，划的两处房基，为了和自己宅子挨着，有一处面积不够15*15，自己想挨着，只能不够。这样，小儿子的房基就套着我的房子，于是建房子的时候，我又花2.8万元买了别人的老屋，补齐了自己的屋。这样，自己家的3排房子就都挨着了，自己多花钱，买方便。别人：1个儿子，两个女儿，他卖给我的是父母住的老房基，博安路建设时，他住的一处房基，也划了一处新房基，盖了新房，父母这个老屋空着，就卖给我了。（贾CM，72岁，乡村医生，2016-04-08S）

90年代，大儿子结婚后，分家分出去，把大街上大队里划的一处房子给了大儿子，老二、老三和我都干着买卖，都在街上这个房子里住，一直到现在都开着超市。2000年前后，乡镇政府挪地方，卖地，大儿子买了那里的地，建的洗澡堂，他就把家里街上的房子卖了。大儿子把老房基卖给了本小组里安JL的小儿子，安JL的老房基在老槐树那里，后来修路建设碍事，扒了，给他重新划了块房基，这块新地基在台子上，很窄，所以他买了我大儿子在街上的房基给小儿子住，当时花了2.9万元。"（封

XM，80岁，坐地户+党员，2016－04－11S）

　　从上述经验材料来看，老房子的买卖在村庄中有一定的市场，开始时老房屋的买卖多是在家族内部，分家析产制使得村庄中的老房基往往一院多主，有的家族成员离开村庄在外立足，或是另有居所的情况下，往往在同族内部进行所有权转让。后来，随着经济条件的改善和对居住要求的提升，一户一院成为常规的居住模式，在此背景下，老房屋的买卖依然是同家族优先购买的原则，在本家族没有需要的情况下，再向外转卖。村庄人多地少的天然矛盾，注定了宅基地兑换和买卖市场的高度活跃。并且，在老房屋的买卖、兑换过程中，中间人一般请熟悉双方情况的小队长、村干部等，兼具国家代理人身份的村干部的在场，从一定程度上认可了这种行为的合法性，且"老房屋是祖产，不受国家管制"的私有产权观念，进一步强化了老房基的转让和买卖行为。另外，大湾村现存中华人民共和国成立前的老房屋有100处左右，多处于空置状态，在很大程度上增加了村庄规划的难度，给村庄宅基地管理造成负担和压力。在当前上楼话语的影响下，村民抱着老房子免费换楼房的利益预期，更不会轻易退出。在村庄老房基买卖交易较为普遍的情况下，私人之间的宅基地买卖也开始兴起，这一被法律明令禁止的行为在地方社会的生活世界中却变得合乎正常。20世纪80年代中后期，村庄内部博安路建设和湾西路建设，涉及大量的拆迁，进一步刺激了村庄中宅基地市场的形成。

　　（2）耕地流转与买卖

　　大湾村的耕地流转在2002年大调地之前，都是小规模的私人之间的流转，务工或丧失劳动力的家庭流转给有包地意愿的中老年人，或是家族内部的代种流转，村庄中没有典型的种地大户。该阶段村庄土地的自发流转，主要是基于互惠帮忙的道义温情，土地流入方帮助流出方耕种管理土地，使耕地不用闲置浪费，且保证地力，同时流入方给流出方少量的现金或粮食，以示回报。农户之间都是基于口头协

第二章 电商兴起的前夜：社会变迁中的乡村图景

议，可以随时要回耕地，承包方式灵活，严格来讲，这一时期村内的土地流转尚未形成市场。2002年村庄大调地以后，邻村一妇女舒P承包了大湾村沿线村庄上千亩地，其中大湾村第9、10、12组均有耕地承包给她，小组长为中间代理人，农户直接与舒P签订流转协议，租金根据市场行情一年一定，舒P是周边农村名副其实的种地大户。同时，本次调地以后，村庄内许多从事建筑工头、大车运输、工艺品加工、乡村医生等职业的农户，因为没有时间耕种土地，加之土地收益薄弱，耕种土地在这一群体的家计收入中占的比重太小，他们多选择流转给愿意种地的中老年农户，多是口头协议，一年一付租金，村庄内部的土地流转市场在2002年大调地后开始形成。耕地的私人买卖在大湾村为数不多，不过，改变耕地用途的行为较为普遍，加剧了村庄耕地调整的难度。2013年小调地时，"增人增地，减人减地"的原则，在实践中变成了"增人增地，减人不减"，之后，村庄已没有多余的土地划分给新增人口，人地矛盾越加突出。下文将通过大湾村第9村民小组内部，耕地的流转、买卖、改变用途等行为，来展现大湾村耕地流转市场内部的复杂样态：

> 9队，本组耕地分田到户时148亩，后来博安路建设出房基地，加上各种占地，现在耕地只有35亩左右。现在，小组里土地牵扯复杂问题的有38户，这38户都没有小麦直补。4户，姓安的，把土地承包给纯化的种洋葱了，他们的地在皮革厂以南。要是给了他们小麦直补，种树、种棉花的就攀伴了。6片地上南头11户，种上了树。这块地，北头高，南头洼，容易涝，他们就种上树了，已经种了六七年了，但没有小麦直补。6片地北头11户，承包给搞蒲草的了，共十多亩地，本村的在这里搞了个蒲子厂，去外地割了蒲子，在地里放，这片地啥也没种，当仓库使用。他们是个人协商，私下包的，搞蒲子给农户一年一亩地1000斤麦子的租金，出了高价。2013年（应为2012——编者

注）分地后，4户连片，一起承包给6组的孙ZZ了，孙70多岁了，老伴也是70多岁，种地很厉害，他都种上了棉花。这包出去的4户，前邻没有男劳力；一户常年搞工地；一户在村里卫生室干医生；一户50多岁了在看铁道。分完地，就包给他了。2009年前后，3户在地里喂了羊，兄弟两个加上他老的，大兄弟50多岁，二兄弟40多岁，三户一共9口人的地。在地里盖了好几排羊圈，以前养过野猪，现在不养了，养了50多只羊，还养了鸡、鹅。西边2户，私人买卖交易，私人修上道路了，那地旁边建的大饭店，饭店周边要修条路，方便来车来人。良田地里修上了路，老百姓没有过问的。西边还有2户，自己种上树了。（安MD，65岁，9组组长，2016-03-27X）

从第9村民小组耕地的使用和流转样态来看，村庄耕地因地势条件、盐碱程度等差异，不是都适合种植粮食作物，在地势低洼的耕地里种树，在盐碱地种植棉花等经济作物，在村庄社区内部是合法的行为。但是，在耕地里搭圈搞养殖、私下买卖耕地、把耕地私自转变成商用场地，都是我国法律明令禁止的行为，却在村庄社区内部难以制衡。在市场经济渗透进村庄社区的过程中，从村庄社区到基层政府对围绕土地的经济行为的规约缺少力度和制度，以至于耕地产权的私有主义，正在成为农民认识和实践的主导意识形态。

第三节 村落传统的延续和松动

历经新中国政治改造和社会运动为主的现代化建设，经历了从集体经济到市场经济的生产关系变革，同时随着改革开放以后社会流动的加速和村庄社会的日益开放，传统的封闭内聚式的村落共同体已然不在。本章节主要从村庄政治、家庭政治、经济结构、社会关联四个方面来展现村落传统的延续与变迁。

一 村庄政治：家族与派系政治的延续

华北的村庄政治，竞争性较强，家族内存在结构张力，村庄内缺少均衡派系政治的组织结构和制度性力量。有学者认为派系作为通过特定关系联结起来的，具有共同利益和现实功能的非正式组织，在现阶段农村基层政治生活中发挥着利益表达、公权力监督、组织重构的功能。[①] 研究当前中国乡村中的派系，对于深化理解村庄选举有重要意义，[②] 同时也是理解村庄政治的重要基础。大湾村的派系主要以家族为基本载体，整合姻亲关系、利益关联、私人情感等因素，形成的村庄政治结构的博弈力量。大湾村，贾姓和安姓是村庄的两大姓氏，大集体时代的主要村干部均出自这两大家族，当时限于国家在场的政治压力，村庄政治的家族性和派系对立性在革命主义的建设高潮中隐退。市场经济背景下，村庄精英竞选村干部的动力，远远不再局限于传统的荣誉、面子等象征性资本，而是与村庄的内部利益或通过村干部身份可获得的村外经济利益紧密关联。大湾村一带，属于传统的农业型村庄，村庄内外的经济利益主要是以土地为核心的集体资源和以项目下乡为载体的国家资源，前者是农业税费取消以前村干部的主要利益空间所在，后者是农业税费取消以后，国家向农村输入资源的背景下，村干部通过建设工程的承包发放等方式辗转获利。村庄选举的激烈程度与村庄资源的市场化变现程度，很显然存在相互依存的关系，随着村庄资源的激活，以家族为底色的派系政治，开始在选举时动员家族力量，大湾村在村庄政治层面形成了安姓和贾姓的两大派系，每个派系有3—5人，且各派系的核心人物均竞选村书记。村委会和村支部成员之间交叉任职，核心成员均出于同一派别。由于派系政治的竞争性强，大湾村的村庄政治结构并不稳定，在村庄政权的交

[①] 卢福营、孙琼欢：《论现阶段农村基层政治生活中的派系》，《天津社会科学》2005年第1期。

[②] 贺雪峰：《乡村选举中的派系与派性》，《中国农村观察》2001年第4期。

叠变换中，基层治理的主观矛盾越趋加剧了日常工作的难度。由此，"一届一届的书记钩心斗角，相互制造矛盾"，"农村书记不能换得太频繁"成为当地老干部的经验反思。

村庄在80年代中期以前，村内通婚普遍，宗亲与姻亲关系纵横交织。从村庄经验来看，村庄同一派系的成员基本是同一姓氏，或是有姻亲关系，为了增强自己派别的竞选能力，存在利益冲突的成员之间也会综合权衡，在选举时临时组合，形成暂时的同盟关系。由于各派系内在结构的相对稳定性，在一定程度上排挤了其他小姓的精英群体进入村庄政治的可能机会，也挤压了其他有政治参与意愿的群体的选举机会，村庄治理结构变得僵硬生化，缺少活力。

2000年以前，大湾村的村庄分化并不明显，宅基地的买卖虽然已经开始，但是价格普通村民均能接受，村庄利益密集的程度有限，派系斗争尚是竞争中的保守状态，是一种比较温和的派系争夺，没有激烈到切割村民日常生活的强度，也远没有形成压制性和吸附性的刚性结构，在村民日常生活的世界中，没有造成明显的政治分派影响，村庄结构依然是以家族五服为基本的圈层范围。村庄派系政治中对立面的存在，确实对上台的村干部起到一定的监督制约功能，但是这种制约并非出于公共利益维护，而多基于抓住现任村干部一派的漏洞，以积累自己派别下届竞选社会资本的目的。这样一种派系政治，在普通村民民主参与意识单薄的前提下，远未能实现村民利益表达和农村组织重构的功能，更多表现为村庄精英操作的对村庄权力和利益的争夺，派系竞争动员之下村民对选举的参与，也远非选举权利的表达，更多的是基于对所选对象出于同宗同族的血缘支持，或出于业缘、利益关系的巩固强化。

二 家庭生活：私人性与代际关系的变迁

自古以来，中国家庭素以合作主义为主要特征，大家庭内部合作共财，父母拥有最高的权威，是传统的父权制社会。大湾村在20世纪80年代之前，鉴于大家庭内部的资源挤压，成婚的子辈会在父母的提议下被分出去，自立门户。最后，父母一般与最小的儿子一起居住生活。分田到户以后，随着土地资源的人均分配，大家庭共财的模式逐渐失效，家庭内部劳动力的经济作用越来越突出，子代在经济活动中的作用愈趋大于父辈。于是，分家成为子代所主导的行为，从掌握分家的主动权开始，子代渐趋掌握家庭话语权，父母退居二线。家庭内部代际关系的变迁和家庭结构的核心化转型，纵向的父子轴心转向横向的夫妻轴心，原本围绕农业生产的一系列乡土矛盾随之消失，家庭内部的养老与赡养纠纷也随着经济水平的提高消解。当前，家庭内部的冲突和矛盾主要围绕日常生活展开，比较缓和，不存在刚性激烈的家庭矛盾类型，且家庭中的矛盾多在家庭内部消解，在当前的代际关系和婆媳关系中，老年人明显处于下游地位，注定了是矛盾的最终消解方。家庭中的子代，考虑问题的出发点多是个体利益，作为父母的老年人在是从整个大家庭的形象出发，维系家庭在社区中的形象成为老年人的义务，"不会当老的"成为社区对在外说家庭矛盾的老年人的共识评价。

按照阎云翔在东北下岬村的调研，20世纪80年代以来，随着生活水平的普遍提高，许多人根据理想而不是最基本的家庭需要来安排自己的家庭生活。① 在超越基本需要的生活模式主导下，家庭内部的生活政治已经发生了变化，从大集体时代的同院甚至多人同屋，到现在两代人各院居住，新的居住模式对宅基地提出了扩展的要求。子代成婚家庭的父母亦需要独立的住所，在早期不符合村庄宅基地规划的要求，在2000年前后宅基地商品化供给后，部分经济条件较好的老人可以买块房基，自己建房。随着村庄圈占行为的增多，许多父辈重回因村庄建设有偿退出的老宅基建房。没有老宅基的老人，则有部分选择在口粮地里搭房居住。老年人自身角度来讲，"与儿子、媳妇待

---

① ［美］阎云翔：《私人生活的变革：一个中国村庄里的爱情、家庭与亲密关系：1949—1999》，龚小夏译，上海书店出版社2006年版，第10页。

在一起不方便，自己住自由些"，老年人在心理上有主动选择独立于儿子家庭居住的意愿，老年人也在追求自己独立、自由的生活空间和生活方式。他们希望在自己的空间内带孙子孙女，与子代时常一起吃饭是家庭成员互动的最佳方式。老年人有了自己的宅院之后，大家庭内部若相处和睦，成婚子女与老年人在各自家庭内部的穿梭式交往；若老人与子代之间存在矛盾冲突，则可以距离式隔开，将矛盾通过空间隔离的方式搁置。家庭内部居住政治和生活政治的变迁，在一定程度上也是村庄宅基地矛盾外显化的推动要素之一。

调研地区在代际关系、婆媳关系等多重因素影响下，随着老人权威向子代的转移，老年人对生活空间的诉求开始显现的比较强烈，代际关系呈现出相对独立的状态。独子家庭是"分家式的不分家"，财务分开，住所一般也分开，户口可分可不分，2015年土地和宅基地确权，独子家庭多数已经分户。之所以称"不分家"主要表现为共灶吃饭，也有部分所谓"没分家"的父子，因为子代不在本村工作等因素而分院分灶吃饭。多子家庭则是必然分家，多子轮养父母，有老房子的父母单独居住，没有老房子的多数在各子代家庭轮流居住。子代和父代均有独立居住的意愿，私人生活开始兴起，祖荫下的大家庭同堂生活模式一去不复返。在村庄手工业和其他小副业存在的背景下，老年人可以较为轻松的灵活就业，赚取生活收入，所以低龄的父代家庭并没有对子代家庭形成依附。在传统的哺育与赡养均衡的代际关系中，"赡养"这一环节伴随着老年人自身劳动力价值的实现，越来越失去物质内容，村庄60—75岁的老年人一般是自养，待到完全丧失劳动力之后才依靠子辈的物质扶助生活。郭于华在对河北农村的调研中也发现反馈式代际关系模式已经发生了变化，代际均衡交换关系已被打破。[①] 家庭内部生活政治的变革，是理解村庄整体社会生活变迁的重要基础。

---

① 郭于华：《代际关系中的公平逻辑及其变迁》，《中国学术》2001年第4期。

三 经济结构：半工半耕型小农经济体系

伴随改革开放农村市场的兴起和乡镇工业的发展，当地村民多在本地市场就业，形成了离土不离乡的半工半耕型小农经济体系。由于东部地区，经济发达，市场机会较多，所以当地没有向中西部地区一样在20世纪90年代和2000年以后以来外出务工的大潮，经历离土又离乡的体验。整个八九十年代，大湾村村民多在耕种自己家庭承包地的基础上，男性劳动力从事建筑、木工、装修、运输、水产交易、贩卖蔬菜等小买卖，女性劳动力在家庭内部编织、养殖，日常的田间务农与照顾小孩为主。这一时期，村庄内部的土地流转市场尚没有发育，很少有农户将耕地承包出去，加之当地人均半亩地，在家庭结构核心化的背景下，一个妇女的劳力足够日常的田间打理，是"工耕织结合"的小农经济类型。在这一经济模式下，男性一般早出晚归，农忙时节则停工参与农业生产，务工和务农可以实现较好的结合，务工成为中青年家庭收入的主导。

20世纪90年代中期以后，村庄里30岁左右的年轻人均脱离农业生产，村民普遍表示"35岁以下的，包括40岁以下的，都很少有种地的"，这部分青年群体家庭的承包地，或交给父辈家庭、中老年的兄弟家庭耕种，抑或直接流转出去。2000年村庄大调地以后，土地流转的市场开始形成。不过，多数农户家庭还是选择找父辈家庭代为耕种，在此基础上形成代际分工为基础的半工半耕型经济体系，即父辈家庭负责种地、照顾孙辈，以务农取得主要家庭收入；子代家庭从事打工、建筑、厂子上班、装修、木工、各种买卖交易、运输等多种职业，以务工取得家庭主要收入。该时期的代际合作，相比于20世纪80年代之前的父子合作，两代家庭是分别作为独立的经济实体，彼此之间有相对清晰的经济界限，虽然村民都表示"一个儿子，不计较那么多"，但具体生活中依然展现出较强的代际理性。父辈家庭在经济比较充裕的情况下，会承担照顾孙辈、买菜等支出，若经济不力,则由子代承担。并且,父辈在经济有余力的情况下,会选择给自己买养老保险,对自己的未来有长远的打算,传统的养儿防老观念开始弱化。

在半工半耕型的小农经济体系下,村庄中五六十岁的中老年人群体是20世纪90年代以后种田的主力军,他们在市场经济中的就业机会不占优势的情况下,纷纷转向承包几亩或上十亩土地,开始把从事农业生产当作主职,并纷纷表示在当前机械化的背景下,务农已经不是大体力活。农民家庭在获得务工和务农两份收入的同时,不需要忍受背井离乡的痛苦,从而保持一种相对完整的家庭生活。而且,在"离土"但并不"离乡"的情况下,也有助于保持村庄社会生活的活力。① 这一经济结构,建构出村庄向内的生活面向,村庄内的社会流动并不明显,除了近年来外出上学、当兵留在城市的少数群体和进县城买房定居的部分群体外,绝大多数的村民依然要在村庄生活,要在本村或周边的地域范围内获得生产生活的资料。

四 社会关联:血缘、地缘为主的人情圈

传统时代,资源匮乏,人情是在个体家庭遇到婚丧嫁娶等重大事件时,在血缘和地缘关系群体内部,通过你来我往的互惠互助形式,相互之间提供物力、人力和和财物的支援,帮助办礼家庭渡过大事件。随着生活水平的提高,个体家庭虽然已经具备独立应对重大事件的经济条件,但人情随礼作为一种传统的礼物交换形式,依然流传下来。大湾村在2000年以后,仍是以血缘和地缘的关系为主,但几乎所有的随礼都简化成了货币方式,就连给小孩办满月酒,主家要给随礼的客人回鸡蛋的习俗,最近几年也演变成回10—20元现金。人情随礼的实质意涵发生了重大变化。人类学家阎云翔通过礼物交换这一具体的、看得见摸得着的研究对象来重建农村流动中的人际关系网

---

① 张建雷:《发展型小农家庭的兴起:市场、制度与农民家庭的互构——皖东溪水镇的小农家庭与乡村变迁(1980—2015)》,华东理工大学2016年博士学位论文。

络，开辟了一条通过礼物馈赠来研究特定文化背景下社会关系的新途径。我们也可以通过村庄社区内部人情交往的显在变化来透视乡土社会的传统变迁。笔者主要从人情圈的伸缩性和人情帮工的"市场化"这两个方面来具体展现村庄中社会关联的变化。

人情圈的伸缩性就是人情边界的变动和调整，它与市场化大潮推动下的乡村社会的迅速转型紧密相关，它是乡村社会在现代化背景下发生反应的缩影。虽然这些变化以碎片化的方式缓慢呈现，却正在渐趋消解着农村人际关联的组织方式和价值意涵，正在悄无声息的影响着社会生活基础的建构与维系。人情圈的伸缩性具体表现在以下五个方面：

其一基于家族和村庄边界的人情圈的伸缩：华北农村，大多以五服为基础的血缘关系形塑出家族的概念，天然的资源挤压和生存压力造就了家族之间高度竞争和紧张的社会局面。即使是同姓氏的小家族之间也往往分裂大于联合，少有团结的世家大族。在大湾村，村庄的贾姓10股，安姓4股，都是基于同一太爷爷下来的五服血缘关系为依据。在20世纪80年代之前，在家族人数有限的情况下，同一姓氏的大家族会一起参与红白事，随着家族成员的增多、人情礼金的压力以及办礼仪式的简化，村庄中除个别人数较少的姓氏外，大家族一体的人情走动基本解体。人情互动的范围逐渐以五服以内的血缘关系、核心亲属的姻亲关系、周围四邻为主的地缘关系为主。大集体时代，生产队是村民生产生活的主要空间，集体劳动产生亲密的情感和自己人的高度认同，同一生产队的成员也是人情参与和帮工合作的主体。20世纪80年代分田到户以后，农民各种各的田地，同一小组内部村民之间的互动减少，加之村庄道路的修建和扩建，同组村民居住的地域被打散，在多重因素的应下下，村民小组也逐渐从大湾村村民的人情单位中淡化退出。

其二基于个体家庭生命周期的人情圈的伸缩：在大湾村，村庄人情的进入是以结婚成家为标志。在子辈成婚后，就开始作为完整的家庭单位，和父辈家庭一起参与亲属之间的人情往来。对于村庄内部四邻之间的地缘关系，则依然由父辈延续，随着父辈家庭生命周期的后延和劳动力生产价值的弱化，父辈家庭的人情圈会逐渐向核心亲属萎缩。当父辈完全丧失经济能力后，则会退出所有的礼金走动，但是在核心亲属办礼时会作为长者参与，不用随礼。随着父辈人情圈的内缩，父辈建构的非血缘关系一般不会传递给子代，在父辈无力赶情的时候，这部分关系会自然而然的断掉，子代不会继承接续父辈的业缘和趣缘关系，而是以自己的兴趣、生产和生活为中心建构新的人情交往圈。

其三基于村庄生活参与程度的人情圈的伸缩：在村庄中长期生活的群体，生活预期面向村内，这部分群体会积极主动的参与村庄社区内部的人情往来，随着礼金的上涨和办礼名目的增多，即便感到赶"情"的压力，也不得不赶。周期性往返村庄的群体，虽然生活的重心在村外，常年在村外生活生产，春节和清明祭祖会返乡，但这部分群体尚未在外立足，终究会往返故里，对村庄依然有较强的情感和功能依附性，所以也会参与村庄内部的人情往来。当涉及较为核心的亲属办事时，这部分群体会不惜高额的往返成本亲自参加，当村庄内部的普通村民办礼时，这部分群体一般不会亲自返乡，多通过父辈或亲属捎带的形式赶情。村内少部分通过当兵、当工人以及随子女外迁等永久性离开村庄的群体，目前在村外或城市定居立足，多年不参与村庄生活，这部分群体对村庄人情的参与主要是自己的亲属，与村庄内部的普通村民则没有往来。

其四基于主体社会身份的人情圈的伸缩：普通村民的人情边界多是以血缘和地缘为标准，自己人的边界。村庄精英（村干部、村内有见识和胆识、经济条件居村庄上层的群体）在村内的人情边界则一般以整个村庄为界，他们根据办礼家庭的社会地位以及和自己的利益关联，选择性的参与乡土人情，这部分选择性的人情具有较强的工具理性意味，它是有意经营的关系网络，不同于熟人社会中因为彼此是自己人而相互赶情互助的乡土关系。

其五基于人情名目扩展的人情圈的伸缩：2000年以来，村庄原有的以婚丧嫁娶、建房为合法人情名目的赶情演变成了"大人情"，新增的人情项目如当兵、考学、中老年人过生日等成为低"大人情"一级的"小人情"。"小人情"的参与群体起初主要是亲属，后来扩展到村庄内部关系比较好的村民，普通村民之间则无须在此类人情名目上走动。

以上五个方面展现出了村庄内部人情圈的伸缩变化，人情圈的伸缩性较好地展现了村民在随礼的变动过程中保持的微妙的人际均衡，相互参与人情不一定是因为彼此有"人情味"，当前村庄中的一部分人情交往，已由互惠互利走向相互交换，且交换式的人情随礼中日益渗进市场经济理性算计的成分，讲究随礼的均衡策略和"不吃亏"的逻辑。人情交往的名目和频次虽然越来越越多，但由人情维系的人与人之间的互助情感却越来越薄。同时货币化的随礼方式以及越来越高的随礼金额，给村民带来较大的压力和负担，在该背景下，村民理性伸缩人情圈也就有一定的合理性了。并且，随着村庄的日益开放和社会流动的加速，人情圈的伸缩也具有一定的客观必然性，在一定程度上也是村民家庭适应村庄社会的生存策略。下面两则案例就展现了村民人情交往的态度与人情圈的理性选择。

随着人情随礼的货币化，村庄中的帮工合作也被市场体系取代。村民们历来就将人情往来当作一种关系维系的重要方式，正是通过这种关系的维系使得村民之间可以形成互助合作机制，互助合作的形式很大程度上表现为帮工，也是村庄中人情往来的一部分，虽然不用金钱做出补偿，但蕴含在帮工中的人情是长期存在的。别人家庭有事自己去帮忙，自己家庭办事时别人照样会来，这样，村庄中互帮互助的循环就有不断延续下去的动力。2000年以后，在许多重大的仪式性人情活动和日常生产生活中，花钱雇工的事项不断增多，亲朋邻里互助合作的领域渐趋缩小，甚至有些场合中徒留浩大的帮工场面，而无实质的帮助内容。

在传统的儒家文化中，重视人伦差序的社会关系格局，每个人自从出生就被置于一套既定的社会关系网络中，这种先赋的关系本位孕育出重视情感和伦理温情的社会生活的基调，以亲缘关系内含的忠孝仁义等为核心特质，外延出地缘关系、业缘关系的交往，你来我往的随礼互助成为伦理温情再生产的重要方式和渠道。但是，当货币成为人与人之间相互作用的中介时，人们彼此之间交往的实质就变成了物与物的交往，货币的地位一旦确立，它无处不在的力量很容易改变传统的社会交往形式和原初的社会交换意涵。① 人情交换从实物到货币的转化，在一定程度上将人际关联和亲密情感置于量化计算的层面；互助合作中市场机制的引入，采取货币一次性结算的方式取代村落中持续的劳力互助，更是劳动力价值提高以后，村民彼此理性计算的结果。市场经济逻辑之下的经济理性，已经逐渐在村庄社会蔓延开来。

第四节 小结：电商兴起前夜村庄的"经济与社会"

中华人民共和国成立以后，国家主导的现代化建设，在改造与打破传统的基础上延续变迁。日本学者武福直认为分析村庄结构要素需要考虑以下三个要素：作为基础结构的农业生产方式、特征、地域条件以及围绕村庄而展开的产业结构；作为村庄社会结构基本单位的家庭经济地位及各家庭之间的社会关系；村庄的政治支配结构中的支配与被支配关系以及这种关系与外部社会的联系。② 由此，村庄的结构应该包括经济要素、政治支配要素和基于经济要素形成的社会要素三大部分。从该角度讲，电商经济兴起之前，村社共同体的变迁呈现出

---

① 吴菲：《盖奥尔格·西美尔社会交换理论述评》，《理论观察》2007年第1期。
② 武福直：《武福直著作集（第9卷）中国农村社会构造》，东京大学出版会1976年版，第26页。转引自张文明《村民自治：结构与功能的失衡》，《华东师范大学学报》（哲学社会科学版）2006年第5期。

如下特征。

一是政治层面村社成员的组织化嵌入个体化脱嵌。大集体经济时代，国家在场以及"革命小农"的塑造，使得行政共同体成为该时期村庄社会的主要组织体系。1949年以前的中国，势力强大的宗族具有祭祀祖先、提供日常生活互助、制约家族成员的行动方式以及共同防卫等功能。宗族集团在整合本族的生活秩序的同时，也维持了村落内部的地缘关系。人民公社时期，宗族组织被打破，宗族组织的功能为行政组织所取代。[①] 这一时期，集体至上，国家利益优先的集体主义在村庄树立起来，并成功调动起了人民群众高度的建设热情，乡村社会的经济、文化、卫生、教育事业都取得了前所未有的成就，农村基础设施尤其是农田水利条件得到极大的改善，建立了农村社会稳定的政治社会秩序，完成了国家初步工业化的目标。通过人民公社这种组织形式将国家政权体系完整嵌入到了乡村社会，国家权力的触角细致地延伸到了村民小组、单位和社区之中，对社会形成了全面控制的局势，村民个体被牢牢地嵌在行政共同体内。

随着人民公社体制的退出，乡村社会的多层行政组织体系开始松动瓦解，改革开放以后，经济建设取代阶级斗争，成为大集体时代之后农村社会发展和建设的主要目标。20世纪90年代市场经济的兴起，带动了乡村劳动力市场、商品市场、手工业市场和土地市场的发育和繁荣，乡村社会的流动性日益加强，村民个体从行政组织体系中解放出来，开始在市场经济的大潮中乘风破浪，"革命小农"逐渐向"理性小农"转变。村庄政治从大集体时代的革命热情中退潮，开始回归日常状态，大湾村作为典型的华北小亲族村庄，在国家行政力量退出以后，以家族为主要依托的派系政治开始延续。不过，这一时期的家族，历经革命的洗礼，加之市场经济的冲击，先赋的血缘情感开始向核心家庭内缩，家族在公共事务中的作用急剧衰颓，包裹着家族

---

① 陆学艺：《内发的村庄》，社会科学文献出版社2001年版，第5页。

外衣的派系政治主要以私人利益为导向，而非村庄或本家族的公共利益。村庄选举中的派系政治，虽然调动起了家族的力量，在一定程度上激活了同宗同族的观念，但是小亲族内部的团结本身具有较强的竞争性张力，不同于南方宗族地区铁板一块的强血缘联结，村庄内部并没有形成笼罩似的结构性制约力量，大家族内部的五服小家族之间往往难以同心同力，村庄政治的派系斗争就不单纯是不同姓氏之间的博弈，甚或同姓氏之间也存在利益竞争。在该政治环境下，村民个体在村庄政治层面日趋脱嵌出来，"谁当干部都一样"成为普通村民的普遍心态，"无政治的村民"开始成为村庄主体大众的新政治定位。

二是经济层面的土地保障到工农相辅。中国作为传统的农业大国，土地向来是村落共同体成立所依据的物质基础。费孝通在《江村经济》中，明确阐释了土地带给农户的安全感，这种安全感正是共同体提供给成员安全感的重要方面。中国的小农经济，从来不是单纯的局限于耕作土地，人多地少的国情使得兼业小农成为中国农民的真实状态。整个大集体时代，农业生产为基础的生计方式使农民能维系生存和温饱，土地为小农户的家庭再生产提供了主体保障，"耕织结合"是大湾村所在湖区范围内村民主要的生计模式，生产要素被严格限定在计划经济的管控之下。分田到户与随之而来的市场经济改革，使小农的经济模式与社会生活遭到了较为彻底的转化。在市场经济的格局下，城乡社会流动加速，农民的职业分化明显，土地收入在农民家庭中占的比例出现较大差距，有些农户凭借一技之长已经成功在城市立足，有些农民则需要扩大耕种面积来获得与外出打工相等的收入份额，分化的农民出现了分化的土地诉求，农村土地秩序失衡。[①] 大湾村村民的收入转向务工为主、务农为辅，依托土地的农业生产在村民家庭收入中的比重越来越小，小农家庭根据自身劳动力的情况从事其他副业生产和工业劳动，追求家庭发展性和改善性的生活目标，生

---

① 韩庆龄：《从土地秩序与土地认知反思农地制度改革》，《北京社会科学》2016年第5期。

存保障已经不再成为家庭发展的限制需求。随着商品化进程的加速，土地的生计保障功能多局限在部分老年人群体，2000年以后，村庄内部自发的土地流转开始出现，村庄35岁以下的年轻人群体基本从农业生产中脱离出来，土地不再是村庄主体阶层的生计保障，从大集体时代农业耕作与手工业编织即"耕织结合"经济体系，到市场经济背景下半工半耕型的"工耕织结合"的经济体系，村落共同体所依赖的物质基础开始变迁。

三是社会基础层面的公共性生产的式微。村庄是有公共性生产能力的社会场域，是农民祖祖辈辈生活于其中的生产、生活和宗教共同体，是一个熟人社会，是相互有人情往来有亲戚朋友等社会关系建立于其中的社区，是一个生产人生价值的场所，而不只是农民从事农业生产的场所。[1] 在该场所中产生的经验传统，是不必知之，只要照办，生活就能得到保障的办法，自然会随之发生一套价值。[2] 该背景下，村庄相对静态，自成一体，有序运行。在这一过程中，村庄价值的生产就是公共性的成长，经验传统、习俗规范、熟人社会的压力等所构成的村庄规则秩序就是公共性的表现。大集体时代，生产队内"公私一体"的社队生活，使其不仅是集体劳动的生产组织，也是日常生活互动的主要单元，社员之间彼此信任，是相对完整的熟人社会。市场经济兴起以后，单家独户的小农经营模式取代了集体劳作，村民的社会生活也开始从村庄层面转到家庭层面，私人生活开始兴起，代际之间的权力发生变迁，养老与反馈的均衡模式随着老年人自身劳动力价值的继续开发而逐渐失衡，家庭内部的生活政治发生转型。以家庭生活为重心的村庄日常生活，日益变得空壳化。同时，以人情互动为主的村庄社会关联纽带，人情圈的边界展现出了强伸缩性，以血缘和地缘关系为主的人情交往开始出现选择性建构；互助合作帮工体系被市场服务取代，互助合作中产生的亲密情感和寄予在其中的未完未了的

---

[1] 贺雪峰：《小农立场》，中国政法大学出版社2013年版，第46页。
[2] 费孝通：《乡土中国 生育制度 乡土重建》，商务印书馆2014年版，第54页。

人情，被抽空消解。由此，村庄社会基础层面上，不仅公共性生产的空间逐渐萎缩，公共性的生产能力也随之迅速下滑。简言之，公共性的形成，不仅与村庄内部的社会结构、权力结构有关，也与外部国家的权力介入程度、权力介入方式有密切关系。行政强制关联式公共性因人民公社体制解体而随之解体，家族关联式公共性因集体化时代国家权力入侵而分崩离析，而村庄内生的整合力量与组织力量短时间内无法自发形成。这是理解当前农村公共性消解的重要背景。[①]

综合来讲，按照以往学者对传统村庄共同体的经典定义，村庄共同体的基础在社会变迁的过程中逐渐被抽离，村民在村庄内部政治生活中的组织行嵌入随着大集体时代的落幕，逐渐解放出来，但是村庄内部的基层组织体系与自发的社会组织体系相对缺位，自由的个体缺乏组织网络的约束监督，且技术化的社会管理脱离群众诉求，村庄政治建设陷入离散化和内卷化的困境。依托土地的稳定的生计方式开始向市场经济中的工商业转变，且村庄封闭的地理边界逐渐开放和模糊化，村庄成员的社会流动加速；村庄公共领域开始向私人空间转型，公共性的生产能力开始式微，村庄在传统的延续与变迁转化中发展前行。

---

① 吴理财等：《公共性的消解与重建》，知识产权出版社2013年版，第8页。

第三章　电商经济兴起与村落经济结构的转型

中国近代历史的现代化转型，是在世界经济体系的牵引下展开的，以工业化为先导的经济重组，是中国社会迈向现代化的第一步。[①]电商经济是信息时代的新兴产业，它是信息时代社会经济发展的生长点和助推器。[②]信息化带来的时代变革，已经深入农村地区，从经济到政治，从文化到思想，涉及乡土社会的多方面和多领域，其中，作为村社共同体社会生活基础的经济领域的变革，尤其值得注意，它是所有变革的引线和肇始。

第一节　电商经济的兴起与发展过程

电商经济是互联网发展的伴生产物。当地的电商经济分为两种模式，一是外销出口，二是内销淘宝。外销出口一直是地域范围内的重要副业类型，沿袭大集体时代的出口贸易，由外商来境内当面洽谈业务转变为依靠互联网沟通信息，跨境电子商务形成。从2006年开始，内销淘宝在外销出口产品和本地实体店销售地方特产的基础上，由少

[①] 江沛：《近代以来中国转型若干社会问题治理片论》，《天津社会科学》2008年第6期。

[②] 陈禹、左美云、尤晓东等：《信息与社会》，中国人民大学出版社2009年版，第1页。

数年轻的大学生带动形成，大湾村出现第一批网店商。2008—2014年大湾村的网店数量剧增，并逐渐形成产业规模。外销出口和内销淘宝两种模式经历了短暂的交叠期后，2010年前后外销出口的交易地位让位于内销淘宝，以国际市场为主导的销售转向国内市场，内销淘宝成为当前村庄主导的电商经济模式。

一 手工业外销市场的拓展

2000年以后，在县工艺美术一厂和二厂的带动下，大湾村内部出现了外销大户，伴随本地商品市场的繁荣与集市贸易的兴盛，在外销大户的带动下，形成了"进出口贸易公司—外销大户—代理人/代收点—编工"一体化的相对完整的草柳编外销产业链，产品销往世界各地。这一时期，外销出口的贸易属于跨境电子商务的范畴，只不过在村庄环节，主要是加工生产和代理收货，电子商务借助互联网媒介，非面对面交易的核心特征体现在村庄以外的接单洽谈和发货环节，所以普通村民还没有电子商务的概念。下文通过大湾村第一户外销大户王YF的案例，来呈现大湾村以及周边地域的外销发展情况：

> 我从2001年开始干的外销，我是村里最早干的，娘家是博兴的，原先在村西边住，家庭困难，心思着做点什么买卖挣钱。2000年，在老槐树东边买了个商品房，花了6万元。村里的大集就在自家门口，突然想起卖工艺品这个活，于是，我就合伙老家对门的QY，商量着一起跑工艺品，后来QY的姐姐周XH也跟了进来。我们一开始时去工艺美术一厂要货，问问人家有没有货分给我们编，人家都应付答应着，不认不识的，怎么会分给我们货。磨得时间长了，一厂逐渐给我们放点货。我们从此慢慢开始起步了，我们三个到处找货，贾洋、贾张、幸福天龙、博兴老余、李SG那里，都去找货，开始都不给我们货，磨的时间长了，都给一点货。由于我们找的编工编得好，交货又及时，逐渐客户

第三章 电商经济兴起与村落经济结构的转型

就稳定了，公司都愿意给我们货编。开始货源少时，都是我们三个自己直接找本村的编工，活多了后，才找点上放货。我们三人合伙干了4年，一直在我路边的房子里干，后她们两人有了合适的场地都分出去了。

2007年，我自己单干，我们一起合作的8个客户，都给我货，一个都没跑，大家都觉得我很实在。2009年，我接了一个400万的大单，事业发展到了顶峰，当时半个湖滨乡的人都给我编货，这批货多是大箱子，很少一部分铁架子货，我发展联系了15个放货收货的点，一河沿岸的柳王、柳舒、段家、苑庄都有点，光是打木架的就有20多家，曹王的1家给我焊铁架。我把货放给点上，编工再去点上拿货，编好后再由点上给我收回来，点上的代理人按件吃提成。当时，我刚和她姐妹俩分家，价格上还没怎么有数，一开始就怕不能按时完成订单，就把价格放的高高的，比当时下面放的价格都高，干了不到一个月，人呼呼的都来给我干，这样放货的和编货的都能多挣钱。这批货很好收，编工都去点上抢货，根本不用操心。加上这批箱子都是染色的，好弱的蒲草都能用，编工投的成本也低，所以很好收。后来，自己越放越有数，就把价格再压低点。最后，这批货提前完工了，公司用集装箱车来拉的。（王YF，54岁，外销大户，2016-07-21S）

自王YF家的外销起步以后，大湾村陆续5家外销点也发展起来，成为村庄的主要外销大户，草柳编开始成为普通农户家庭的重要补充性经济。在农闲和外出务工的淡季，村里的部分中老年男性劳动力也开始加入编织队伍中，增加家庭收入。手工业成为覆盖原湖滨乡镇范围的重要副业，大湾村也成为周边村庄外销出口放货的核心村。

窦XR，47岁，从2010年开始干外销，她给临沂的一个大厂供货，常年有货，蒲编的铁架货和狗窝，来拉货都是来好几个集装箱车。她的规模现在是本村外销最大的；张ZJ，48岁，从2008年开始干外销，给博兴王姓老板的厂子供货，基本常年有货，蒲编的储物箱居多，也有部分铁架货和纸绳货，他的规模较大；窦XC，50岁，从2010年开始干外销，给曹王的厂子供货，都是蒲编的狗窝，货不少，规模可以。贾PS，58岁，从2008年开始干外销，他开始时给别人代收货，后来厂家找到他，找他供货，给苑庄的人供货，都是蒲编铁架产品。姜H，47岁，从2006年开始干外销，给博兴的人供货，都是蒲编铁架产品，2014年，开始转行干物流，优速快递，专门运屏风，现在儿子帮忙打理物流，基本以物流为主业，每晚发1—2车货，生意很好。

大湾村外销放货点主要有两处：一处是贾XS，47岁，是本村的放货大点，做外销的都找她放货。2007年我自己单干后，小双在家里拧货，我找到她，找她给我放货，后来她尝到甜头了，越放越大。她是我自家的一个小姑子，娘家是大湾村本街的，婆家兄弟5个，都很有势力。小双住的离我近，放货方便，她本人利落能干，人缘很好，这样才能把货放出去，才有编工愿意给她干活。放货很软弱的人也不行，拿不住人，放出去的货按时收不回也不行。另一处是姜X：47岁，2010年前后开始放货，她的货放的不多。（王YF，54岁，外销大户，2016-07-21X）

2000年以来，在外销大户的带动下，大湾村的草柳编外销市场越来越广。外销产品需要农户自己备料，这一时期的外贸出口制品以蒲编为主，柳编或苇编几乎没有，当地及周边丰富的蒲草资源提供了原材料的优势。相比于70年代出口的蒲编制品，该时期产品引进了木架和铁架，类型从原来的小型蒲扇、蒲鞋之类转向储物箱、宠物窝、花瓶等装饰性产品，花色和样式都变得丰富起来。生产工具的改良与生产工艺的改进，加之广泛拓展的市场网络，是手工业外销市场繁荣和经济现代化的表现。外销大户和代理人/代收点其实都充当了现代经纪人的角色，他们充分调动起了熟人社会之间的内部信任与合作，促使产供销实现一体化，为后期电子商务的兴起奠定了坚实基础。在这一外向型的经济系统中，外销大户以及部分进出口公司的联络员，是获利较多的社会阶层，代理人次之，广大编工群体自然处于利益链的最底层。外销大户和代理人都属于村庄中的社会精英，市场信息敏感，外联关系广泛，具备普通村民难以企及的主客观资源禀赋。外销大户根据外贸公司的需求，迅速的将市场信息转化成为相关产品，尽量创新花色和样式，或是按照客户规定的样品转化成品，他们通过代理人将编工群体笼络起来，按照订单需求，组织生产，形成一个外贸公司放单、外销大户接单、代理人拿货、编工原料采购及生产、代理人收货、外销大户笼货交外贸公司的一条长产业链。该阶段，农民手工业的生产已经完全纳入到了市场化的进程之中，这一经济模式，虽不可能带来普惠式的大众致富，却也带给广大农户温饱之上的经济补充。值得注意的是，在外销市场中，生产环节和代收环节均在村庄完成，村民参与的是基础性的生产和初级销售的利益分配，而最终对接国外市场的公司获取产业链的高端市场利益。

二 外销市场向内销淘宝的转变

大集体时代的外贸出口与2000年以后外销市场的拓展，奠定了内销为主的电商经济发展的资本积累。大湾村内销淘宝在2006年兴起以后，发展势头迅猛，与此同时，鉴于国际市场的变化和人们生活需求的转变，2010年前后，蒲编制品为主的出口外销产品的订单量下滑。手工业的发展开始由外销市场向内销淘宝转变，外销的主体地位将位于内销淘宝。

> 蒲子编的产品，实用性并不是很强，一沾水变了形，就很不

美观，上色的掉了色也很难看，国外的市场本来就有限，对这种产品的新鲜度好像过去高潮了。现在，国内对这些工艺品的新鲜度刚刚开始，国内市场本身也很大，大家都觉得这个产品新鲜，在别的地方没见过，好奇，都买件试试。这些东西，咱们本地人哪有用的，都是卖给外面的人。

外销都是蒲草货，需要编工自己买蒲草，好一点的蒲草现在都涨到5元一斤了，一天挣不到30元，出去上班一天70—80元，外销货现在不吸引人了。2014年，内销发展很兴盛，编工有60%—70%干内销，内销计件，挣钱多，普通编工一天收入在40—70元，干的时间长的一天收入在100元以上。现在，做内销编工的一般都在点上做活，本村的内销货多是芭蕉叶子的货，箱子、大桌、墩子为主，内里木架，需要用气枪加固，村里有15家以上的内销点，编工的年龄在40—55岁。现在给外销编货的都是在自家里做活，都是年龄大的老人，60—80岁的老人基本都编货。（王YF，54岁，外销大户，2016-07-21X）

现在，在家里拧货的是最低层的，自己买蒲子，年幼的都用气枪打，老的都不会用，拧带木头架子的、体积大的，都是年幼的，他们大多在点上拧。老弱病残在家里拧，年龄大的点上也不要，万一有病赖上别人。（徐LS妻，62岁，外销编工，2016-04-09X）

综合上述经验材料，可以发现外销出口向内销淘宝市场的转型，主要有两方面的驱动动力。一是手工业工艺品的国内市场需求的兴起。原生态的手工产品成为大机器工业化时代的稀缺资源，相比较千篇一律的工业成品，乡村田园风格的手工业制品，与现代年轻群体对生活品质和绿色环保观念的重视，以及年轻人对贴近自然的时尚生活追求更为契合，它迎合了当下都市年轻群体的生活方式与居家风格。所以，大湾村一带的手工业制品出现市场需求，在淘宝上成为新鲜产品，热销全国各地也就不是奇事。二是从事内销淘宝的编工群体工资远远高于外销产品。由于二者的编织技术并无本质区别，在劳动所得差异明显的情况下，编工群体中的低龄劳动者都转向内销淘宝编货。内销货现在多是香蕉叶子编织品，以桌椅、坐墩为主，体积较大，且香蕉叶材质较硬，需要用气枪打钉子将编织叶子与内里木模装钉定型，在自家劳作无空间放置成品，且气枪使用需要三相交流电[①]，所以从事内销编货的低龄编工从自家劳作走向家庭作坊，家庭作坊成为村庄中新型的职业场合。高龄劳动者则继续在自家从事外销编货，编工群体内部出现分流。由于低龄编工多转向内销编货，保证了充足的货源供给，亦是内销淘宝得以兴盛起来的重要因素。值得注意的是，在内销淘宝的强势推进下，外销出口并没有完全退出市场，村庄中55岁以上的妇女尤其是60—75岁的老年人甚至部分男性劳力仍然从事外销编织，是外销编织的主体，当前大湾村及其周边村庄从事外销编织的人员在1000人以上，外销出口仍然是村庄电商经济的重要组成部分。

三 内销为主的电商经济发展进路

2000年前后，大湾村有些村民开始卖湖区特产，在村里的中心街、路口等位置较好的地段零星开实体店，卖鸭蛋、马扎，后来逐渐把手工编织的元素融入进来，卖草编鞋、蒲团等日用品，同时还有些年龄大、文化程度比较低的村民开始以流动小摊的形式，到周边的集市上出售当地特产。村庄中的主干道上逐渐出现越来越多的经营草柳编制品的实体店面。2006年，村里出去的大学生有少数回村来创业，开始在网上卖本村的草柳编制品，发展势头很好，一时在村庄里引起了不小的轰动。随后村里的一些年轻人也开始尝试开淘宝店卖工艺

[①] 三相电是一组幅值相等、频率相等、相位互相差120°的三相交流电，由有三个绕组的三相发电机产生，是工业上常用的电源。参见《三相电》，360百科，http://baike.so.com/doc/2224059-2353295.html。

品，电商户表示，"当时，开网店很简单，家里随便找台电脑，只要会简单操作电脑，就能开店卖货，进入门槛很低。那时开店也不需要交押金，传个图片上去，就能在网上卖"。在迅速起家的几户大户的影响下，村庄中30岁左右的青年群体纷纷转向开网店卖工艺品来发家致富。

> 我们村的淘宝是贾A带动起来的，今年"双11"他家的货走了很多，年收入70万—80万元。他的母亲原先在古岛开小卖铺，他在那里卖书，卖小说，后来他想着在网上卖卖家里的工艺品，想不到一卖，卖得很火爆，随后他把一把帘子的、自己家里的都带起来了。他大伯家的儿子贾PY，今年58岁左右，在老槐树那里干照相干了30多年，他不会打字只会手写，贾A干起来后，他也跟着卖各种工艺品，现在既干照相，又兼职开网店。贾A的叔叔XS，今年52岁，初中毕业，两口子现学的上网，原先在街上打油饼，卖油饼，现在网上卖苇席，从桓台那里进货，经常有那边的老汉子给他送货，他在网上卖。贾A大伯家的姐姐，今年37岁，嫁到淄博，现在自己娘家这里专职在网上卖柳编的座子，在贾家屋子那边的家里干，她有两个小孩，她娘帮忙看看孩子。（安XP，37岁，装修+网店商，主营木器书架、鞋架，2016-11-24S）

> 2006年，村里开始有干淘宝的，在网上卖编织的柜子、茶几、坐箱等，当时，自己的一把帘子胡W干的最早，也干得很红火，雇着10个人打包，一年收入好几十万元，他买了个5万元的面包车，在当时算是比较好的了。自己和他一样大，干装修一年也就收入2万元，人家都挣好几十万了，从他这里，自己受了启发。2009年，自己边干着装修，边开始干淘宝。主要是从百度上搜索怎么经营淘宝，大部分干这个的都不愿意讲，主要靠

自己研究，晚上经常搞到2—3点，很有兴趣，当时也是费了功夫，网上卖个货都很激动。自己从别人那里拿货，从活动村拿纸绳子编织的柜子，夏天时，卖芦苇的帘子，一个月1000元收入，当时和对象也经常打仗，没有收入，钱不够用，淘宝赚钱不固定，家里等着花钱，压力很大；年底时，一个月能收入2000元，和出去干活一个样了。2010年，2011年，淘宝都干得很好，2011年下半年，一个月能达到800份的订单量，整个2011年，营业额在90万元左右，纯利润20万元以上。（周SG，36岁，全峰快递，2016-04-12S）

从村庄调查来看，大湾村内销淘宝的发展，是互联网兴起背景下，村内少数年轻人自发带动起来的，鉴于村庄的编织传统和外销出口的样品，以及村庄内的实体店经营，村内青年利用互联网平台线上销售手工艺品，由于属于新兴产品，在淘宝网上不断创造销量新高，带动村庄里的亲缘群体和同辈群体纷纷开设网店。随着网店数量的增多，销售的品类也逐渐丰富起来，相应的生产商、物流商齐发跟进，淘宝平台上热门销售的产品如屏风、鞋架、竹制小桌子、香蕉叶子编织的小桌子等，成为村里各大生产商的热门备货产品，大湾村的电子商务如雨后春笋迅速发展起来。2007年，政府主导的网络入户工程，免初装费，为许多村民家里装上了互联网，推动了大湾村电商发展的基础设施建设。2008年北京奥运会，草柳编制品作为礼品赠送外国友人，并被消费者熟知，市场需求逐渐增大。到2010年，大湾村的电商逐渐形成比较成熟的产业链条，产、供、销一体化，相应的物流配套等都比较完善，少有之前因物流压货的困境。

2012年，山东电视台对大湾村的淘宝和草柳编做了专题报道。2013年3月，阿里研究院淘宝公关部的陈亮一行4人来到大湾村进行初步的电子商务调研。同年7月，时任山东省省长郭树清来大湾村调研。"郭省长来的时候，村里几个选上的参观点，仓库全部倒出来，在外面租了个地方临时放货，要不都堆在一起，不好看。县委书记每天都来我们村，来回转，来回搞，平时连乡镇书记都不怎么常见，早上7点县委书记就能站在村头。我们村里为了接待郭省长，前前后后忙活了一个多月。办事处搞美化、亮化等四化工程的刘主任，也是天天在我们村里忙。"① 郭省长的到来，本村获得了140亩的产业园建设指标，同时起到巨大的新闻宣传作用。从此以后，大湾村几乎天天都有来参观学习的群体。全省的工商系统、商务系统、妇联系统、团系统的领导都来参观，县级、乡镇、村一级的干部都来学习经验，科研单位和学校，包括清华、北大、浙大、南开、上海财经等学校的教授、学生则多来考察研究。分管本村电子商务的安BZ，成了专职的陪访解说员，他表示"忙得中午饭都没空吃，一天有时来好几拨人"。并且，郭省长的到来，直接拉开了全县电子商务发展的序幕，围绕草柳编、木质家具、老粗布、厨房设备四大产业形成了县域范围内的淘宝村集群。

2013年8月12日，阿里研究中心淘宝公关部的陈亮经理，从南方邀请了40多名关注编织业的媒体记者，加上其他方面的记者，共80多名，在大湾村举行电商淘宝发布会。市委宣传部、县委宣传部、办事处的主要领导都参与了本次会议，"淘宝村"第一次以官方的名义正式戴给大湾村。本次会议，村里组织了20个人参加，包括电商、实体店、物流、编工行业的代表。陈亮将大湾村这样的淘宝村比作信息时代的小岗村，他认为，30多年前，小岗村改变了中国农村，30年后，淘宝村将再一次改变一切。他进一步预测，淘宝村的未来发展将从淘宝村向淘宝镇，甚至县域蔓延，产业辐射范围扩大，成为新型城镇化的样本。② 此次淘宝发布会的信息在《滨州日报》等多家省市县的媒体上报道，大湾村的淘宝进一步走向外界。

---

① 安BZ，村庄电商负责人，2016-04-01S。
② 裴庆力、张侃：《500户村民开网店湾头村草柳编销售近亿元》，《滨州日报》2013年8月13日。

2013年12月27日，浙江丽水的淘宝村会议上，大湾村的安BZ受邀，作为14个淘宝村的代表做了主题发言，他在会议上分享了本村的淘宝发展情况。会议后，上海电视台的记者直接跟随安BZ来了大湾村实地采访，也是通过这次会议，一些高校机构开始邀请安BZ去讲课传授经验。2014年6月，云南农业大学下属的农村干部管理学院，与省委组织部联合举办培训基层干部的会议，邀请安BZ去讲课，安在那里做了7—8天的讲课交流，主题是"传授淘宝经验，把脉电商发展"。浙江丽水会议之后，大湾村的电商开始面向全国展现自己的风采。同年"双11"，网络购物狂欢节，省内多家媒体如齐鲁网、滨州大众网等的记者来到大湾村追踪报道，将大湾村的淘宝知名度推向高潮。

由于大湾村的产品高度同质化，商家之间相互压价，盗用图片等不正当竞争行为普遍，不能抱团发展。为了加强行业自律，规范电商发展，2015年4月30日，在县委宣传部等相关部门的指导下，成立了博兴电子商务协会，新世纪超市的老板孙QZ任会长，他同时是山东喜乐旺购电子商务公司的老板；4个副会长，2个秘书长（包括大湾村的安BZ），20个理事，电商协会会员以大湾村的电商代表为主体。2016年，在博兴县锦秋办事处指导下，大湾村又成立红色淘宝联盟，发挥年轻党员的带动作用，力图把全村搞电商经营的都纳入该组织中来，发挥引领作用。安BZ表示，"我们这个产品，没有国标，没有省标，就是靠行业自律，红色淘宝联盟就是倡导大家诚信经营，杜绝假货，拒绝以次充好，用泡沫取代橡塑填充垫子的行为"。[①]

从上述大湾村的内销淘宝发展历程来看，内销淘宝为主的电商经济的发展分为三个阶段，第一阶段是从2006年至2008年的初创期，该时期电商的发展由村庄中信息敏感、有一定学历基础的年轻群体带动，随即产生示范效应，加之奥运会的契机带动，市场需求上升，一

---

① 安BZ，村庄电商负责人，2016-04-01S。

批原先从事建筑、装修的青年群体加入进来摸索发家致富的门路。2010年前后，大湾村的电商经济开始形成相对完整的产业服务链，美工摄影、物流运输、打包发货、编织备货等都基本定型。该阶段，农村电商作为村庄经济模式发挥增加收入的经济功能。第二阶段从2012年到2014年是媒体与政界的介入期，众多新闻媒体的介入，向外传播了大湾村电商经济的发展，扩大了大湾村淘宝的知名度，大湾村的电商经济已形成规模。具体而言，2013年，郭省长的来访，是大湾村电商发展的转折性标志事件，村庄淘宝从民间草根自生的定位，一跃成为山东省淘宝村的代表，成了电子商务明星村，成了省内电商发展的前沿和"亮点"，电商发展模式也开始产生政治连带效应。郭省长的到访本身就是对大湾村电商发展的一种潜在默认的肯定，给大湾村的电商发展带来巨大的象征资本和符号收益，郭省长所到的参观点，都有与店主的合影之类，现在实体店商和电商老板均将郭省长考察本店的照片摆在店内显眼位置，外地买家也会基于这种符号资本产生心理认同，增进销量、扩大收入的直观效果。第三阶段是2015年以后政府的参与协助期，地方政府也有借势打造政绩的利益驱动，大湾村因为电子商务的名气带动了村庄的项目申报，在办事处领导的牵头下，董永公园建设项目落户大湾村，省市县、办事处、村庄五级投资，共投资1000万元，用于村庄内部泰山行宫改造、董永公园修建等。2016年红色淘宝联盟的建立，用于形式上的参观、座谈和接访，突出村庄之外的行政领导和中国共产党的核心作用，更是政府介入村庄电商发展的重要表征。当下，大湾村的电子商务已经成为集经济、政治、文化为一体的综合社会现象。

综上所述，大湾村电商经济的兴起和发展看似偶然，其实，从民间的自发行为到政府层面树立为电商经济发展的典型代表，大湾村的电商经济是诸多要素综合交叉的结果。首先，县域经济的支撑，提供了良好的就业基础和生活环境。大湾村所在的整个县域范围内，因为有内生工业的支撑，属于利益密集型地区，该地区的村庄结构均比较完整，具体表现在村庄人口外流的比例少，村民能够在本村及周边地区完成家庭的再生产，很少有村民跨省外出务工。其二，优越的地理位置，交通便利，为商品流通提供了有利条件。大湾村紧邻小清河，并通过小清河直通县城，自古以来就是水旱码头，是山东省内重要的货物中转站所。现在，村内的快递都是通过潍坊中转站中转到全国各地，而大湾村横贯村庄南北的博安路（博兴到安柴村）直通县城转国道，方便运输。与此同时，大湾村是湖区范围内的核心大村，对周边小村有吸附效应，中华人民共和国成立以前大湾村老槐树处的桥口集就是周边范围内主要的集市市场；且大湾村还是原湖滨镇乡镇政府和大湾管区的所在地，是地域范围的小政治中心。其三，湖区天然的苇草、蒲草资源和村民世代流传的编织工艺，打造出具有地方特色的手工艺产品。地方特产往往是地理坐标性产品，在一定程度上呈现地域文化与生活特色，具有一定的新鲜性和不可复制性。其四，大湾村手工艺品较周边村庄有突出的延续性和持续性。在博兴县美术一厂和二厂的带动下，大湾村的手工艺品转化成商品面向国际市场，2000年前后大湾村诸多村民开始代理草柳编外贸出口业务，村庄内的实体店开始兴起，生产和销售从未间歇，而在90年代工艺美术厂和社队企业衰落以后，周边村庄内的手工业均没有发展成型，且周边村庄的编工开始依附大湾村中的代理大户[①]加工生产。可以说，大湾村在2000年以后的外销出口阶段，就已经成为草柳编产业的中心村。其五，年轻群体对市场经济中发展机会的敏锐发掘。市场经济的深入发展和生产要素的自由流动，使得农民的双脚已经站在市场经济的体系中，[②] 小农成为必须依靠市场和货币完成再生产的社会化小农[③]。村庄中的年轻群体发现了市场经济中的发展机会，将传统手工业与电商

[①] 这些外销出口的大户多是原工艺美术厂的领导和工人，他们有客户来源。
[②] 叶敬忠：《一分耕耘未必有一分收获——当农民双脚站在市场经济之中》，《中国农业大学学报》（社会科学版）2012年第1期。
[③] 徐勇：《"再识农户"与社会化小农的建构》，《华中师范大学学报》（人文社会科学版）2006年第3期。

平台相结合，促进当地传统产业升级转型，拓宽销售市场。年轻群体的带动让大湾村的草柳编产业获得新生。其六，国家政策层面对农村电子商务的支持和推动，为村庄电商发展提供了有利的政策环境。在国家政策的推动下，淘宝阿里研究院为主的媒体宣传，以及时任省长的到访考察，使大湾村的淘宝名气迅速升温，同时淘宝产业园的建设，将进一步推动大湾村的电商经济走向规模化和集群化。

可见，地理区位、资源环境、人口基础、技术条件、市场机会、年轻人带动、国家互联网政策的落实等多方因素的共同作用，凝聚出强大的发展资本和关系场域，合力塑造了大湾村电商经济的迅速推进，使其成为山东省电商明星村。按照霍曼斯对产业社会学宏观层面的理解，产业组织内部结构与机能是内部系统，周围的整个社会是外部环境，两者是一种相互制约的关系。[1] 案例地区"在家淘宝"逐渐成为地域社会大众化的新兴产业模式，该模式中生产、供货、销售环节均在村庄场域中完成，村民参与了全产业链的利益分配[2]，村庄的经济活力被激活，相应的作为新兴产业形态的电商经济与整个乡土社会之间产生互动博弈，开启了乡土变革的快捷键。

第二节　电商经济与电商群体的属性特征

一　电商经济模式的特征

（一）低外部性限制与市场渗透：电商经济与传统企业模式的区别

20世纪八九十年代，是中国乡镇企业发展的黄金时期，带动了乡土工业的繁荣，将农业剩余劳动力在村庄及周边地域范围内吸纳就

---

[1] ［日］万成博、杉政孝主编：《产业社会学》，杨杜、包政译，浙江人民出版社1986年版，第8页。

[2] 村民参与了全产业链的利益分配，并不代表所有产业链环节的利益均为村民共享，下文将有详述。

业，创造了中国制造工业的奇迹。从全国范围来看，农村工业的比重从1973年到1984年间由不足10%上升到40%以上。① 可以说，乡村工业的发展，是20世纪80年代农村繁荣的主因。以发达国家历史经验为基础的社会科学告诉我们，工业化和城市化，商品化和社会分化是两对相互联系的、不可分割的现象，而80年代中国农村变化的主要内容正是不含城市化的工业化和由官僚等级而非市场机会引起的社会分化。② 农民被限制在村庄里，村庄是半农半工，乡村工业化并未导致农民向城市迁徙；体制内外就业导致的职业差异带来的社会分化。八九十年代"离土不离乡"的小城镇发展战略限制了生产要素的流动，固化了计划经济以来城乡利益分配格局，难以适应市场经济的要素流动要求，因此，乡村工业因各种问题纷纷倒闭。③ 潘维通过对中国农村经济和乡镇企业的转制研究，进一步指出了中国农村兴办工业企业的恶劣条件，认为在计划经济体制下，中国农民与城市长期隔离，既无知识也无"关系"，更缺少社会资本。20世纪80年代初期中国工业市场刚刚兴起之时，大部分原料和市场都还在计划控制之下，这样的市场环境对于习惯于"规避风险"的小农无疑非常不利。④ 大湾村在该时期一直没有出现村办企业的大潮，村集体只办有窑厂、铸硒厂、村建筑队等少数的小厂，没有形成规模。农户个体兴办企业的案例几乎没有。村庄中的退伍老兵安SL认为，大湾村在这段时期的发展停滞，主要归因于村庄主要领导干部的不作为。在同一时期，原湖滨镇的大柳村，在强有力的村书记领导下，村办的冷藏厂、养鸡场、窑厂等企业则风生水起，带动了村庄致富，走在了同时代诸多村庄的前沿。该时期村办企业的发展多是延续集体时代的社队企业，村庄主要村干部参与，并担任主要领导。这在一定程度上要求

---

① [美]黄宗智：《华北的小农经济与社会变迁》，叶汉明译，中华书局1986年版，第287页。
② 同上书，第291页。
③ 刘锐：《义利合一：土地、财产与治理——农村宅基地制度变迁研究》，华中科技大学2015年博士学位论文。
④ 潘维：《农民与市场：中国基层政权与乡镇企业》，商务印书馆2003年版，第7页。

基层组织要有凝聚力、领导力和积极性，能够带领村民在市场经济的大潮中降低风险。对于村庄政治精英以外的其他群体而言，创办个体私营企业，难之又难。

传统的企业经济模式，面临诸多外部性限制，除了不完全的市场环境外，创办个体私营企业，也需要具备基础投资、应对市场风险等多种能力和社会资本，一系列的外部条件将多数普通小农拒之创业的门外。个体小农所能企及的最高经营层级就是小建筑工头、装修工头、私营店主、水产批发商。随着市场经济的深入发展，在高速城镇化的背景下，城乡之间的要素流动已经得到很大改善，村庄市场经济的发展环境已不同往日。2000年以后，外贸出口行业的发展，使村庄中少数有经营关系网络或信息敏感的群体成为村庄中的代理人，2006年以后，内销淘宝为主体的电商经济的发展，低门槛进入性给予了普通年轻群体成为经济精英的机会。电商经济与其他经济模式的不同，它不需要大规模的预期投资，前期的基础设施就是一台电脑，货源来自本村及周边村庄，生产和销售分离，电商经济的发轫之初只是在销售环节拓展市场，在商品的流通过程中创造利润，这决定了创业失败的零损失，市场风险极小。待到网店达到一定的销售额和信誉级别，电商开始扩大经营规模，招聘客服、打包发货人员，并自己组建家庭作坊，进入生产环节，并按照网上热销的产品需求进行自我创新编织，电商扩大再生产的行为都是在网店经营初步成功的基础上展开。电商经济的低门槛进入和低市场风险性，使其自身成为一种可复制的产业模式在村庄年轻人群体中传播，一时间村庄在淘宝网上出现店铺林立的局面。与传统的企业经济模式相比，电商经济不仅具有低外部性的风险，它使会电脑操作的群体人人有成为店主的可能，即村民所言的"人人可以当老板"，这种广泛的群体进入性是其他实体产业模式不可具备的属性，科层体制的制约使得多数从业者处于基础层，难以进入领导层。从该角度讲，电商经济唤起了村庄年轻群体创业和就业的活力。

（二）依托家族脉络延展出的生产之网

家族关系网络是电商经济扩展的重要脉络。麻国庆通过对中国建构性社会关系的研究，认为当人们为了自身的生存和发展而从事生产性活动和经济活动时，就会以家庭为基本单位，以血缘为纽带，形成家族企业及带有浓厚家族行为的企业。企业在组织管理和生产运作上则依靠联系家族成员的血缘纽带。[①] 费孝通先生在对苏南模式的研究中，也曾经非常精辟地指出，"在苏南模式中的社区所有制，在一定意义上也是家庭所有制的发展。在生产队的具体运作中，我看到了传统大家庭的影子。社队企业的发生，它的经营方式，招工和分配原则，无处不能从传统的大家庭模式里找到对应。"[②] 电商经济不仅自身成为广泛再生性的产业模式，且它带动了相关的产业链条，在血缘和地缘等传统社区关联的基础上，结成了一张张生产之网，将村庄内部的传统工艺、内生的天然的资源、闲散的劳动力、社会关系，以及地理空间等要素都激活组合起来，使更多的普通农民可以在市场经济中逆转获利。依靠家族关系扩展的经营网络，内部有一定的组织性，有抱团发展应对市场风险的能力，信任、合作、共赢是结成家族合作的动力和目的。

信任意味着人们可以彼此依赖，是群体生活不可或缺的结合剂。当人们需要帮助或当他们组成一个家庭、企业或机构时，信任是人们可利用的一种资源。[③] 合作是信任基础上的具体行为，共赢是合作的最终的工具理性目标。大湾村电商经济的发展，最初就是借助核心的血缘关系，在家族关系脉络中，由于信任的成本低，合作的关系网络容易建构，核心血缘关系形成帮带的互助后，又逐步扩展到同辈群体

---

① 参见麻国庆中山大学人类学系课件《传统的惯性与社会的结合：人类学中国研究的方法论的讨论》。

② 费孝通：《四年思路回顾》，载《费孝通集》，中国社会科学出版社2005年版，第301—305页。

③ ［美］菲利普·塞尔兹尼克：《社群主义的说服力》，马洪、李清伟译，上海人民出版社2009年版，第25页。

中的相处较好的趣缘群体，基本遵循"差序格局"式的人际扩散规律，以己为中心，根据与自己的亲密程度依次外推递减，村庄网店群逐步成型。在自家备货不及的情况下，核心关系群体之间可以相互串货，在资金暂时短缺的时候，相互之间可以临时帮衬。在村庄社区血缘、地缘和趣缘关系的黏合中，内生的电商经济既有市场经济理性效率的一面，同时也兼具熟人、半熟人社会的伦理道义，这决定了电商之间相互的合作是出于共赢而非单纯的自利目的，也决定了村庄电商群体内部具有零散的聚合结构，并非完全的一盘散沙。

  自家的一个嫂子，她干的很早，店已经是好几个星了，我最初是跟着她学的，刚上网店的时候，很多东西都不懂，怎么样传图片，怎样用网络语言和顾客聊天，等等，都是她教了我一点，算是领进门。后来的一些东西，就是自己慢慢摸索，网上查查，一步步搞出来的。(王Y，22岁，网店商，主营坐箱，2016－06－17X)

  兄弟四个，我是老小。父亲今年76岁，母亲去世好几年了，父亲身体不太好，已经很多年不能干活。大哥，近50岁，两个女儿，都已出嫁，之前干建筑，年龄大了，干建筑时间长，干不了了，我干淘宝之后，教了教他，现在他和嫂子在家干淘宝，他是初中毕业，识字，和嫂子两个人能操作；老二48岁，干建筑，不识字；老三，不识字，从去年开始给我干活，我在兴福那边开了个物流的门头，派他去干活，给看着点，有个自己亲近的人在那里，心理上放心，之前他开出租车。(周SG，36岁，全峰快递，2016－04－12S)

  不是直接的亲属关系，人家肯定不愿意教你，毕竟网店也有竞争，你卖一件，他就少卖一件，关系不直接的话，你也不好意思去问人家怎么搞，这直接关系到人家挣钱的事，大家都比较自觉,一般都是玩得很好的一把帘子给说说,亲姊热妹之间互相帮衬着搞。我卖帘子卖得比较好后,我带着我姐姐也开上了个店,她今年才开,销量也还行。(何 JL,26 岁,网店商,主营编织的帘子,2016-06-20S)

上述几则案例,清晰地呈现出核心的亲属关系即"自己人""自家人"群体是电商经济延展的首选,也是自己扩大经营规模时首要考虑的代理人选择范围。不过,竞争是市场经济天然的属性特征,经济利益的刺激在结构性不是很强的村庄中,往往可以冲破既有的村庄结构,成为主导性的行为选择。大湾村所在的华北地域,以五服以内的小亲族结构为主,村庄内部是一股一股的小家族力量,虽然历经革命和运动的洗礼,在今天市场竞争与利益面前,小家族内部,或核心圈内部,开始形成新的团结力。因为在各个小家族之间的结构性张力的约束下,在小家族之间经济、面子等社会性竞争中,各个小家族内部有较强的抱团聚合发展的动力和需求,这种团结力形成的范围与发挥作用的有效性,直接决定了村庄整体的电商经济发展的基础是否稳定。从该角度讲,村庄客观的家族社会结构,决定了电商经济延展的家族脉络依赖的特征,同时,电商经济依靠家族脉络建构的村庄生产之网,又是家族关系结构在生产、社会生活层面的具体行为表征。

(三)依托匿名信任延展出最大化的市场

农民一直是市场经济天然的脆弱者。自近代市场经济体系诞生以来,农民是市场的第一个受害者,也是最主要的受害者,近代世界的重大革命主要是农民的革命。[①] 在我国,农民在市场经济中的不利地位既有城乡二元结构体制的宏观制约,也有传统小农保守、规避风险的农民性格的约束,更为重要的是信息资源的不对等。电商经济模式,提供了小农户与大市场的对接的平台,市场信息通过网络平台均

---

① 潘维:《农民与市场:中国基层政权与乡镇企业》,商务印书馆 2003 年版,第 374 页。

质传播，城乡之间的地域界限模糊化，市场经济不仅只局限在城市空间内部再生产，村庄社区亦成为回馈市场信息和市场需求的重要生产场。

互联网技术的发展，使得"空间的虚化"得以可能，依托匿名信任延展出无限度的交易网络。"现代性的降临，通过对'缺场'（absence）的各种其他要素的孕育，日益把空间从地点分离了出来，从位置上看，远离了任何给定的面对面的互动情势"。① 与面对面的及时交易不同，电商经济模式下的互联网平台交易，存在时空的错位与延期。具体来讲，淘宝平台通过买家对产品与描述是否相符、发货速度、服务态度、物流服务四个指标的五个层次的星级评价，以及好评、中评、差评的综合评价，用积分制来组成卖家信誉的评价积累，卖家店铺级别从心、钻、皇冠、金皇冠一步步积分上升，其中每个等级又分为五阶段，比如从一个心积累到五心后，升级为一钻，从一钻升级到五钻后成一皇冠，以此类推，级别越高，每晋升一次的积分累计越高。买家通过卖家积累的店铺级别来判断卖家信誉与产品质量，通过符号表征产生匿名信任，发生购买行为，从跨地域的网上沟通到下单到发货到收货到满意评价，一笔订单才算正式完成。在电商经济的交易过程中，网店的信誉级别和买家评价的积累，是初次购买该店商品顾客的主要选择参考，网店卖家的信誉符号，类似于脱域机制中的象征标志（symbolic tokens），它是买卖双方相互潜在交流的媒介，它将信息有效传递开来。当买家收货，对产品满意，发生继续购买行为和推荐其他买家购买的行为时，依托符号的匿名信任就已经得到巩固，交易关系网络开始扩展。

> 淘宝关键是稳定住销量，销量决定位置，位置决定访客的流量，访客的流量又决定购买的多少。所以，销量一降的话，就不行了。

---

① ［英］安东尼·吉登斯：《现代性的后果》，田禾译，译林出版社2011年版，第16页。

第三章　电商经济兴起与村落经济结构的转型

淘宝今年（2016）6月份以来，查虚假交易查得很严，2015年刷单很盛行，今年严查后，刷单很厉害很明显的基本杜绝了。但是你没有访客流量根本引不进人来，所以稍微刷刷单是正常的，不可能全部杜绝。刷单这块都是外包，有专门刷单的，刷单集中在大件包裹上，小件参加活动多，走量大，自己的销量本身就很大，不用刷单。在店铺销量到了一个稳定期后，后期就是补单了，补单就是根据你前期的销量，来补足当下月份的销量，使其基本持平，不要出现明显的销量下降趋势。2015年淘宝还规定了一系列的违规事项，比如不能使用极限词语，"全网最低""销量第一"等等，这些都要注意。（姜XS，24岁，网店商，主营屏风，2016-11-18W）

伴随着电子商务的发展，互联网和淘宝交易平台上的销量、访客量、店铺级别、好评率等符号系统，已经成为一套相对完善的制度化体系，这种被脱域了的制度极大地扩展了电商经济的时空延伸范围。时空分离及其标准化、"虚化"的尺度的形成，凿通了电商交易活动与其"嵌入"到在场情境的特殊性之间的关节点，在这个过程中，匿名信任是电商经济的制度体系脱域成功的重要依赖。正是依靠对符号系统或曰"象征标志"的信任，跨越时空的电商经济才可以无限延展出不受时间和地域限制的交易网络，并且可以持续性的巩固、生成和再发展。在此经济模式下，市场的空间得以最大化的拓展。不过，在该过程中，市场监管的难度增加，网络交易规则等一系列具体行业规定还处于模棱两可的模糊状态，匿名信任的真正建立最终取决于产品质量和卖家的诚信品质。在激烈的市场竞争中，大湾村的多数大商家都存在刷屏制造假销量来积累人气的违规做法，这已成为行业内公开的秘密。已经有学者的研究发现，在电商平台的交易中，有悖于中国传统商文化的经营行为屡见不鲜，虚假营销、售卖假货、服务缺位、重利轻信等不胜枚举，并指出电商平台之间竞争的恶俗化与白热化背后，既隐含着低度嵌入互联网之路径的发展困境，也折射出其市场转型的迫切需求，这些激烈竞争违反了市场公平竞争、理性计算的核心精神，有悖于中国传统重诚守信的商文化，甚至出现了法律上的纠纷。① 在大湾村的电商经济发展中，虽然存在创造虚假销量的普遍行业行为，也有少数网店以次充好，用泡沫代替橡胶来填充蒲团坐垫，但是从整个电商行业来看，重信用和重服务是当地网店的重要招牌。因为，商品价值的实现势必要经过市场竞争，在网络交易平台上的价格竞争已经高度透明，信用和服务就成为潜在的竞争资本，电商群体普遍认为，"要保持店铺的信誉，必须遵守让客户满意的服务宗旨，要讲信用，对于问题件要及时处理"，② 这是大湾村的电商经济模式不断扩大，在市场竞争中得以生存和发展的关键要素。

二 电商群体的多元样态

根据村庄语境，电商经济是指电子商务辐射覆盖的一系列的产业经济，包括物流、编织、打包、客服等所有相关的产业链上的各个环节。从宽泛的角度讲，电商群体不仅包括直接从事互联网交易平台工作的网店商，还包括相关配套产业的物流商、生产商，从事一线编织工作的编工、打包发货工、客服美工等，都属于电商产业群体，他们直接或间接的与电子商务发生关联，均在电商经济的产业链条上就业。总体来讲，"电商群体"以内销淘宝的网店商、物流商、生产商为主体，以村庄中40岁以下的中青年为主力，对村庄有长远生活的预期，是村庄活力的重要人口基础。伴随着村庄电商经济的迅速推进，根据经营规模、年销售额、生产雇工等因素，电商群体内部出现分化分层的多元样态。主要分类如下：

第一类是全职电商群体：网店商2006—2008年村庄首批发展起步的电商群体，主要是网店商，夫妻双方完全从农业与其他副业中脱

---

① 张军：《网络空间的低度嵌入与深度融入：电商经济发展转型研究》，《江海学刊》2016年第4期。
② 姜XS，24岁，网店商，主营屏风，2016 – 11 – 18W。

离出来，成为全职电商经精英户。该群体年龄在30—35岁，多有在外求学经历，具有大中专以上学历，由于发展起步早，快速将市场信息转化成了资源，该群体中多数该群体对自己的身份定位是"已经不是农民"，他们属于从农业中分化出来，但仍居住在村庄的工商群体。电商精英群体的年销售额均能过百万，每年纯利润在30万—60万元，少数过百万元，该规模的网店大湾村约30家，多是线上与线下双线经营，在自家网店销量稳定的前提下，他们开始开设实体店，设立生产加工作坊，保证网店的充足货源，并且将生产与销售相结合，也可降低产品成本，增加网店的市场竞争力。即实体店和网店同步跟进，他们多雇有1—4名客服人员，3—5名打包人员，10—20名编工，也有部分精英电商退出生产环节，从村内及周边村庄的生产商拿货，主营销售环节。简言之，大型的网店商往往与物流商或生产商合体，以扩大生产经营规模，从生产、销售、流通的过程中综合获利。

另外，还有一部分全职网店商，经营规模限制在自家劳动力范围内，没有雇用劳动，通过夫妻双方与父母合作来共同经营，该类型的网店商大湾村约200家，年收入10万—12万元。2012年以后，随着大湾村电商经济的初具规模与淘宝名气的远播，村庄出现了一小批后发的电商精英群体：他们多是具有本科学历的大学生，回乡就业创业，全职从事电商职业，并且大湾村的电商经济还吸引了少数外地大学生来本村创业，这一群体在网络技术上有绝对优势，创新品类的能力强，善于将现代元素与绿色环保文化整合进工艺品行业，成为电商领域的新精英。该群体现正处于蓬勃发展的起步阶段，鉴于成本考虑，主要从事网店商，没有生产加工作坊，为村庄电商经济注入了新活力。

物流商：2008年以后，物流[①]作为电商经济发展的配套产业迅速跟进，物流商群体的禀赋与网店商相似，物流商都是全职经营，村庄

[①] 按照惯例讲，物流就是商品流通，广义的物流包括快递，具体来讲，物流指大宗货物的运输；快递指小件物品的快速运输。在本研究中将快递物流统称为物流。

现有 27 家物流商，该群体自身有一定的网络操作技术，大型物流商自己都有货车，雇有司机、客服和装车人员，大湾村的天天快递、德邦物流、中国邮政、全峰快递、中通快递、韵达快递等，经营规模均比较大，年收益在 30 万—60 万元，其中 2016 年德邦物流（2017 年改为德邦快递）和中国邮政速递物流是村内走货量最大的两大商家，占到村庄全部走货量的约 40%，前者都收大件工艺品，价格便宜；后者多走小件物品，网点设置密度高。另剩余经营规模较小的物流商则自己独立经营或雇有 1—2 名工作员，部分父母与子代合作经营，年收益在 10 万—25 万元。详见下章节关于物流快递行业发展的相关论述。

生产商：由于外销出口都是散户编织，这里的生产商主要是指为内销淘宝供货的家庭作坊，以工艺品编织作坊和木架、木制品加工作坊为主。据不完全统计，大湾村以编织为主的规模不等的生产商有近百家，其中规模较大的编织作坊，雇工人数在 10 人以上的 22 家；以木器加工为主的生产作坊 30 家，包括木架工艺品模子生产和木制品成品生产，其中规模较大、雇工人数在 10 人以上的 15 家；此外，以铁架焊接、竹子贴片等生产环节中的半成品为主的生产商有 20 家以上。在生产商群体中，基本都是夫妻全职经营，以中年群体为主力，雇工人数在 10 人以上的较大规模作坊主，年收入在 30 万元以上，其中木架加工作坊的盈利高于其他作坊。

第二类是兼职电商群体：该群体在 2008 年以后，跟随电商精英大户起步，模仿大户网店的销售模式，自己摸索套路，兼职电商基本都是网店商。当前，兼职网店商成为村庄 40 岁以下，尤其是 35 岁以下青年群体的普遍职业，兼职网店商又分为三种，一是夫妻双方均有职业，淘宝开店成为双方的业余职业；另外一种类型是男方有职业，女方在照顾家庭、孩子的同时成为全职电商。第三种是村庄中在外读大学、在外工作的年轻群体，业余时间打理网店，负责网上接单，由在家中的父母负责从村庄发货，形成新的代际之间的合作经济模式。

兼职网店商是村庄中的电商主体,村庄中65%的电商户是兼职户,约500家,年收入在3万—10万元。上述三种模式中以家庭中青年妇女开网店的居多。兼职电商群体多是家庭内部合作,少有雇工,接单、拿货、打包、发货,都是子代家庭与父辈家庭合作完成,或子代家庭独立完成。该群体一般没有实体门店,少数居住在大街、路口等优势地理位置的村民,会在自家开门店,产品都是从本村及周边的生产商拿货,工作方式灵活。他们主要是在商品的流通环节赚取利润,不参与商品生产。

综合来讲,电商群体内部的分化,不仅仅是经济层面和经营规模的分化,在政府介入村庄电商发展,提供政策和资源援助的背景下,少数电商精英群体处于利益分配的顶层,而以兼业为主体的村庄普通电商户却难以享受优惠。即便是行业协会组织,也均由各村精英大户组成,没有兼业电商户的代表。如果说大湾村是山东省淘宝的"亮点",那么村庄中少数顶层的电商精英大户就是"亮点"中的"明珠"。精英大户的销量、利润、规模远远高于普通的兼业群体,舆论宣传的年交易额和纯利润值多以该群体为参照,忽略了电商群体内部的高度分化。

三 电商运营方式的分化

随着互联网技术的深入发展和电商交易平台的完善,各类技术性限定和交易规则越趋细致规范,网络交易竞争也日趋加剧。大湾村的电商群体根据自身资源禀赋,开始选择利益最大化的运营模式,电商运营方式出现分化,主要表现为电商公司全托管运营、半托管运营、自我摸索运营三种方式。

(一)全托管运营

全托管运营是指电商将自己的网店管理全部授权给电商运营公司,运营公司负责该店的网络宣传与推广,负责与淘宝官方网站的诸多对接工作,电商自己提供客服服务和产品发货供应,同时电商向运营公司支付合同约定的高额运行经费，一般5万元/年。大湾村的网店中，当前销售额名列前茅的网店，基本都是采取全托管运营的方式。具体来讲，其中部分全托管运营的电商，是村庄中起步较早且成功立足淘宝市场的精英群体，该群体随着网店规模的扩大，或同时开设实体店铺、家庭生产作坊，或增加网店数量，靠个体的力量难以全面管理，所以引进运营公司，将互联网运营全部外包，以进一步扩大销量，扩大再生产规模。另一部分全部托管运营的电商，是当前村庄中开设网店较晚、自我技术有限的群体，他们急于在淘宝竞争中冲出销量，不惜高额成本引入运营公司经营。该情况下，自我运营技术没有本质提高，互联网与淘宝平台操作的核心技术均依托外部移植，有些电商群体确实走在了销售品类的前列，获得了高额利润，但是也有部分群体在运营公司退出后，网店销量一落千丈，最终倒闭。所以，于缺少经营和网络技术经验的电商后发群体来讲，全托管运营有一定的风险性和依赖性，将技术寄生在村庄之外的运营公司，并非长久之计。以下几则案例是后一种村庄中全托管运营电商的经营样态：

我们村销售屏风类的第一名30岁出头，2014年上的网店，他是夫妻全职开网店，网店名"博雅轩"，他雇着父亲和舅子打包，给他们开工资。另外雇着修货的、客服人员，雇工一共7—8人，销量550—600片/月，没有实体店，靠电商公司托管运营。第二名28，29岁左右，今年（2016年）4月份来到本村，他是桓台人，原在淄博那边干工地，妻子是本村人，他在本村租的大仓库，就是一个户里的整个院子，没有门头房，他找的青岛的电商公司帮助运营，这样运营成本很高。他雇着4个人，两个修货打包，1个进货，1个客服，销量300—400片/月，没有实体店。

我们村卖蒲团的第一名网店是"锦秋苑"，他是桓台人，原先在本村卖包装箱，30多岁，在本村租的房子，也是靠外面的电商公司运营。

现在，每个类目销量的第一、二名，基本是靠外头的电商公司运营，北京、上海、青岛的公司为主。客服都不外包，都是本地客服，熟悉产品，便于介绍，运营团队主要负责淘宝直通车、无线端的推广宣传、引流访客等。这样就是第三方供货，从本村发货。（姜XS，24岁，网店商，主卖屏风，2016-11-18W）

安D，30岁，他上了网店后，全部交给外面的运营公司管理，自己只管发货，三个月赔了15万，最终店没开下去，倒闭了，自己不会运营。他和运营公司定了3个月的合同，一天给运营公司900元，另外利润的20%提成给运营公司，并且产品价格要定得很低。在运营公司的推动下，确实有了好几千的销量，他父亲原先卖鱼，也停下手头的生意，专职给儿子拉货。但是三个月到期，运营公司退出后，他自己接手管理，销量一下子就下来了，销量越退就越推不动，运营公司能带进流量来，就能多卖，靠外力推得太厉害，太假了，退也是很快的。（安XP，37岁，装修+网店商，主营木器书架、鞋架，2016-11-24S）

在依靠电商运营公司托管费用高、核心技术垄断的情形下，自身网络技术有限，难以在购物平台上有效竞争，提升店铺销量的后发电商群体，开始青睐于半托管运营的方式，该方式逐渐成为村庄中新开店年轻群体的首选。

（二）半托管运营

半托管运营是指电商运营公司部分介入电商网店，根据淘宝官方规则、活动优惠、访客量、页面设计、产品上架等多重影响店铺销量的因素，对电商进行技术指导，运营公司不直接参与到电商店铺的实际操作管理中，只提供技术和服务指导咨询。相对于全托管运营，半托管的费用在3—5万元/年。该种运营方式中，电商自身的网络技术与交易平台的规则知识会得到直接指导与提升，自身技术成熟以后，对运营公司的依赖性自然会降低，可以根据自身网店规模与经营状态选择是否继续依外部运营，电商群体自身不会因技术限制而丧失主体选择。

> 现在 XW 找的青岛的运营的，别人给你说怎么操作，给你指出你网店的问题，淘宝小二的套路，他能告诉你，运营公司只是给你指出问题，你自己操作，不是他直接给你操作运营。他是直接自己开车去青岛，找到了这个运营的人，要不容易受骗。他一年给运营公司 4—5 万元。（安 XP，37 岁，装修 + 网店商，主营木器书架、鞋架，2016 - 11 - 24S）

> 我高中毕业，后在铝箔厂上班，在管理岗位上，工资 6000—7000 元，对象 1988 年生人，在同一工厂上班。后安伟被从管理岗上调离，2014 年开始干淘宝，网店"蓝洋工艺家居"，5 钻，"极有家"店铺，在网上主要卖竹子茶几。现在随着国学热潮，一些办国学班的学校都倾向于选择这种竹制的小茶几，有仿古的感觉，主要购买的是学校和棋院。人家（运营公司）给指出来卖的品类很杂了不好，自己主要经营竹子茶几，有白色和混合色两种，大小规格多样。刚开始开淘宝店的一年，基本上没挣多少钱，今年刚开始好转，开始挣钱起色了。淘宝上，你要有销量，评价要好，否则没有人买。今年"双 11"搞得活动，订单量是平时的 7 倍，发货发了好几天才发完。（安 W，28 岁，网店商，主营竹桌，2016 - 11 - 18X）

2013—2014 年大湾村及周边村庄淘宝店铺激增，工艺品竞争愈趋激烈，在激烈的竞争中如何创造高销量，并且稳住销量，成为网店立足的根本。上述案例中安 W 历经多重波折，亲自找到运营商，采取半托管方式对自身网店进行技术指导，自己探索与外部指导结合，终于在开店一年后由亏转盈，今年（2016）"双 11"订单量在同类竹子茶几中排到了前列。当前村庄中全职经营网店的"85后""90后"电商群体,在初期运营阶段越来越倾向于选择办托管运营来丰富淘宝交易平台的技术规则与操作技术,但是也有部分受过高等教育的大学生群体,倾向于独立运营的模式,他们自身有相应的技术资本,相应地技术转化能力较强,正在成为操作技术方面占有巨大优势的电商群体。

(三)自我独立运营

自我独立运营,顾名思义就是没有引进外部运营力量,依靠自身探索的独立运营模式,相对来讲,店铺节省了运营经费。当前村庄中自我独立运营的主要有两类群体:一是年轻有技术的毕业大学生群体,该群体精通网络操作技术,学习能力较强,比较有探索精神,网店建立初期多采取自我运营的模式,节约技术成本;另一类是家庭妇女群体,该群体的网店经营是家庭经济的兼业和补充,网店规模和销售量不足以支撑外来引入的运行成本,她们倾向于自我摸索,亲朋给好友之间交流探讨的方式,来维持网店的基本运行。

> 大学生代表:安F,30岁,在济南上的大学,二本毕业,学的广告专业,他和妻子一人开着一个网店,之前在城里开着门头,做广告设计,给市政的绿化设计图纸。2011年和妻子一起全职开的网店,媳妇的店里专卖实木的小花架和电脑主机桌,店里卖鞋架和书架之类,实木花架是本村河北里提货的,其余的自己生产,销量不是很大,自己能供应上。上学学的广告设计,电脑操作好,会PS,很熟悉电脑操作,技术上很有优势,平时都是自己处理图片,调颜色、色度等,不用出去问别人,自己能琢磨出来。不愿意找别人运营,都是自己运营,自己琢磨,店里的链接也都是自己制作的。两口子的年收入在10万元以上。(安F,30岁,网店商,主营木器,2016-11-24X)

> 家庭妇女代表:自家的一个婶子,40岁,不太识字,光会点

拼音，都是手写打字，2012年前后开始干的网店，卖屏风、纸绳子六抽，一个利润有时才10元，她一直开着，谁也不找，也不刷单，也不找运营的，每一笔交易都是真实的，一个星期有一天流量很大，其余几天就不行了，总之你不投钱，淘宝也不会找你挣钱。她没有存货，只要有买的，她就给别人（生产商）打电话，人家给她送货，有时她也自己出去找货。她这种店的状态就是半死不活，能维持着，一天卖个一件两件的。（安R，37岁，网店商，主营柳制品，2016-06-27X）

大湾村独立运营网店的两个群体中，毕业大学生群体的技术优势正在日益凸显，技术资本转化成经济资本的能力逐渐增强，而家庭妇女兼业网店商的模式，正在被日趋淘汰，维持型的网店经营不断被强势技术经营的网店挤压，她们通过不断压低价格、减少利润的方式创造销量，某种类目的产品利润空间挤压到一定程度，便更换另一品类的商品，但最终难逃恶性竞争的循环。

现在村里的淘宝行业，价格竞争很厉害，往全国各地发货，有时一个柜子发到贵州，才赚20—30元，原先挣50—80元，一套茶几原先挣100元，现在40—50元，利润下降了一半多。主要是新上的一些网店，卖不出去着急，一些年轻的妇女在家，开个网店怎么着都比编货强，她们就降价出售，一天挣个100—300元，很好挣，卖得多就挣得多。现在淘宝挣钱的，都是走量大的，靠走量挣钱，零售价和批发价差不多。（李Y，33岁网店商，主营纸绳柜箱，2016-06-31X）

综合来讲，电商运营方式的分化，实质是淘宝交易平台技术掌握与操作水平的分化，处于技术顶层的电商运营公司通过对淘宝交易平台技术规则的解析，不断增加店铺的访客流量，通过页面设计不断增加产品的视觉美感和符号价值，甚或通过刷单、补单等非常规的手段创造高而稳定的虚假销量，从而使托管的网店在淘宝交易中处于有利且吸引顾客流的顶端位置。处于技术底层的群体，一是选择运营公司来帮助运营，借助运营公司的外部技术力量来推动自己网店的发展，一是维持型的网店自我经营，目前村庄中维持型的网店占到全部网店的 70% 左右，运营技术水平的突破，是普通电商群体共同面对的主要难题。近年来，村庄率先起步的贾 A，因为熟知网络电子商务的经营管理技能，县域范围内的诸多实体生产商家也将线上业务交由他的打理，他组建了电子商务运营团队，从中收取高额管理费用，赚取营销利润，成为大湾村电商运营行业的佼佼者。

四　电商产业链条的完善

（一）生产作坊的形成与工艺品实体店的转型

稳定充足的货源是电商经济发展的基础条件。大湾村淘宝网店的迅速激增，内销供货量急剧增大，村庄中出现了专职供应淘宝销售的家庭作坊，部分销售量大的淘宝电商则直接自己开设生产作坊，以及时供应网店销货，同时开设实体店铺，向其他散户电商批发零售工艺品。相较于外销出口样品放货式的家庭散户生产，家庭生产作坊的出现，将一定数量的编工聚集笼络在一起，有更强的生产供货能力，能够根据网店的销售需求及时编织产品，保证了供货发货的及时性和稳定性。

此外，伴随着内销淘宝的兴起，2010 年以后，村庄主干道上的工艺品实体店铺开始大量增加，现在村庄一条东西主干道上几乎全是工艺品店和物流商店，新增的实体店铺主要是家庭作坊的产品销售前台，或者是网店商的线下经营场所。村庄中 2000 年前后的老实体店铺出现分化，一部分实体店店主的子女开始网店经营，将线上与线下经营结合，实体店服务自家网店供货，开始成功转型；另一部分实体店店主限于网络操作的局限性，未能及时与网络销售对接，销售渠道未能拓展，随着村庄中新增实体店铺的增多，原始的老实体店经营模式开始衰落。

> 实体店原先主要卖给过路的人，村里淘宝的有时实在找不到货，生产商那里供不上货时，也从这些实体店里偶尔拿货，这些实体店的价格比生产商那里贵一些。网上刚开始卖货时，村里没有那么多生产的，上他那里拿些货，现在网上卖货的很少从这里拿货了。这些实体店，父母抬起的头，孩子们有干的，接上，在网上开店卖的话还行，没有的话，就逐渐都不行了。现在这些专营的实体店都不如小伙子们在网上卖的好了，这些大实体店在网上卖货兴起之前，都发财了。现在指望过路的买，销量很少，即使是老顾客，你卖贵了，人家也不买。以前外地人跑来这里看货、进货，现在人家在网上，一家比照着一家，在网上就看得清清楚楚，价格又不高，人家就不用亲自跑过来了。（何 X，37，实体店 + 网店，2016 - 04 - 26S）

内销淘宝兴起之前，实体店铺主要供应过路的散客以及外地的批发进货群体，内销淘宝兴起的初期，实体店铺是内销淘宝供货的主力，后随着生产作坊的出现，内销淘宝的货源供应直接与生产作坊对接，实体店铺的销售对象又回归到过路的散客。近年来，工艺品的本地市场几近饱和，限于草编工艺品的实用性有限，村民表示"本地人没有经常买这些东西的"；芭蕉叶子编织的茶几和收纳箱、纸绳子编织的屏风和鞋架等内销淘宝兴盛的新兴产品，虽也都引入实体店销售，但是乡村社会的本地农民对这些自然制品购买意愿和认可度远远小于有田园情怀的城市中青年群体，另外地批发进货商也开始选择网上批发进货，实体店铺的销售市场开始萎缩。简言之，在电商经济广拓外部销售市场的背景下，实体店的经营若不能纳入主流电商经济的必要环节之中，自然难改颓势的命运。村庄中生产作坊的形成和实体店的转型，共同保证了电商经济的产品供应，使大湾村及周边一带的电商发展有源头活水。

(二) 快递物流行业的发展

快递物流行业，流通的关键。大湾村紧邻小清河，交通位置好，自古以来就是水旱码头；加之本村的货源大，供货多，更是快递的优先选择的地点。当前，大湾村的物流快递体系基本健全，供应周围区域内的工艺品运输，周边其他小村庄则没有物流。大湾村在2000年前后，村内还没有快递公司，即使在邻近的博兴县城，快递行业也比较少。由于草柳编织的工艺品体积大，重量轻，快递公司一般按照货品重量和运输距离的远近制定收费标准，所以快递公司都不愿意接收本村的工艺品。2002年前后，实体店发货商曾发火车运输，铁路运输按公斤计费，不按体积，但是这样客户接货又不方便，影响销货量。后来，随着博兴县城快递的发展，快递开始来大湾村收货，并逐渐在村里设快递点，几家快递公司均在下午设定时间和固定地点停车，商户把货送过去。比如，现在的顺丰快递，一直没有门店，只需要有个牌子，大家知道这里是顺丰收货点即可，商户与快递物流商之间都形成了约定俗成的发货规矩。

2006年内销淘宝兴起，发货量开始增大，县城快递公司在本村设置的散点物流供应开始难以应对较大的存货量，大湾村内的快递行业开始起步。贾Z从2008年开始在大湾村引进了天天快递，是村里第一家从事工艺品运输的快递公司。天天快递是大车运输拉货，适合体积大件的工艺品类型，相较于顺丰、"四通一达"快递公司，天天快递占有价格和运输优势。本村现在的货都是通过潍坊快递中转站中转到全国各地。与天天快递几乎同时起步的，还有村内的中通快递，随后，大湾村物流行业迅速跟进，市场信息敏锐的中青年群体进军物流行业，甚或经营淘宝网店的年轻电商苦于发货难的问题，开始边开网店，边做物流。2014年前后，大湾村的物流快递体系基本健全，中通、圆通、国通、中国邮政、全峰、德邦、优速、快捷、百世汇通、顺丰等一应俱全，物流商群体形成。除了申通和圆通的县域范围代理在县城，其余快递的代理均是大湾村的快递物流商。网店商针对工艺品不同类目的特点，以及不同快递物流的计费标准，自动在诸多快递中形成了相应的选择分配，比如小件类工艺品多发快递，大件类多发物流，一家电商多综合使用多个快递物流，减少积货压货的问题，在节省运输成本的同时，也保证发货的及时性。此外，近年来，与物流运输相关的包装业，在大湾村也都发展成型。工艺品专用纸箱子、打包带、胶带、包装塑模等都有专门的生产户，其中村里现在有2家工艺品纸箱子制造户，基本能供应全村工艺品的包装，其余打包工具也在村内有专门的农户制造销售，村庄内部的集中发货能力得到极大提升。

天天快递：2011年前后，发货难度比较大，快递公司政策和价格也不稳定。从2014年开始，基本上主要的物流村里都有了，现在基本没有压货问题。（贾Z，天天快递，2016-04-01S）

快捷快递：安K，30岁左右，大学毕业直接干的快递，对象时陈家村的。母亲，52岁，2009年前后收货，父亲原先开出租车。2011年结婚后，在网上卖工艺品，屏风、坐箱都卖，卖得很好。2013年从博兴买上了这个快递，原在村西头中国邮政那地，今年（2016）上半年刚搬到现在这个地方，租金一年2万元左右。现在有个大物流车拉货，父亲负责开车拉货，母亲帮着收货、装车，看看孩子；雇着一个客服。速尔快递：2016年11月8号刚搬过来，25岁左右的小伙子，孟桥村的，他和毛园村的丈人一起干。这个快递好几个人都干过，倒手好几次了，都干着不行，快递也要会经营才发财。宅急送快递：孙B，45岁，2015年开始干的，租的门头，租金1年1万元。他雇了4个人，从周围收上小货来，发货。工艺品卖的多的很少找他的，他收的多是小件的散货，很多从幸福那边收件，是快递里面干得比较一般的。之前他卖鱼，妻子2014年开始在网上开店卖坐箱。优速快递：本村1队的姜H（女），还没结婚时就在娘家手工艺品；对象本队的王JM，原先干木工，买了个快递，主要运屏风，在自己家的房子开着门头，儿子结婚后，儿子和儿媳都和他们一起干快递，没有雇人。（王YF，54岁，外销大户，2016-07-21X）

从上述经验材料及调研来看，从2010年到2014年是村庄快递行业的极速增长期。淘宝交易订单量的增大，直接催生了流通运输环节物流业的发展，村庄里的全峰快递的经营者周SG，就是在网店销量增大、发货难的背景下，开始同时从事物流，现在主职物流行业。当前，大湾村网店商和物流商同时兼营，也成为电商群体的一大特征，除了全峰快递的周SG，快捷快递、德邦物流等经营者，都同时设有网店，实现销售与发货的一体化。同时，随着本村物流行业的完善和快递公司点的增加，其行业内部也形成了一定的市场竞争，各快递公司的运输政策渐趋稳定，价格标准也不再经常浮动，成为电商经济稳健发展的重要保障。

（三）淘宝设计的发展

淘宝设计主要是指网店的页面制作，包括店铺首页的设计、品牌形象设计、具体产品的链接内容设计，由于网络交易平台的虚拟性，通过图片传播真实而又吸引人的商品信息成为淘宝设计的主要目的。淘宝设计作为一种产品形象升级的互联网技术行业，近年来在大湾村及周边村庄逐渐兴起，是村庄网店增加符号资本和销量竞争的主要推销宣传手段。在淘宝兴起之初，电商多是自己拍图，简单设计，上传图片后简要说明制作材料和尺寸大小等基本信息，并没有美工设计的观念。随着淘宝网店的增加和网络市场竞争的加大，电商越来越意识到网上店铺形象美化和宣传的重要性，淘宝设计作为专业的网店形象设计行业也就出现了巨大的市场需求，成为当前多数网店新店推广和新品上架的重要选择。

自己店里的图片链接都是找周村干淘宝设计的给制作的，按照产品收费，一个产品制作一个链接200元。本村干淘宝设计的原来有4—5家，现在还剩2家，本村的没有实景，基本是模仿和抄袭，技术水平很差，以换背景和修图为主。周村这家，有摄影棚，是实体拍摄，是做文案和实景的，人家是借鉴外头做得好的，是实际做出来后修改下。（姜 XS，24岁，网店商，主营屏风，2016-11-18W）

安 W 2015年开了个淘宝设计店，他们是3个人合伙开的，房租平均分，利润也是均分。一个链接，包括照相和上图，200元收费。他们门头里面有个小摄影棚，拍摄很受限制，专门以 PS 为主，不是实景，他想包一个大车间，让我给装修出欧式、中式等不同的风格，现在一直没有找到合适的地方。有时也去户里装修的好的家里去拍拍图，但是你去一两次行，去多了也不好意思。我们村老槐树南边路东里，还有1家淘宝设计的，开了没多久。有一家开得比较早的现在去了滩子，那里有大棚，能摄影，本村没有。（安 W 妻，29岁，网店商，主营竹桌，2016-08-04X）

从调查经验来看，目前大湾村成型的淘宝设计店只有安 W 和转到滩子村的这两家。从主观上讲，本村的设计水平尚处于起步阶段，加之客观条件的限制，大湾村的地基紧张，村庄内部没有可以开设摄影大棚的空间场所，进一步局限了淘宝设计行业的发展。实景拍摄是工艺品形象效果凸显的底色，但是当前大湾村内的淘宝设计基本停留在网络软件修图的层次，靠拼接背景图片、调色等初级加工手段来维持运营。从该角度将，在网店设计、宣传与营销日益被电商群体重视且愿意投资的背景下，淘宝设计行业展现广阔前景，是电商经济发展的重要展现窗口和传播平台。因为作为提升产品吸引力的最直观的网店页面和图片描述，与销售宣传等营销策略直接挂钩联系，产品形象层次越高，相应的营销宣传才会取得更佳效果，才会在电商经济中处于优势位置。

五 区域性电商圈的形成

随着电商产业链条的完善，以大湾村为核心，形成了集生产和销售为一体的电商圈。其一，大湾村一带，形成了各类工艺品的地域性生产分工，南活动、顺河一带主要生产屏风，东风村主要生产纸绳编织品，有鞋架、六抽等热销品类，另外，东风村同柳舒村①是生产木桌子等木制品的主要村庄，大湾村则主要生产蒲草、香蕉叶子编织品和木制品。地域范围内基于村庄传统，形成了较为明确的生产分工体系。因村庄都相互邻近，各村庄之间的供货流动频繁，围绕大湾村形成了一个电子经济的生产供货基地。这一自然形成的生产分工体系，为区域内的电商群体提供了品类丰富的货源。其二，跨村范围的编工集合在大湾村，形成了较密集的家庭生产作坊。生产作坊内的编工以本村和周陈、陈家、孟桥村庄的编工为主。这几个村庄素以传统的草柳编为主，除大湾村以外，其他村庄内部没有形成生产加工的作坊和工艺品实体店铺，近年来，从外销样品编织转行的中年妇女编工群体，纷纷向大湾村汇集，她们根据交通距离的远近和方便程度、自己的编织技能优势、熟人关系网络等因素选择家庭作坊，使大湾村内销淘宝的供货能力大为提高。安志胜家的生产作坊中，因其住宅位置靠近孟桥村和陈家村，该作坊内一半以上是这两个村庄的妇女；SD工艺品的生产作坊中，则是以一批编织辫子箱的妇女为主，她们来自周陈、陈家和本村，原先在外销大户王YF的作坊里集中编织辫子箱产品，2013年以后转移到该作坊，长时间的互动劳作，形成了亲密的情感，编工内部自然而然的出现了"搭伙"现象。其三，快递物流行业在大湾村集聚，形成了以大湾村为核心的发货源。大湾村周边的小村庄，因与大湾村地域临近，小村内都没有再设快递物流的集散点，加之周边小村内部的工艺品货源有限，周边小村庄内的网店多从

---

① 柳舒村主要生产学校用的桌子，一直是山东省主要的学校用桌供应基地。现在大湾村内诸多木工作坊里工作的，柳舒一带的人较多。

大湾村拿货，并在该村直接发货。

> 我们村在网上开店的也很多，开这个店不在于学问高低，会在网上聊就行。工艺品找货、发货，基本都来这个庄（大湾村），我们庄比较偏僻。我们村主干道上没有工艺品的实体店，只有1家在孟桥和陈家搭界的地方，生产批发茶几和坐墩，雇着人编货。（陈家村，姜M，52岁，2016-11-19X）

> 南乡的一个在网上卖货的，来我这里拿货太远了，找我给他打包，直接给他发货，他就不用自己跑过来了，纸箱子，我买多少钱，就收他多少钱，不挣，就光挣工艺品钱。（安Z，53岁，家庭作坊主，2016-11-21X）

> 孟桥村的拿货妇女：38岁，2013年开的淘宝店，店名"潇喆草柳编工艺品"，是大女儿（10岁）和小儿子（6岁）名字的合称，店铺级别3钻，主营大号茶几、柳编沙发等各类工艺品。从大湾村旺旺工艺品拿货，现场用里的纸箱子打包，随后在大湾村找物流发货。（网商，38岁，2016-11-20X）

从调研和经验材料来看，电商经济的推进，打破了村庄行政边界和传统的自然村边界，形成了区域性的电商经济圈，大湾村因生产供货和中转发货能力较强而成为电商圈的核心。以克鲁格曼为代表的新经济地理学理论认为，经济效益递增是产业集聚的本质动力，在劳动力高度弹性流动的前提下，经济收益、运输成本、其他各生产要素之间的相互作用，会使资源禀赋相似的地区产生中心与外围的产业集聚格局。[1] 在此基础上，有学者提出，建立在新知识和新过程生产基础

---

[1] Krugman, P., "Increasing Returns and Economic Geography", *Journal of Political Economy*, 1991 (99): 483–499.

上的新企业，具有区位选择的自由，一旦它定位于某区域，新企业及其相关的经济活动便表现出路径依赖的特征，从而影响该地区产业集群的形成。[①] Fujita 和 Mori 则从空间再产生的角度，研究了运输费用与规模经济差异的多制造业经济体系，认为该经济体系会自动衍生出一个中心地领域。[②] 借鉴新经济地理学的视角，大湾村在具有客观地理区位和生产资料、编织技术传统优势的条件下，电商经济模式的率先起步，使其成为地域范围内新经济发展的风向标，随后生产作坊、工艺品实体店、快递物流点三位一体的产业链条的完善跟进，进一步增强了产业集聚的区位优势。同时，周边村庄差异化的产品生产类型，相互之间是不完全的市场竞争，且生产要素的自由流动也是大湾村一带产业空间集聚的重要基础。综合区位、人力、运输、市场等各种因素，大湾村的电商经济对周边小村庄形成了吸纳效应，形成了区域性的电商圈。

第三节 电商经济与村落经济结构的变迁

电商产业发展带来的村庄基础结构变迁与资源要素的优化整合，市场的社会化嵌入调动起村庄内部多元资源要素的活力，传统的手工技术、蒲草、苇草等本地的自然资源、乡村的剩余人力资源、便利的交通地理区位等均融进了电商产业的发展进程，在村庄社会和市场经济体系中凝聚出强大的发展资本，推动村庄经济结构的大转型。在这一过程中，村庄经济出现明显分化，阶层结构的界限随之清晰化。高速城镇化进程中，阶层分化带来的经济社会压力与新型产业发展带来的灵活就业机会相结合，村庄各年龄阶层的群体均能在产业链上实现灵活就业，市场利益与家庭伦理、家庭发展目标的结合等促使小农家庭内部

[①] Boschma, R., *Looking through a Window of Location Opportunity*, Tinbergen Institute, Rotterdam, 1994, pp. 12 – 44.

[②] Fujita, M. and T. Mori., "Structural stability and evolution of urban systems", *Regional Science and Urban Economics*, 1997 (27), pp. 399 – 442.

形成新的生计合作体系，整体村庄社会展现出巨大的内生性经济活力。

一 村庄经济结构的转轨

中国的问题始终是农民问题，21世纪的农民问题已经由土地问题转为就业问题。① 村庄经济结构与村民家庭的就业生计结构紧密相关，村内所有村民家庭就业生计的集合是村庄经济结构的实体。分田到户以来，村民个体家庭的生计渠道愈趋宽广。尤其是2000年以后，职业更加多样，传统的以农业为主的小农村社经济逐步演变为"农林牧副渔工商建运服"十业并举。② 伴随村民主体职业的变迁，村庄的经济结构也相应的出现拐点和转型。

表3.1　村庄劳动力的职业变迁（20世纪80年代至今）

性别	年龄	20世纪80—90年代职业	20世纪90年代—2000年职业	2000年以后的职业
男	18—40岁	木工、建筑	装修、木工、建筑、运输、水产	开网店、物流、工厂上班、装修、水产、运输
男	41—60岁	建筑、打零工、务农	装修、木工、建筑、运输、水产	打包、装修、建筑、水产、运输
男	61岁以上	务农、打零工	务农、打零工	打包、务农、打零工
女	18—40岁	照顾小孩、务农、外销编织	照顾小孩、超市、工厂上班、开小店、外销编织	开网店、淘宝客服、美工、照顾小孩、超市、工厂上班
女	41—55岁	务农、外销编织	务农、外销编织、开小店	内销编织、打包、务农
女	56岁以上	照顾孙辈、外销编织、务农	照顾孙辈、外销编织、务农	照顾孙辈、外销编织、务农

从上述村民生计结构的变迁，可以发现90年代男性劳动力以木

---

① 温铁军：《三农问题与制度变迁》，生活·读书·新知三联书店2005年版，第105—106页。

② 同上书，第36页。

工和建筑行业为主,女性劳动力主要照顾小孩、务农、从事外销编织;2000年以后,职业丰富起来,装修、运输、水产批发零售成为建筑和木工行业之外的男性劳动力的主职,女性劳动力则走出家庭范围,开始在超市、工厂上班,部分经营服装、百货、糕点等小店。2006年电商经济兴起后,在村庄各年龄群体中迅速嵌入,开网店、物流、图片美工、客服、打包发货等新的职业类型出现。电商经济的发展,带动了村庄中各年龄阶层的灵活就业。现在大湾村内销淘宝的直接从业人员达2000多人,并形成了明确分工:"80后""90后"开网店接订单,"60后""70后"打包运输收发货物,"50后"女性主要是手工编织,做最基础的工作。35岁的周SG,现在是村中全峰快递的老板,以他为代表的同龄人群体的职业变迁,从一个侧面展现出村庄整体经济结构的转型。

  1995年,自己初中毕业后,在东风村干了6年木工。那时候干木工的比较多,当时没有好的行业选择,东风的木制品生意比较好,收入可以,和当时干建筑挣钱差不多,但劳动强度比干建筑小很多,同龄人中80%的干木工,年收入在7000—10000元。主要生产写字台、办公桌、结婚用的小桌子,附近的商场都来拉货,东风、周陈和湾头村一带干木工的最多。整个1990年代,是木工行业最红火的时间段,由于木工的产品利润上不去,木制品逐渐也不跟形式了,其他地区生产的木质家具替代了本地的产品,2000年以后,木工行业就开始衰落,现在只能说是维持着,不行了。最近两年,一些加工木制品的,已开始向淘宝转行。

  2000年以后,村里干木工的年轻人逐渐向装修行业转行,附近的地方如博兴、东营、济南、青岛等,随着城市建设的发展,装修行业的需求量越来越多。三四个人、五六个人一帮,有个小工头领着,到处干活。工头负责联系活,干装修的工具也都是工头的,他负责算钱要账、和主家协商装修的样式风格等问题;去外面大城市干活，多是20—30人一大帮。干装修，一天工作8—9个小时；干木工，晚上加班很正常，经常干到11—12点。干木工，长年累月固定在一个地方，一进门，心情都压抑，每天这么些活，来回就这个地方，一年没一点时间；干装修，几天换一个地方，没活就休息几天。关键是干木工也挣不了多钱，木工计件，总的算起来干活时间长，挣得还不如装修多。

2006年，村里开始有干淘宝的，在网上卖编织的柜子、茶几、坐箱等，当时，2009年，自己边干着装修，边开始干淘宝。现在80%的同龄人都在家干淘宝，其中专职干淘宝的有30%左右，30多岁的小夫妻，每户基本上都开着淘宝店，除非笨得要命。有一部分干装修的，还有一些在厂子里上班的，有当司机的，没有一个干建筑的。淘宝对我们这代人影响很大，改变了俺这一代人很多人的命运，干一辈子的活，也就买个房基，建个房子，就有难度，干装修的现在涨到200元一天，一年也就挣个5万—6万元。干淘宝，女的在家常年干着的，一年能挣3万—5万元，原先也就挣几千元。淘宝带动了生产，年纪大点的也有活干，一天挣个几十元。现在，上街买东西的比较多，整个经济都带动起来了。(周SG，36岁，全峰快递，2016-04-12S)

从周SG的经历来看，他的从业经历一直与村庄主流的职业类型相契合，从90年代的木工行业到2000年的装修业，最终进入电商业，进而拓展出物流业，他抓住了电商经济发展的脉络，成为大湾村物流行业的精英。村庄经济结构的变迁，是村庄主动适应市场经济的结果，农村社区在可持续的发展中，不断寻求与市场相应的就业需要，创造了一个又一个的阶段转换。村庄中每一次主流性职业的转变，都是生产力和生产关系的变革和调适，是农村社区的自我保护和自主发展。当前覆盖全村的电商经济模式，就是传统手工编织与现代信息化的互联网相结合的产物，它激活了村庄中的劳动力资源，特别是青年群体的创业活力，年轻人可以在村庄就业，与传统的木工、装修、建筑行业相比，电商经济体力劳动投入少，智能化程度较高，更符合年轻人的技能禀赋。电商经济模式的发展，是村庄生产要素在现代化、信息化和市场化大潮的冲击影响下，又一次自发的大变革和大调整，不仅对村庄的整体经济结构产生了巨大影响，也进一步影响了村庄内部的阶层结构，经济分化导致的阶层分化的界限越来越明显。

二 村庄经济的阶层分化

阶层结构的变迁是村庄社会结构变迁的重要方面，阶层之间界限明晰化的过程亦是村庄社会分化的过程。自从家庭联产承包责任制实行以来，个体家庭的生产活力复苏，在耕地面积狭小的村情之下，农民开始从农业生产之外寻求家庭再生产的物质资源，个体农户因为自身技能、关系、运气等各方面综合因素的差异，原本均质的生活水平开始出现差异。陆学艺通过对 90 年代行远村的农村调查，认为"中国现在的农村，已经不再只是从事农业生产为主的劳动人民聚居的地方了，农村已经发生了历史性的大变化，其一是农民已经有了很大一部分人成了乡镇职工、个体商贩、乡村教员、农村医生和私营企业主，不过仍以农民的身份居住在农村这个社区而已。其次，农村的产业结构已经发生了大的变化。农业已经不再是农村的主要产业了。"[①]农民职业的多元化和农村产业结构的调整，使村庄经济的基础结构发生变迁。大湾村从 90 年代开始，伴随周边商品市场和劳动力市场的兴起，农业生产在农户家庭收入中占的比重越来越小，同时机械化生产的推行，大大减轻了务农的劳力投入，家庭妇女完全可以兼职务农，保证粮食自足；男性劳动力则从农业转向二、三产业。整个八九十年代，大湾村的经济分化并没有出现明显的界限，农户的家庭经济在整体水平上平移向前发展。

---

① 陆学艺：《"三农论"——当代中国农业、农村、农民研究》，社会科学文献出版社 2002 年版，第 12—13 页。

2000年以后，村庄对外开放的程度加深，村民职业类型走向多元多样，相互之间的经济分化开始越趋明显，根据农民家庭的职业类型和收入情况，结合农民村庄生活的主观认知，大湾村的村民可以分为三个阶层。

处于顶层的是富裕阶层：从事外销代理、建筑包工头、水产生意、装修工头、木工老板的少数村民逐步富裕起来，盖新房、买小车，成为村民眼中的"有钱人"。2006年以后，电商经济的兴起，则催动少数年轻的精英群体在短时间内迅速致富，该群体一跃成为村庄显在的新兴富裕阶层。在电商经济的相关产业链上，内销淘宝供货的生产商、物流老板也相继成为村庄中迅速发家的富裕群体。村中干装修行业的安R表示，"现在有钱的都是30多岁的年轻人，都是干淘宝的，老飞机那里三四十万的地基都是他们买的，买了地皮又盖上楼房，一般人怎能办得到"。① 该阶层无论是日常生活消费，还是居住休闲，都在普通村民水平之上，他们多在县城为子女买房，自己因为生产需要，仍在村庄生活，年收入在30万元以上，成为普通村民羡慕的对象。富裕阶层约占村庄10%的比例。

处于中间层的普通农民阶层：该阶层是村庄社会的主体，他们在务农、务工、经商等多种职业类型中，根据自身条件进行最优组合，家庭内部亦进行男女劳动力的最优搭配，相互合作。务工和经商的能力决定了该群体内收入的差异，但总体上经济收入相对均质，年收入在5万—10万元之间，日常的居住、消费、人情交往大致处于同等水平，该群体在村庄中占到80%左右的比例。

处于下层的贫困农民阶层：大湾村的贫困阶层主要是孤寡老人家庭、丧偶家庭、主要劳动力身体和精神残障的家庭，这部分家庭主要因为劳动力的丧失，沦为村庄经济的底层，是低保、五保等扶贫资源重点照顾的对象，占村庄人口比例的3%左右。

---

① 安R，37岁，网店商，主营柳制品，2016-06-27X。

此外，除了上述职业差异带来的村庄经济分化，家庭生命周期亦是影响小农家庭经济分化的重要因素，因家庭不同发展阶段中收支比例的变动，也会出现贫困处境。恰亚诺夫在研究俄国传统的小农农场时就注意到，农民的贫富分化过程与其家庭人口周期相一致，是家庭中劳动者和消费者比例周期性变动的结果。[①] 在大湾村，当家庭处于抚育子女、供应子女上学阶段时，虽是夫妻双方劳动力的充足时期，却也是家庭消费支出较大的阶段，部分普通农民阶层会面临暂时性贫困的窘境；村庄中的老年家庭，在子女处于普通农民阶层的社会格局中时，自身劳动力无力创造收入时，父辈老年家庭一般生活节俭，压缩消费支出。村庄中的安M老人表示"我自己不吃菜也行，光吃馒头就能吃得下去，但是儿子干建筑，得吃菜，他每月给我几百元生活费，主要是买菜。"[②]

综上所述，村庄中的阶层分化肇始于80年代的土地经营制度的转型，整个八九十代是相对平滑期，2000年以后阶层分化的界限开始出现，电商经济兴起后，村民关于阶层分化和经济分化的直观感受显现，新兴经济主体成为村民视野中的"富人"，村民通过该群体厂房扩建、高价购买村庄地基、每天大批的打包走货等直观的日常生活画面，自然而然的建构出"电商很发财，都很有钱"的阶层评价。新兴的电商群体年龄在40岁以下，基本脱离农业生产，他们对自身的身份定位已经不是农民，成为陆学艺笔下以农民身份居住在村庄社区的工商业群体。普通农民阶层，成为经济分化产生的阶层压力的主要承担者，村庄生活节奏的加快，"就是年三十不停干活，也赶不上人家"。贫困阶层边缘化，基本不参与村庄的公共生活。"现在没钱，你坐在大街上玩，人家都看不起你，都不愿意和你聊天"。[③] 大湾村

[①] ［俄］A. 恰亚诺夫：《农民经济组织》，萧正洪译，中央编译出版社1996年版，第26—28页。
[②] 安M，78岁，村庄老书记，2016-07-01X。
[③] 贾WY，53岁，焊工，2016-06-22X。

的经验展现给我们的是，市场是促成村庄内部阶层分化的重要动因，在电商经济模式中，信息捕获能力的强弱直接关系到能否掌握市场先机，能否在市场经济中获取利益，能否在村庄社会里成为既有面子又有地位的"有钱人"。同时，村庄经济分化带来的阶层定位，使村庄内部各群体之间产生了无形的身份界限，村民已经从均质的小农分化成村庄场域中的"穷人"、"普通户"和"有钱人"。在经济分化的驱动和压力之下，同时在电商经济对村庄的全面影响下，村庄内部的小农家庭出现了新的生计合作体系。

三 新型小农家庭生计体系

工业化发展与家庭结构变迁之间的关系研究，一直是家庭社会学关注的重点。一些学者认为，工业化社会中的个人价值实现取决于自致能力和成就，因而工业和经济的膨胀使扩大的亲属关系纽带被削弱，即工业化破坏了过去的传统家庭，使家庭结构朝着核心化的方向发展。[①] 区别于西方工业化发展背景下家庭结构核心化的变迁，中国的家庭不仅仅是生产消费的经济单位，还是重要的情感单位和合作共同体。高速城镇化进程中，依托本土资源的电商经济产业使村民家庭双重嵌入村庄经济网络和社会关系网络，华北地区厚重的家庭代际伦理和市场利益最大化的家庭发展目标促使农民家庭内部实现有效分工合作，形塑出新型经济形态下以合作为主要特征的小农家庭生计体系。具体而言，2000年以来村庄电商经济兴起之后，相比较之前半工半耕型的小农经济体系，以"电子商务"为主的家庭生计成为村庄青年家庭的首选，与以往的实体商铺和面对面的商业活动不同，依靠互联网平台的虚拟"网商"开始在村庄范围内扩展，与工、耕、织等传统的农户家庭生计结合，成为小农家庭生计体系的新特征。同时，当前小农家庭的合作不仅体现在横向小家庭内部，纵向大家庭之

[①] [美]埃什尔曼：《家庭导论》，潘允康、张文宏、马志年等译，中国社会科学出版社1991年版，第97—100页。

间的代际合作也越发普遍，正在经历从分家析产到合作共赢的转变。

（一）横向的小家庭内部的合作模式

中国是以"家"为本位的国家，家庭是最基本的生产合作单位。20世纪80年代家庭联产承包责任制的成功实行，就是调动起了家庭合作的重要作用。家庭生计模式的选择与家庭的生命周期有着天然的契合性，[①] 处于不同家庭发展阶段的农户，依据自我家庭劳动力的情况进行内部生计合作的选择。家庭结构首先决定了家庭经济活动规模的上限与下限。[②]

青年家庭：夫妻双方年龄在40岁以下，处于家庭生命周期的发展上升期。大湾村的青年家庭内部，80%开有网店，其中的30%是夫妻全职网商，60%为妇女主营网店，10%左右为夫妻兼职网商。网店经营与男性工厂上班、运输司机、装修，女性照顾小孩、超市上班、开小店、客服美工等职业交织结合，塑造出青年家庭的以工商为主的新型生计模式。

中年家庭：夫妻双方年龄在40—60岁之间，处于家庭生命周期的中间时期。中年家庭多延续半工半耕型的小农经济体系，以工为主，耕为辅，男性在县域范围内就业，最远以山东省为界，少有跨省打工的村民，女性耕种子代家庭和高龄父辈家庭的土地，为子代家庭和父代家庭提供基本的粮食供应，同时从事内销淘宝编织、打包发货等工作，为家庭提供补充经济。另外，近年来，村庄中出现了少数种田大户，中年夫妻耕种15—20亩的土地，全职务农，自家有浇地小机器、小翻斗车之类的农用具，以务农为主、工为辅，闲暇时打零工、编织来获取家庭收入。

老年家庭：夫妻双方年龄在60岁以上，处于家庭生命周期的衰

[①] 韩庆龄：《从土地秩序与土地认知反思农地制度改革》，《北京社会科学》2016年第5期。

[②] ［俄］A.恰亚诺夫：《农民经济组织》，萧正洪译，中央编译出版社1996年版，第20页。

老期。老年人家庭依然是以半工半耕为主，工和耕在家庭收入中的比重相差不大。村庄60—75岁身体健康的老年人，尚有劳动剩余，一般耕种自己或子代家庭的口粮田。同时，男性老人多本村及周边地区打小零工、给淘宝电商打包发货等，或从事给工厂看门、给建筑队等办饭的固定职业，女性老人则主要照顾孙辈兼外销编织。75岁以上的高龄老人家庭，适当的务农、打小零工、外销编织等。

> 贾LY，65岁，在村里的农村信用合作社负责看门，有两个儿子，大儿子是教师，小儿子在上海工作。老伴66岁，在家里搞草编，一天挣30来元，同时给大儿子接着孩子，看孩子。村里70—80岁能劳动的，都搞这个编织。一个老太婆的孤老家庭，编织就是她的主要收入；30—50岁的妇女，很多出去打工，去县城超市里打工，1700—1800元/月，稍微一干就比草柳编强；60岁以上的，老太婆在家里编一编，有个灵活的收入。家庭妇女的收入有了来源，个人手里都有钱，收入虽不是很高，给小孩买点吃的都很方便，看孙子也好，外甥也好，手里有钱买的也痛快。(贾LY，65岁，编织名人，2016-03-29X)

(二) 纵向的大家庭之间的代际合作

村庄电商经济的发展，为村庄中存在劳动剩余的闲散劳动力提供了平台和机会，建立起跨代际的关联性纽带，使得当前村庄大家庭内部跨代际的合作较为普遍，在一定程度上改善了代际间的张力关系，塑造出新型的代际间的小农家庭合作体系。

父辈与子代家庭直接合作模式：该模式主要是中年家庭和青年家庭之间的合作，大湾村35岁左右的年轻人多开有网店，该群体多与父辈家庭合作劳动，父辈帮助子代照顾小孩，帮忙打包发货，通过大家庭内部劳动力的调动来减少雇工劳动带来的成本损耗。村庄中外嫁的年轻女性，在没有正式职业的背景下，也都开设网店，由在大湾村的父母帮忙进货发货，形成跨村的代际合作。甚或有一部分女性出嫁后，和丈夫一起搬住大湾村，在本村借助娘家的宅基地或购买宅基地或租房做电商或实体店的工艺品生意，女方父母帮忙照顾小孩，日常打理店铺、装货发货等。电商经济在代际之间形成了一条父辈家庭向子代家庭援助劳动力的纽带。虽然父辈与子代多数不同宅居住，但是每天都有一起劳作的共时状态，子代多在过节、父母生日时，给予父辈家庭钱财物的反馈，形成直接的代际互动。下述安 ZL 的案例是这一模式的典型代表：

安 ZL，68 岁，1977 年当兵复员回家，就开始当党小组长，一直干到现在。现在自己种着 4 亩地，自己家（包括儿子）四口人的，加上包了两户地邻的，一户他家焊工艺品架子，忙不过来，一户是儿子卖工艺品，他给儿子打下手，两户都是两口人的 1 亩地包给我种。现在，我们老两口就种着这几亩地，看孙子，老伴抽空搞点编织，下午给女儿打包发货，她给我们拿过订单来，货在我这里存放，直接从这里打包，我再给她送到村里物流点上就行（女儿在网上卖苇帘子）。女儿女婿对我们老两个都很好，亏不了我们。（安 ZL，68 岁，6 组组长，2016 - 04 - 08X）

父辈与子代家庭间接合作模式：该模式主要体现为中年家庭和老年家庭之间的合作，大湾村 40 岁以上的中年人群体因不熟悉电脑操作，少有直接开网店的农户，该年龄段的女性在务农之余，多在点上即家庭作坊里从事内销编工职业，计件劳作使其尽可能多的投入劳动时间。于是，她们多由父母接送孩子上学，老人则多从事外销编工职业，每日赚取 10—30 元的灵活收入，通过买菜、照顾年幼孙辈等形式支援子代家庭。独子家庭同院居住的父辈还会帮忙子代做饭等家庭性劳动，为子代家庭结余出更多的劳作时间，父辈家庭虽然没有直接参与到子代家庭的生计劳动之中，却通过照顾孙辈、适当的家务劳动来对自子代家庭间接输出劳力和物质，使子代家庭有充足的务工时间。此外，经济因素导致的赡养纠纷、兄弟矛盾，一度是90年代之前物质匮乏阶段农民家庭的主要冲突，当前村庄里70—80岁的高龄老人在身体健康的情况下，通过适当的编织劳作，依然能够自养，经济的相对独立性使其是子辈家庭的合作者而非附属者的角色。老年人的自养与对年幼孙辈的照顾建立起父辈家庭与子代家庭之间的间接合作模式，该模式下的家庭关系也相对稳定。

孙Y，39岁，3队，娘家是陈家的。一儿一女，女儿12岁，5年级，儿子6岁，上幼儿园。在这里编货，隔着学校很近，接送孩子方便。今年刚出来编，在家看了好几年孩子。对象37岁，干装饰，一天100元，给别人干活。公婆今年分别70岁，67岁，就自己对象一个儿子，住在一个院里，身体很好，都在一起吃饭，没有分家。老人在家里做饭，自己和对象出来干活。家里6口人一共3亩多地，分的是不好的地，基本上是公公在家种地，农忙时我们帮他晒晒粮食，帮忙下。婆婆在家编点货，自己挣点零钱花销，有时，公公也接送儿子上下学，给我们多腾出点空来，老两个有个活便钱，有时也帮着买菜，给孩子买吃的。我一天在点上编货挣50—55元。（孙Y，39岁，FJ家庭作坊里的内销编工，2016-06-12X）

窦Q，孟桥村，49岁，一儿一女，大女儿在博兴开小服装店，未婚；儿子在京博上班，未婚。对象：干木工装修，2014年刚进了村里支部，支部委员，1.2万元/年。自己家4口人加婆婆5口人2.8分地，自己种着。对象兄弟两个，一人种一个老人的地。公婆72，75岁，自己住，身体很好，不用我们照顾。公公以前还在外面看门，老娘在家干草编，老俩能挣得钱来。（窦Q，49岁，安ZS家庭作坊的内销编工，2016-06-13X）

孟JT，陈家村，48岁，一个儿子，23岁，未婚，滨州学院才毕业，在博兴上班，小型企业搞税收。对象：干建筑，给别人干，不是光有活，一天100—200元。自己家3口人的地1.5亩，自己种着。公共婆婆都是72岁，公公原来拌饭，现在不干了，婆婆在家编货。自己干了6—7年了，以前是干蒲编，自小就会干。（孟JT，48岁，安ZS家庭作坊的内销编工，2016-06-13X）

综上所述，电商产业发展过程中新型小农家庭生计体系的形成，是家庭与市场亲和性互动的结果。电商经济的发展，给村庄带来了新的产业模式，使"经商"群体在短时间内迅速壮大，使村庄内部的小农家庭生计体系出现两大新特征，一是留住了村庄内部的年轻群体，并使部分走出村庄的大中专、本科毕业生回流村庄创业就业。新的职业生计类型使年轻群体可以在村庄社区获得与城市务工人员相同，甚或高于普通工薪阶层的经济收入；中年家庭，女性实现充分就业，老年家庭则灵活就业，实现自养。二是黏合了正在走向理性化和个体化的代际关系，跨代际的小农家庭之间出现新的劳动合作。电商经济带来的灵活劳动，使父辈家庭可以自主养老，且父辈对子代家庭生计劳动的直接或间接参与，以及子代对父辈家庭钱财物的劳动反馈，在代际交换的过程中增进了伦理温情。

家庭是最基本的经济单位和合作单位，是村庄社会结构的基础。无论是横向的家庭内部的夫妻合作，还是纵向的大家庭之间的代际合作，农民经济行为的初衷都是维系家庭再生产。可以说电商经济在村庄的广泛拓展，很大程度上迎合了小农家庭的生计需求，在保证家庭结构完整性基础上，现代性因素与传统村落资源要素之间相互激活和转化，市场机会与市场利益和家庭发展目标、村庄社会基础的结合，成为形塑村庄新型社会关联的整合力量，使利益相关的农民群体依托家庭、产业链等组织载体形成低成本的分工合作，在地化实现了家庭资源积累，推动小农家庭新型生计体系形成发展的同时，亦推动了区域范围内跨村层面产业链体系的丰富完善。

第四节 小结：电商发展带来的经济活力

电商发展带来的经济活力，究其根本是市场机遇和市场利益对乡村内生资源的整合调动，把乡村社区内部原本闲置冗余的资源要素进行组合，进而纳入开放性、全国性甚或跨国市场体系中实现乡土资源的经济价值，产供销一体化的全产业链参与塑造出地域社会的新型、完整经济形态，宏观层面推动了村庄经济结构的转轨，中观层面亦使村民在该过程中实现了在村发展和在本地完成家庭再生产的目标。

电商经济，是乡村工业在市场经济大潮中的新发展。传统手工业向现代产业的升级和转型，体现了创新发展和绿色发展的新理念。从手工业外销市场的拓展到内销淘宝的转变，村庄中依托手工业的产业经济模式发生了重大的变迁重组，外销出口与实体店经营时期，以散户生产的方式，供应国际市场和过路客商；内销淘宝兴起以后，家庭作坊式的集中生产成为新的工作方式，相应的物流业、淘宝设计、包装等相关链条不断完善，产品类型的地域化分工生产体系成型，并以大湾村为核心形成了麻大湖湖区区域内的电商圈。区别于传统乡镇企业发展的人力、资本等各种外部性限制，在市场经济深入乡村的前提下，电商经济依托家族脉络延展出广泛的生产之网，依托匿名信任拓展出跨越地理边界的最大化市场，带动了村庄各年龄阶层的群体实现充分就业，电商群体内部也出现了全职电商与兼职电商的职业分化，运营方式出现了全托管运营、半托管运营与自我独立运营的差别。电商经济的发展，全面调动了村庄内生生产要素的活力，激活了本地范围的社会资源与经济体系，中青年群体逐渐从传统的体力劳作为主的建筑、装修行业向电商经济产业链条上的工作环节转变，推动了村庄经济结构的现代化转型。随着电商经济的快速发展，因生产规模、销售规模、住宅条件、日常消费等具体可见的外在现象，导致村民视野中出现明晰的阶层分化的界限，电商精英日益凸显成为当前村庄中活跃而重要的社会阶层。

无论是马克思主义传统对农民阶级分化的强调，还是韦伯的多元阶层分析对农民职业结构的关注，都展现了现代市场经济中"农民的终结"的命运，在马克思和亚当·斯密的经典理论看来，商品化进程会带来以雇佣劳动为基础的大生产的兴起，从而带来小农的消亡和资本主义的发展。与此不同，黄宗智认为中国农村经济的发展，是在小农经济内的进展，它导致的不是资本主义工业经济，而是一个分化了的小农经济。①他通过对长江三角洲小农经济的考察，发现长江三角洲的关键性发展不是来自大肆渲染的"个体"农业生产和小商业，而是来自乡村工业和新副业。正是乡村工业化和副业发展才终于减少了堆积在农业生产上的劳动力人数，并扭转了长达数百年的过密化。商品化非但没有削弱小农家庭生产生存的基础，反而刺激了这一生产，并使之成为支持商品经济的基础。区别于经济学把市场刺激当作乡村质变性发展的主要动力的观点，黄宗智发现小农家庭生产单位内部，男性主要劳动力和妇女、老人、儿童等辅助性劳动力的密集使用，是与商品化进程趋于同步的过程。这是小农家庭生产在历经商品化的蓬勃发展之后，仍然能在中国农村占据压倒优势的原因，从而与马克思和斯密的经典预言相左。②在大湾村的实践中，虽然电商经济的发展带来村庄阶层分化的明晰，但它带来的却不是农村和农民终结的前景。因为在整个村庄社区中，生产过程与流通渠道是统一的，村庄中的年轻群体从流通销售环节获利，中老年群体从编织、打包、发货等基础的生产环节获利，发育出横向的夫妻合作和纵向的代际合作为

---

① ［美］黄宗智：《华北的小农经济与社会变迁》，叶汉明译，中华书局1986年版，第7—8页。

② ［美］黄宗智：《长江三角洲小农家庭与乡村发展》，程洪、李荣昌、卢汉超等译，中华书局1992年版，第71—75页。

主体的新型生计体系，农民家庭的主要劳动力和辅助性的劳动力都得到了最大化的开发。农村生产关系的调整与经济基础的变化相互作用，现代性的变迁正在将村庄内部的多元结构因素重组重构。市场经济的发展推进了乡村全面商品化的进程，不过，电商经济带来的雇佣劳动的发展，并没有使全部劳动力脱离农业生产，电商经济与传统农业、手工业在结合中促进村庄经济转型。

马克思在《资本论》中，机器化的工业生产排斥劳动力，降低资本的有机构成。虽然近年来，大湾村网上热门销售的一些商品，比如玉米皮制作的帘子、苇草制作的苇席和苇帘，都引入了机器生产，但是竹编制品、纸边制品、蒲编制品、香蕉叶子编织品等仍是以手工劳动为主，机器工业难以在该行业内部普及。所以，大湾村的编织手工业属于劳动密集型产业，它不存在对劳动力的排斥问题，相反它吸纳聚合了所有可供利用的村庄劳动力。从这个意义上讲，大湾村的电商经济与手工业的结合，创造了一种大众性的劳动产业，保证了村庄剩余劳动力的有效就业和村庄社区的持久活力。在农民收入增长速度低于整个社会收入增长速度，城乡差距越来越大，农民相对收入水平越来越低的背景下，如何保持农村社会的相对有序，如何让农民虽然有限但可以持续的改善生存处境，如何让农村劳动力的简单再生产可以延续，对中国的现代化就有基础性意义。[1]

总体而言，农村社区的建设，不能单纯的从发展经济学效率和产量的角度来衡量，为普通小农家庭提供生产生活资料再生产的基本机会，为年轻群体提供有自我实现价值的就业平台，为所有在村庄社区生活的主体大众提供完善的生产生活设施，才是以人为本的城镇化的根本要义。电商产业发展带来的经济活力，使家庭结构能够完成再生产，是村落共同体成长的重要条件，是农村社区留得住人的根本。

---

[1] 贺雪峰：《新乡土中国：转型期乡村社会调查笔记》，广西师范大学出版社 2003 年版，第 247 页。

第四章　电商经济与村落结构基础的转型

当代结构功能理论学者彼得·布劳认为，社会结构是由个人所组成的不同群体或阶层在社会中所占据的位置，以及他们之间表现出来的交往关系。学界一般认为，村庄社会结构，主要指各种社会关系在时空坐标上的分布状态，[1] 及其由村庄内部成员社会关系网络构造的结构性特征[2]。结构基础或曰社会基础则是指社会结构嵌入其中的自然与社会环境。村庄社会结构及其基础，是形成村社共同体的骨架和脉络，直接决定了其边界与秩序的生成与再生产。在本书中，笔者将村庄结构基础操作化为土地秩序、公共规则、社会关联三个方面，因为人地关系以及由此建构的人与人之间的关系总和，是村庄结构的重要表现形式，相应的土地秩序是村庄社会结构的总体性呈现要素；公共规则是村落社会成员之间不言自明且共同默认遵守的基本行为规范，是村庄社会结构稳定变迁的规约；社会关联是社区成员之间基于传统伦理或现代契约关系形成的连接纽带，社会关联的强弱直接决定了村庄内在的整合与行动能力。电商经济的快速推进与该产业模式的广泛延展，使村庄结构基础的转型，从上述三个维度的具体经验中，动态而又鲜活地展现出来。

---

[1]　王春光：《中国农村社会变迁》，云南人民出版社1996年版。
[2]　贺雪峰：《论中国农村的区域差异——村庄社会结构的视角》，《开放时代》2012年第10期。

第一节 土地秩序的失衡

中国作为传统的农业大国，村庄社会生活的秩序多围绕土地而展开。土地问题贯穿中国社会转型的整个过程，并且牵扯到政治、经济、文化等社会制度的总体因素。市场经济发展的过程中，尤其是近年来电商经济规模的扩展，使得生产主义的扩张急于实现土地的财富性价值，将土地视为与乡村社会其他生产要素相等同的"物"，忽视了土地的总体性特征，[①] 进而导致了土地秩序的失衡与村落结构基础的瓦解。

一 承包地中的电商厂房建设

20世纪90年代小城镇建设的失利，很大程度上源于工业化的开发建设与滥用农村耕地之间的矛盾冲突。[②] 当前个案村庄的电商产业发展，依然面临与农村承包地利用之间的现实困境。20世纪80年代分田到户时，大湾村的苇草地、水塘等水地都没有下分到农户，村集体以承包的形式，采取上坝招标，承包给个体农户，一般以15年为一周期。2000年以前，苇草主要用于制作苇帘和建房子屋顶用的箔。农户承包种植20亩苇草地，每年净收入5000—6000元，和当时一男性劳动力在建筑队打工的工资收入基本对等。后来，随着预制房顶的兴起，箔的使用价值丧失，苇草种植出现人力投入远小于收入的落差，遂出现苇草地虽有承包主但无人收割的荒废情景。2000年前后，在村集体主导下，部分苇草地转变成为宅基地，划分给农户，村庄里的苇草地迅速减少，剩余不足200亩。2000年之后，苇草地的承包

[①] 陈靖：《土地的社会生命——基于皖北黄村的实地研究》，博士学位论文，清华大学，2015年。

[②] 温铁军、温厉：《中国的"城镇化"与发展中国家城市化的教训》，《中国软科学》2007年第7期。

发生了质性变化，承包协议上依然标明的土地用途是苇草种植，但村干部和承包者私下达成了改变地形地貌的默许，苇草地变成了电商厂房。

1998年修订的《土地管理法》有两大变化，一是中央严格控制土地非农化规模，二是实施严格的耕地保护制度，它造成地方发展的土地指标紧张。在土地财政的影响下，地方政府招商引资，稀缺的土地指标早已供不应求。该背景下，村庄内部个体农户的生产发展，几乎没有指标资源。随着村庄内生经济的发展，工艺品生产商、村里的养殖户都有扩大再生产的场地空间需求，在自家宅基地有限、厂房不便离村、村庄土地紧张的情况下，苇草承包地成为生产商为主体的电商群体和其他少数养殖商的首要选择。大湾村的苇草地，没有纳入耕地的范畴，在一定程度上处于管理缺位的空档里。近年来，电商经济的规模扩大与日益紧张的建设用地之间的矛盾不断彰显，苇草承包地中的电商厂房相应地不断扩建，使得村集体对该片承包地的所有权彻底虚化，变相地转变成了电商私人的地基，在承包期到期后，只能继续延续承包时间。村庄土地秩序出现了从"村社本位"到"个人本位"的实质转型。

> 2000年前后，公路以西的苇草地都承包出去了，15年的合同承包期，150元/亩。有的盖了屋，故意改变了地形地貌，村里收不回去了。2015年到期，又续了15年，300元/亩，一次性交清。一共50多亩地，承包给了5户，一户十多亩，等等不一。那时，还是投的标，说是可以养鱼、种苇子，远处南边街里的也不去投标。这几户都住在北边，挨着这块苇地，即使别人去投标，中了，也养不成鱼，当时投标的不超过10个人。
>
> 原先是规划地方（房基），后来花钱买地方，买地方只能乱搭乱建。公路以东，从南到北，他们全是搞工艺品的大户，前三个是搞编织的，后两个搞木制品加工，都是给淘宝供货。他们都

是6万元承包一块4亩的地，名义是种苇子，承包的时候大队里就和他们私下都协议了，默许了他们建厂房。但是他们都往外，继续往东多占了很多地，东边也是村里的苇草地，公家的地，他们盖建筑时，都往外伸了些。（安GD，村庄老书记，2016-04-12X）

以村庄为中心的内生工业化，即在村的工业化，不可避免地带来建设用地扩张的问题，在建设用地指标有限，且地方土地管理缺位的背景下，经济发展对土地的急速需求只能都通过变相违规且畸形的样态得到缓解。同时，村级治理的缺位与村集体经济的匮乏，亦是村庄承包地秩序混乱的重要影响因素。对土地承包和宅基地的强经济依赖本身决定了村集体在土地管理中的弱势失语地位，村庄电商经济及其相关产业链条的发展又对土地占用产生巨大需求，两者共同滋生出承包地中的违规建筑和宅基地中的私搭乱建行为。违章建筑一旦产生，村集体对其相应的治理就处于被动的博弈位置，村级治理的缺位与村集体经济的匮乏，是电商经济发展背景下村庄土地秩序混乱的重要影响因素。

支部书记换得太频繁了没有好处。一个书记一个思路，把土地变成钱，我就是好书记，有些人这么想。合同上写的都是承包苇草地，但是承包的人和书记早搭成了，承包了后，先盖上建筑，以后到了期再说。只要书记不去制止他，他就认为是合法的。这个事情就像怀孕一样，查体时查出来打掉能行，一旦怀孕，把孩子生下来了，你再去把孩子掐死，你就犯法了。书记还不知道当几年，还不知到时换成谁当书记，不能把人都得罪了。当家有钱才好当，没钱谁听你摆。（安GD，村庄老书记，2016-04-12X）

苇地一年一包的话，成不了个人的，年限太短。现在，苇地30年的承包期，苇草割了，种上树，盖上建筑，就没法收回了，留下很多遗留问题。我的前邻，2008年前后包的苇地，里面有旱台子，他先在台子上栽的树，苇子交了几年的承包费，后期都不交费了，全部栽上树了。现在，村里经济不行，没有见钱的地方。村里给他补上钱，一棵树30—40元，树砍了还是归他，他不干，村里根本征不上来了。像他这种情况的很多。安JM上台前，当官的都是钩心斗角，相互制造障碍。一个人一个路子，农村书记不能换得很频繁，不是和着方案来。（周Z，45岁，木器加工作坊，2016-04-07X）

苇草地的所有权、承包权和使用权一直归村集体所有，统购统销时期，苇草也不属于统购的物资。相对于耕地来讲，在保护耕地的原则下，农转非要经过严格的资格审批，而村庄把苇草地一般归类为废耕地，这样村集体对苇草地几乎就有全部的管辖权力。在税费改革以后，村庄的各项经费紧缩，少有自主支配的运行经费，村财镇管和项目经费专项专用的基层财政体系，在避免村干部私人渔利的同时，也把村庄自主治理的活力卡死了。类似大湾村这样人口庞大的村庄，基层村组织日常性的事务开支与隐性的各项支出，都相对巨额，村庄一年的自来水费用就将近15万元。在村庄没有集体工业收入的情况下，书记作为主要"当家人"，自然会想方设法在村内找财路，当前土地承包是大湾村主要的集体经济来源。从村庄土地寻找经济出路的基层治理路子，决定了村集体对土地管理的模糊性，加之村庄电商经济与其他产业发展对土地的巨大需求，共同滋生出承包地中的违规建筑。在村庄家族关系、姻亲关系、地缘关系交织的网络中，世代生活的长远考虑与基层政治维稳的压力，使得村庄主要干部的行动魄力普遍受到掣肘。整个村委班子的行动差异、村庄内部政治对立面形成的派系斗争等多方面的因素，综合增加了承包地治理的难度，村庄难以实现对承包地的回收权力。承包地的私人化在村庄内部产生了巨大的发酵效应，成为村民抢占集体土地和宅基地的借口和参照对象。

二 宅基地中的乱象与资本化

阿兰·兰德尔认为，"资源是由人发现的有用途和有价值的物质。自然状态的未加工过的资源可被输入生产过程，变成有价值的物质，或者也可以直接进入消费过程给人们以舒适而产生价值"。① 宅基地作为土地类型之一，只有被农民利用起来，才能成为资源，产生价值和意义。宅基地的性质与农民的利用方式有关，当前的农民经济已经不是传统的自给自足经济，农民家庭已被深深地卷入社会化大生产中，务工收入和务农收入支撑着家庭再生产，农民的各项生活服务越来越依靠市场供给，宅基地的功能特点随着农民生计的变化而变化。因此，理解了农村的经济结构，就能理解农村宅基地的变迁态势和宅基地问题的由来。②

按照《博兴县农村宅基地管理办法》第三条规定，农村宅基地是指农村村民经依法批准，用于建造住宅（包括住房、附属用房和庭院等）的土地。农村村民实行一户一宅制度，宅基地最大面积不得超过264平方米。由于整个县域范围内没有长距离外出务工的传统，本地市场的充分就业，使当地没有出现劳动力向城市的规模流动。内生的经济传统使村民生计与村庄社会紧密关联，电商经济模式的拓展，加剧了村庄土地类型的私人转变。在村民看来，村里的承包地都已经变成私人财产。在村庄整体地基紧张，加之宅基地商品化的背景下，盖上建筑就成了私人的财产，激发了农户私搭乱建的土地扩张行为，其他村民纷纷效仿。村集体作为村庄土地治理和使用的单位，已经被悬置起来，宅基地使用陷入无治理的乱象之

---

① ［美］阿兰·兰德尔：《资源经济学》，施以正译，商务印书馆1989年版，第6页。
② 刘锐：《义利合一：土地、财产与治理——农村宅基地制度变迁研究》，博士学位论文，华中科技大学，2015年。

第四章 电商经济与村落结构基础的转型

中。土地管理权从村委会上移到乡镇，村集体在宅基地治理中的自主空间被挤压，当村集体对私搭乱建等违规占用土地的行为不能有效治理和制止时，小农个体就会从自身利益出发，从自我利益最大化的角度采取机会和策略主义的行为，宅基地乱象的泛滥也就愈演愈烈。

草编这块，我们村有很多年的历史了；电子商务这块，是老百姓自发搞起来的，在草编的基础上，发展了现在的工艺品，以前草编都是出口，现在工艺品都是通过淘宝内销，销往全国各地，本地没有要的。由于村里干电子商务的很多，没有地方放货，就乱搭乱建。村里现在采取的办法是让他们拿押金，3000—5000元，最近这段时间处理的就有5家。

姜HS，47岁，他给别人开大车，拉砂石料，他把公家的地皮占起来，再承包给干快递的；王SC：50岁，开小吊车，在学校南北道上，妻子在家看孙女，儿子儿媳卖工艺品，他占出30平方米的地方来放工艺品；王SL：50岁，打零工，妻子拧样品。在自家屋后的空闲地上多占出30—40平方米，放杂物用。以上三户都交押金3000元。贾PT，天天快递，干了十多年了，门口打了水泥地面，搭了棚子，放快递用，他占的时间长些，面积大，交押金5000元。以上几户，若把多占的棚子拆除，村里就把押金退还给他们。还有很多多搭多建的，先不管他们了，管不过来。土地确权后，等着土地管理局发了土地使用证，多搭多建的要么就拆除，要么向村里交钱，不然，不给他们土地使用证，用土地使用证来制裁他。贾CH，42岁，夫妻在家卖工艺品，主要是卖柳编货，体积大，他在自己家斜对面的空地上打了水泥地面，将一块空着的地皮占了起来，用来存放工艺品。村书记收到村民举报，赶到现场看了情况。他占起来的地皮前面是个湾，按照农村的迷信讲法，湾前建房不吉利，所以这块房基没人要，算是废地。并且，这个地方在胡同里面，位置不是很好，不然不可能8000元给他，相当于一次性的卖给他了。他交上这8000元，表示村两委认可了，他承认认识到自己的错误了。要是没有村民举报，他占起来就占起来了，大队里就不可能马上知道。贾CH的后邻，门口正对着这块地基，但是后邻没有贾H强势，因此对他的占用不敢有意见。（安JM，62岁，时任村书记，2016-07-02S）

大湾村宅基地的乱象，起源于20世纪90年代村庄规划的失效，同时，村庄内生经济产业的发展，使住宅兼具生产功能，同时村庄主要交通干道上的住宅有很高的房租收益，加速了宅基地的商品化，增强了村民的私有财产观念，加之退出机制的失效，大大降低了宅基地的利用效率。当前大湾村的宅基地乱象，主要表现在三个方面：一是村民在自己房前屋后向外延伸，在村庄公共土地上搭棚乱建，用于存放工艺品货物等，该种行为几乎成为村庄沿街住户的普遍状态。由于本村工艺品的体积大，加之部分品类如屏风、玉米皮垫子等产品需要通风晾晒，皆需要场地空间，在自家房屋有限的情况下，村民只能围绕自己房屋不断向外扩展土地空间，由此带来村庄整体上的宅基地乱象。二是直接抢占村庄内部的无主公地，私自圈占为己有，建立房屋或简易生产场所，如上述材料中的贾CH就是此类案例。另外，由于村庄受湖区地形地貌的影响，村庄内部的湾、池比较多，于是邻近的农户纷纷垫起来，自己建房或流转或有偿转让。三是退出地基的回建现象，村庄在20世纪80年代和90年代修路建设中，对路边农户进行宅基地配置，有偿退出的地基，近年来出现了纷纷回建的现象，有些农户的老房基已经成为道路，这些农户则直接将房屋回建在路上。上述乱象使村庄中原本紧张的土地资源雪上加霜，村庄的宅基地治理几乎瘫痪。"房基整治，开始时难，一退步，像下山一样容易，很快就倒回去了。现在，再治理，相当于背上石头爬山，难上加难"。① 在村民对宅基地的财产期待激活并且愈加强烈的背景下，村庄的宅基地整治陷入没有头绪的乱麻之中，即使是有整治魄力的现任村书记，也只能"头痛医头，脚痛医脚"，难以全面治理。

  2009年至2010年秋，我就出来租的房子，在家里货直接搞不开，货摞到屋顶，屋里只有1条小道，沙发、茶几上到处都是货。不存货，没法干，必须有存货，等着订单到了，临时要货，根本来不及，发货时效跟不上。租房子很不方便，房租不稳定，一年一涨，房东不允许这不允许那的，他房前打的水泥地面，不让上车，怕压坏了，毛病很多，我就想着贵贱的快自己买个地方吧。

  我这块地基是2012年底买的个人的，姓王，他扒了老家，给他划的这块地皮。我花了18万元买的他的，他当时考虑给儿子在县城买房子，他儿子在县城上班。我来这里时，还没修广场，周围乱七八糟的，都是烂屋子。这块房基是16米×16米的，但是前头这块空地能利用，2010年后我干快递，大车放在那里很方便，不碍事。我老家在2米宽的胡同里，房子是80年代建的土坯屋，结婚用的老屋，没有重建，主要是考虑出去买楼，正巧他卖这个地皮，很多人不知道他要卖，但是18万元这个价格也不低，当时周围的地皮才卖7万元，包括一把帘子在内的许多人都说我脑子有病，18万元买这么个破地方。按照村里的规定，这一片不是楼区，不允许盖楼，趁着村里换届很乱，我第一个盖起楼来了。盖第二层时，安JM"你盖这么高，社区里知道了，就来给你扒了。"他也只是说说，象征性的提醒下，这块对邻居没有影响，基本上没人管。农村主要是邻居，邻居不找就行，这里主要是没有后邻。去年，这里广场建起来后，周围房价也涨

---

① 安GD，70岁，村庄老书记，2016 04 12X。

了,当时说我买贵的,现在又说买得太便宜。现在广场边上的地皮都卖到 36 万元、38 万元了。(周 SG,36 岁,全峰快递,2016 - 04 - 12S)

有学者认为,以多数人的经济承受力为限,制定宅基地的初始配置价格,通过宅基地有偿配置来缓解土地资源供需矛盾。[①] 在大湾村的实践中,村庄从 1993 年开始的宅基地购买原则,宅基地的有偿配置却进一步加剧了土地利用的失衡,制度性的"一户多宅"成为常态。并且,村集体售卖宅基地,开启了村庄内部宅基地交易的合法化进程,私人之间的地基交易越发普遍。在土地资源有限和稀缺,特别是在村庄人地矛盾紧张和土地强生产、强财产属性的背景下,刚性的地基需求自然带来市场价格的上涨,优势区位的宅基地资源遵循市场原则,不断流向经济精英——尤其是新兴的电商精英的手中,村庄宅基地资本化的程度越来越深。村庄地基拍卖采取暗坝的方式,初始配置价格转变成竞标价格,较高的门槛已经将普通村民排除在外,成为经济精英的专属竞争场。高价格拍卖而得的地基,不可能单纯地满足基本的居住保障,均通过经商的方式从市场获利。当前村庄优势区位的宅基地基本售卖一空,一般区位的地基也基本没有了,获得宅基地的主要方式只剩下私人购买的渠道。可以说,村庄宅基地的基本价值属性逐渐丧失,它早已不是单纯的生产生活保障资料,而是成为村民推之市场的售卖之"物",村民对其充满了货币预期。当宅基地推向市场竞价出售的时候,就已经完全商品化和资本化了。

三 项目建设征地中的利益冲突

(一)"淘宝城"建设征地:刺激出来的产权观念

"淘宝城"建设项目,为了更好地促进当地草柳编电子商务产业

[①] 喻文莉:《转型期宅基地使用权制度研究》,法律出版社 2011 年版,第 142—145 页。

的发展，围绕草柳编传统技艺传承和应用电子商务平台的长远发展，博兴县投资 5.17 亿元建设草柳编文化创意产业园，园区建筑面积 105942 平方米，主要建设 A、B、C、D 四个区，A 区电子商务创业发展区，B 区地方文化产品交易区，C 区家庭工坊文化体验区，D 区青年创业公寓和配套服务区。园区融创意研发、产品展示、仓储物流、金融服务、生活服务于一体，年销售额计划突破 5 亿元。园区将逐步引导金融机构、培训机构、服务机构入驻，提高电子商务综合服务能力，逐步实现草柳编电子商务产业集群，打造全省草柳编产业文化创意基地。

  2013 年淘宝城征地，大部分地是我们 1 组的，占了 5 组很少一部分，就是占了我们两个队的地。老百姓没有地，和没有铺手一样，种地虽然不合算，但能省下买粮食的钱。要是看眼前利益，征用了去是比自己种地合算。当初，我不愿意签字，老百姓还是有地好，光指望买着吃，不是办法。大队里又没有多余的地了，就怕占了，以后不给钱了，老百姓去哪里找？上哪里要地去？光有土地证，上面光有半亩地，但是俺的地在哪里呢。现在种地，任啥都是机械化，光撒上点肥、打打药就行。有些人盼着征用上去，认为可不用种地了，自己包出去，一年才 300 多元一亩，现在国家征用，一亩 1600 元，赚了。当时，也有村民问，为什么不征用自己的地，盼着征用。我当时考虑，淘宝城建好了，我们不种地了，在自己地上建个房子也行，租出去，一年就不是 1600 元的事了。反正土地确权后，土地是私人的了，干啥都行，谁也管不着。老伴是本队队长，他思想实在，村书记来家里一动员，他就签字了，他说自己当队长，不能搞个别。再说，个别人不愿意也没用，拦挡不住，书记挨户做的工作，让没签名的签名。（贾 CF 妻，60 岁，外销编工，2016 - 04 - 02X）

淘宝城征地，俺村的地，给外人去发展，本村的1600元/亩去租不行，自己村里还捞不着开发。反正我没签合同，我的地在那里，我们加父亲5口人的地，父亲自己签字了，但是我和他两个户口（本），讲到法律上不行，他不能都代替了。村里和这个事打交道，很多没签字的，还是照常建设了。这个事只能和村委有牵扯，不行就上访，打县长热线。我的诉求就是，给俺补上地，俺愿意干啥就干啥，俺种着粮食的地，你咋能建淘宝城，不让俺干别的。搞上淘宝城，只能搞参观，来参观的，买个样品。淘宝是以网络起家的，不是实体店，搞成实体，不是又走回头路了吗。淘宝是挣钱，不是搞展览这个艺术的，淘宝不需要这么多的门头店。像自己这种自产自销的，有展览，是好事；对于淘宝没有自己产品的来讲，不一定是个好事。（周Z，45岁，木器加工作坊，2016-04-07X）

从普通村民的角度来讲，村民对耕地和宅基地赋予了强财产和财富的预期和想象，在村民的观念里，耕地已经从保障基本生存需要的口粮田角色转变成可以获取级差地租收益的私人财产。政府的征地，无论打着什么样的发展建设旗号和利民目标，都会遭到村庄中部分村民的反对，都会面临与部分有思想的小农博弈和讨价还价的过程。在土地产权私有的想象中，小农对土地的增值利用也充满了计划安排，在自己经营土地所得的收益远远大于不确定期限的国家征地补偿的背景下，小农对"自己"的耕地和宅基地持更加珍视的态度，更不会轻易割舍。同时，在村庄内部的土地使用诉求得不到满足、内部挤压产生的高额地租或地基价格的情况下，村庄外部的政府征地无疑进一步刺激了有强烈土地利用诉求的生产商群体的不满。基层政府的形象工程，与村庄内部实业生产的矛盾在土地利用上展现出来，生产商对政府行为的不满，从一个侧面体现了村庄内生经济发展的困境与无奈。由此，生产商群体土地产权私有的诉求和愿望也就愈加强烈。从科斯的制度经济学，产权清晰论出发，明晰了土地产权，给予生产商更大的土地权利，就能保障他们的土地诉求，从而有利于电商经济源头的发展活力。但是，电商群体内部是高度分化的结构，具备生产资格和能力的生产商和大型的收货商，都是电商群体里面的顶层精英，一旦稀缺的土地资源彻底成为私人财产，宅基地的资本化程度就会制度性增强，村庄土地分化的格局无疑会定型，当前村庄中居住紧张村民的正常宅基地诉求就会更加无情的剥夺。所以宅基地的分配和利用政策都应慎之又慎，要从村庄整体的视角和宅基地的价值属性出发，在此基础上考虑宅基地的开发和生产功能，实现土地利用的持续性和最优化。

（二）西坡里麻大湖开发征地：补偿标准的去原则性

麻大湖开发，需要征用大湾村西坡里50多亩地，包括21亩苇地和30多亩小麦地，补偿标准是苇地500元/亩，小麦地2000元/亩，青苗补偿费1000元/亩。需要征用的这块地，地边是7.5亩村里的承包地，其余都是11组的口粮田。21亩苇地是王J2015年秋天承包的，后他又转包给孟桥村的村民，3年租期，苇地东边岸上种着树。7.5亩的承包地是窦SX承包的，租期3年，秋上正好到期，他交了两年的承包费，最后这年还没交。村里表示，给征地涉及的农户包产，小麦800元/亩，耕地占用和原先其他占地一样，1600元/亩，村里截留一部分。

姜CL夫妻挨着水沟开荒，耕种了一块长100米左右、宽1.3米左右的麦地，测量人员当场表示，把这块开荒的地也给他测量进来，算他承包地的面积。

姜YR的地头上，有一间砖瓦结构的小屋子，他田地旁边有个湾，他在这个湾里尝试搞过养鱼，后来养鱼赔钱了，就没有再搞，这个给棚屋就没有扒。测量人员对小屋进行了测量，土坯屋、混凝土砖屋、砖瓦屋，都是不同的补偿标准，按照面积算，姜的这个小屋子能够补偿 1000—1500 元。测量人员称：土地上的附属物，不管违章建筑还是不违章，我们都做补偿，不找麻烦。安书记表示：这个棚屋子，当时建都花不了这么多钱，是天上掉的大饼，白占国家的便宜。

征地的工作人员 4 月 13 日下午量出了具体的边界，并对苇地河岸的杨树、地里的砖屋等土地附属物进行了清点和测量，由于农户不在场，无法签字。所以，安书记对副书记说：明天早上 8 点 30 分，通知 11 组组长安 JG 跟着，涉及征地的农户都到地里来，看着测量并签字，村里给安家高记一天的工。4 月 14 日上午，在村委人员的协助下，征地的工作人员对 11 组涉及的 12 户土地进行了具体测量，村民一一签字。（麻大湖项目征地测量，2016 - 04 - 13X）

麻大湖旅游区建设属于国家投资的重点项目，项目资金庞大，为了减少与村民打交道的难度，提高项目效率，项目负责方对土地附着物做出全面的补偿，农民得到实惠后自然退步。但是，国家项目建设属于国家工程，土地承包合同和租用合同都明确表示，因国家工程征地要服从国家建设，补偿是对承包土地内农作物的补偿。现在，施工方为了征地的顺利进行，解决问题的办法为用资源补助的方式与农民隔断，不与农民发生资源争执。该方式看似简单高效，在侧面却助长了农民的渔利思想，非法的违章建筑也得到相应甚至高于其建设成本的补助，在农户中会产生利益受损的心理剥夺感，农民会认为国家的钱不要白不要。国家就成为村民视野中的有利可图的资源供应者，一旦与国家发生博弈，农户的渔利意识立即激活。

此外，在村庄乱搭乱建盛行的背景下，国家工程对违章建筑进行补偿，无疑是对其存在和建设合法性的一种变相的肯定和认可，这在一定程度上又加大了基层政府处理村庄违章建筑的难度。虽然，农户不是天天盼着国家拆迁来获取超额补偿，但却在形式上给农户提供了违法的借口,"村里要拆我的棚子,要给我补钱,谁谁家的屋子,国家征地给补了1000多元"。村庄社会,国家权威远远高于基层政府,特别是在后税费时代,国家对乡村由资源提取转向资源输入,更是赢得老百姓高度的合法性认同。国家行为的逻辑就成为村庄行为的榜样和标准,但是国家有强大的资源支持,村集体经济却是匮乏和负债状态,无力用资源补助的方式解决违规搭建的难题。群众路线,深入群众的工作方式绝不是意味着与群众隔断,用不打交道的方式来消解矛盾纠纷,相反,提高群众的公德意识,官民良性互动,相互信任和理解方是其实质。国家入场乡村,在给乡村带来物质福利的同时,也要加强制度供给。单纯的资源输入,只能表面上改善农村的面貌,不能从根基上增强基层社会的活力和组织能力。国家资源是乡村建设的重要物质依赖,同时又是激活村庄内生活力的重要基础,能否利用好该项资源,是当前农村社区建设成败的关键。

四 抢占土地引发的集体性事件

2013年村民集体抢占铁道东360亩耕地事件和抢占村庄中心广场事件,是大湾村土地秩序彻底失衡的标志。土地秩序失衡的背后,是村庄政治、经济的畸形发展的表现,是村庄多重社会问题长久累积之后的大爆发。华北分裂型的村庄内部,小家族之间高度竞争的社会结构使村民之间难以有宗族地区村民铁板一块的聚合和集体行动的能力,加之强大的地方行政,民间集体行动事件较少且多以失败告终。在当前市场经济的背景下,超越家族关联的个体利益成为村民新的行动目标。村庄电商经济的发展,刺激了土地需求的增强和地租价格的上升,在几乎家家户户的年轻小家庭开网店的背景下,村民都有扩张自家土地范围的实际和心理诉求,多数普通小农的诉求难以像电商精英一样,通过高额购买地基,或是通过各种关系承包村庄苇草地,再转变成为私人地基。关键是在土地已经成为资本,可以在村庄内部再生产出利润的背景下,无论从事何种职业的村民都本着分一杯羹的想法，在与村庄多占地的电商精英对比产生的利益剥夺的心理感受下，引火线一旦点燃，普通小农就会冲破以往的保守、道德、村庄行政的正式压力，采取利己渔利的冲突性爆发行为。

大前年，村里铁道以东360亩地被社员们抢了，老飞机那里的广场也被社员们占了，种上树，搭上帐篷，倒上建筑垃圾，广场那里一片狼藉。贾PG（当时的村书记）干不下去了，不干了，办事处领导们缠了我整整一个星期，非得让我来干，我和党工委要求了两个条件，一是村里没有钱，二是帮我把地清理出来。我上来后，办事处给了村里5万元钱，派了40多个人来，帮我把铁道东的地和广场都收了回来。2015年选举的时候，我的威望也上来了，大家都选我，96个党员78票，3800群众票2400票，书记主任一肩挑。

抢占村庄广场事件：2013年抢占村庄广场的事件，广场被13户村民占了，清理时，村里先派了1个铲车，2个挖掘机，4个自翻斗车去，限期清除，不清理的村里给他清理。结果有一半左右的村民见势不妙，主动清理了，还有一半观望形势，抱有侥幸心理。最后这些，书记带头村两委成员和小组长们清理的。有几户是抢占广场的农户中带头且难处理的村民，这些硬钉子拔掉了，剩下的小户就比较好处理了。（安JM，62岁，现村书记，2016-04-17S）

抢占村庄广场事件爆发的直接原因，是村庄广场周边的地基被电商精英推动的价格飞涨，一块15米×15米的地基价格在30万元以上，令村民眼红，居住在广场附近街道里的农户，看到窦XZ占领广场，便一拥而上。抢占村庄广场事件中的13户村民，均不是村庄底层村民因居住紧张造成的正常居住需求的非常规表达，他们均是对村庄房基买卖愤愤不平而自己又无力购买的农户，"凭什么我们全体社员的地基，村里拿去卖了收钱"，土地所有权的模糊性问题显现出来。我国《宪法》规定，农村土地所有权属于村集体所有，但是谁是集体，谁代表集体，就展现出很大的模糊性空间。当前学界主流主张的明晰土地产权，给农民更多的土地权利，就能保障农民利益的观点，就是从该角度出发得出的结论。在土地利益密集的农村，村集体土地所有权的虚化确实带来了冲突与隐患，但是土地的私有化无疑会使真正底层的群体彻底边缘化出村庄，因为该群体在村庄内部本来就是失语状态，无力参与到村庄利益的非均衡分配中，站在村庄权力和利益表达前沿的，往往是村庄内部处于经济分层的中上层群体。

抢占铁道东360亩耕地事件：2013年春天，应该分地的时候，突然不分了，各个小队都摸底了，该补多少田地。村里要包给店子村的一个钢构架子厂，工艺品焊铁架子的，每年2500元/亩，一包30年，老百姓很生气。安YJ一带头，领着十几个村里的妇女把地抢了，缺地的，好多年没补上地的，都去抢地。每户都砸上楔子，耕种上玉米了，总之是有地没地的都抢了。

后来，社区和县里组织部都来了，当场宣布，免除贾PG的一切职务，任命安JM为代理书记。于是，安JM在社区的支持下，召集12个队的小队长，早上5点钟去大队集体吃的饭，一人100元工资，雇的旋耕车，把地全部重新耕了。社区里也来了人，雇了20多个穿着武警衣服的青年，谁出来阻拦，直接手铐带走，村民都出来看，没有敢阻拦的。之后，又按照原来各小组的摸底情况，给新增人口分了地。这件事情才算平复下来。（安MD，65岁，9组组长，2016-03-27X）

通过上述两起土地引起的集体性事件，我们可以发现村干部、村庄精英、钉子户、普通村民之间以及县、乡、村之间微妙的互动逻辑。村组织与精英合作，只能保证脆弱的政治稳定；若村组织与普通村民脱节，或群众诉求不被有效满足，村庄就可能爆发集体行动。[①]

关于村庄治理的内容，我们在后面章节具体讨论。村庄土地之所以能成为村民积怨爆发的承载物，充分证明了村民视野中土地的意义和价值，当然主要是市场交易价值。因为当地村庄在2000年之前，在村集体的主导下，有调整土地的传统，基本上是三年一大调，五年一小调，耕地在村庄中的动态均衡，保证了社员对土地的平均享有权。2000年之后，由于耕地中私搭乱建的增多，土地调整难度加大，村集体开始用国家统一政策口径的"增人不增地，减人不减地"以及土地承包权30年不变的话语来制衡村庄中的耕地现状，但是长期以来土地动态均衡的惯性已经成为基本的社区土地实践。在村庄内生电商经济产业使得土地财产价值高度激发的情况下，新增人口的土地所有权意识强烈。虽然村民分到承包地以后，很多是流转他人耕种，但是户口在村后，作为村庄成员的土地权益都纷纷要求实现。在村集体拟将土地承包给电商经济模式中外贸出口供货的钢构架子厂，村庄获取承包费用，同时推动电商经济扩展。但是在基本耕地需求得不到满足的情况下，村集体的此举动无疑成为激发村民不满情绪的导火索。2013年铁道东的抢地事件之后，村集体统一展开补地行动，之所以是"补地"不是调地，因为村庄只对新增人口，包括出生的婴儿、外嫁来的媳妇等，按每人0.5亩的村庄均地水平补上了耕地，但是对外嫁女、去世的老人等村庄消减人口的土地却没有收回，即"增人增地，减人不减地"。

这项临时性平息民怨的举措，虽使村庄的集体性土地冲突得到即刻缓解，但同时也将村庄耕地的承包格局进一步固化，因为村庄几乎没有多余的耕地来机动补充之后新增人口的耕地，用村书记的话来说就是"以后再想分地，几乎门都没有了，现在就是走一步，看一

[①] 刘锐：《行政吸纳村庄的逻辑——S市农村调查》，《广东社会科学》2017年第2期。

步"。阿尔钦通过对各类产权的分析，认为私有产权是对不兼容的物进行排他性使用和支配的权利；共有产权的成员们使用的物具有天然的外部性，只有通过相互承认和达成一致协议，才能化解资源拥挤并实现效率最优。① 村庄中的宅基地和耕地作为村庄的公共资源，不应该降位为私人财产，电商经济发展带来的土地需求和村民的基本生存保障之间，如何建立良好的互动和平衡，是当前大湾村土地秩序回归正常轨道的关键。其中，如何达成阿尔钦所言的共有产权基础上，社员之间相互承认和一致认同的协议，即在新的电商经济模式和社会发展形势下，重新形成村庄内部的公共规则，无疑是关键中的核心。

简言之，土地作为乡村关系场域中综合性和总体性的社会事实，产业配置与具有综合属性特征的土地利用关系的之间的均衡协调，直接关系到产业发展在农村社区中的经济和社会融入。依托村庄内生产业的电商经济发展，使土地要素的资源属性和社会伦理属性之间出现张力。土地管理主体缺位、土地要素商品化程度加深和土地利用中的阶层挤压与规则混乱，共同驱动电商经济发展对承包地和宅基地秩序的双重脱嵌。进一步讲，达仁道夫的社会冲突论认为，冲突是由于权力分配引起的，而不是由于经济因素引起的，因此最好的办法是各利益集团各司其事，这样会限制严重冲突的集中爆发。他指出，现代社会的冲突总是提出要求的群体和得到了满足的群体之间的冲突。② 其实，村庄的社会生活就是各个利益群体的相互互动，共同交织博弈的过程，村庄内部以土地利益为主的纠纷和冲突的直接起源，虽是电商经济的发展刺激，但是村庄管理的失效和缺位、隐性的权钱交换却是冲突的本源。由此，新兴产业的发展应纳入村庄整体的规划布局，重建乡村基层组织在土地管理中的主体地位和村集体产权基础上土地利

---

① ［美］R. 科斯、A. 阿尔钦、D. 诺斯等：《财产权利与制度变迁：产权学派与新制度学派译文集》，刘守英、胡庄君、陈剑波等译，上海三联书店2002年版，第166—178页。

② ［英］拉尔夫·达仁道夫：《现代社会冲突——自由政治随感》，林荣远译，中国社会科学出版社2000年版。

用的公共规则，协调农村建设用地与生产生活用地的诉求，这是电商经济嵌入乡土社会，有效激发村庄活力和助力乡村振兴的关键。

第二节 公共规则的失效与重建

"公共规则"意指能够有效规约村民行为，调节日常纠纷，增强村民之间一致合作、减少冲突摩擦、整合社区的规则体系。公共规则是产生社会秩序与权威认同的前提和基础。[①] 公共规则的失效是电商经济发展带来的连锁效应，主要围绕土地这一核心的生产要素展开，村庄土地秩序的失衡，又直接导致了私人规则的崛起。在村落结构基础转型的过程中，与之相关联的土地关系和规则体系不可避免地会发生相应的变革，由此，思考现代性的公共规则重建就十分必要。

一 大小传统的交织碰撞

一种秩序即是一套法制和礼俗，它规定了社会如何组织，如何结构。[②] 一般而言，村庄秩序由两种力量共同建构：一种是村庄内生力量，突出表现为村落内部非正式的习惯规则，它们是乡土社会不成文的地方性规范，是村落社会的"小传统"；另一种是外来的行政力量，表现为自上而下的正式制度规则，主要是国家大传统层面的政策和法律。由于我国地域差别较大，统一的国家政策规则难以完全符合千差万别的乡土社会，在村庄内生秩序的能力较强时，大小传统在村庄层面实现灵活转译，使国家政策的地方性实践可以更好的达至政策目标；在地方社会基础薄弱、内生秩序能力较差时，大小传统的交织碰撞则会带来村庄规则的混乱和社会秩序的进一步失调。大湾村内部，20世纪90年代中后期开始，大小传统由灵活转移走向交织碰撞。

[①] 鲁炜：《经济全球化背景下的国家话语权与信息安全》，《求是》2010年第7期。
[②] 梁漱溟：《乡村建设理论》，上海人民出版社2006年版，第31页。

因大湾村与周边多个小村庄搭界，20世纪八九十年代，外耕地的边界纠纷曾一度是村庄管理的难题，2000年以后，随着电商经济对村庄地价的刺激，外耕地的冲突让位于村庄内部的地基纠纷。按照村庄新规划，地基面积是15米×15米，村庄老规划是12米×12米，因村庄规划引发的地基纷争此起彼伏，就地翻新建房，难以保证新规划的面积，村民便往周边本是道路的方位扩展，阻碍交通，一户这样做之后，其他村民也都从保证自己房基面积入手，肆意调整房屋建设方位。近年来，一些村民直接将房屋建在了村庄修好的柏油路面上，村庄内部的诸多分支干道上，到处是凸出来的房屋建筑，村庄规划成为无规划。在村庄宅基地规划时期，村民建房要向村委申请，上报乡镇房管部门，有乡镇和村庄负责人共同来给农户划线，规定方位与面积，农户要向村庄交纳3000元的保证金，写保证书，主要是表示退出老房基，不再占有老房基的一草一木，就地翻新的除外；另外，保证按照政策要求，房屋不超高，不超规划范围等。1998年宅基地购买后，这些地方性的政策规则失效，村庄测量划线也基本成为形式性工作，之后农户肆意更改，不再遵守政策要求和村庄规范。因房屋超高引起的邻里纠纷产生，往外围扩展自家房基的抢占村庄空地的纠纷也更加激烈。

周姓的房子，后面是集体的空闲地，他在后面盖上了厕所。他的西邻一看，"老辈子这块地是俺的，俺东屋在这里，才解放的时候，这块地皮是俺的"。两家闹矛盾，我和书记去家里，村里调解了五六次，都不同意，没有调解成。本来是集体的空地，谁的也不是，可是强行给他扒了也不行，要通过镇里组织力量来扒才行。村里要求周姓扒了厕所，把地基倒出来，归集体，西邻和周姓都不同意，都想成为自己的。最后，西邻说去法院告状。村里做工作只能调解和仲裁，给两方劝说成这件事。村里很愿意推出去，上法院断出来，村里还省心。弄得村里说不起话。1951

年土改时，发的土地证，现在有些人家里都留着，但是按照新规定，院墙以外的都归村集体。（贾 CC，55 岁，村副书记，2016 - 04 - 22S）

这一桩案例是典型的"反公地悲剧"，本是村集体的空闲地，周姓村民盖上厕所占用后，另一户村民即刻拿出 1951 年土改时发的土地证，找出了这片土地所有权归自己的证据，按照现行土地政策，院墙以外的土地归村集体所有，最后两户村民对此都置若罔闻，都力证土地是自己的。在村庄对土地的所有权日渐虚化的情况下，村干部的调解是有心而力不足，正如参与调解的村庄老书记所言，"村里很愿意推出去，上法院断出来，村里还省心"，村庄一级的纠纷调解机制因为地方性规范和传统的失效，越来越丧失力度和可行性，以往的依靠村庄小传统的纠纷处理机制开始让位于正式的法律制度，不管是村民还是村集体，对现代法律的认可都超越了村庄小传统。80 年代，同样是一起关于地基的纠纷，在强有力的地方性小传统文化的约束下，很快就由村庄和管区出面，调解完成。案例如下：

（一九）八几年的时候，姓贾的两个兄弟因为分家打仗，牵扯到房子问题，老大有一个儿子，要旧房子，老小有三个小孩，考虑到他人口多，村里重新给他划块地基。新划的地基都比老房基面积大些，但是我们这里地势比较洼，水地多，都是在废耕地上划地基，这里最好的地基也要垫上 1 米多高的土才能建房子。结果谁也不愿意要这块新地基，都想争老房子，村里调解不成，结果拉到了管区里。管区里调解也不是很细致，稍微一咋呼，连骂带训一顿，"就这样吧"，还是按照村里的调解结果，双方都得听。看起来简单粗暴，但是比现在细致的效果要好。农村的民事纠纷，没有什么大的事，上不了大的法律。（安 GD，70 岁，村庄老书记，2016 - 03 - 24S）

第四章 电商经济与村落结构基础的转型 | 171

虽然上述两个案例的性质完全不同，前者是争抢村庄空地的邻里纠纷，后者是分家析产过程中的家庭纠纷，但是通过考察纠纷化解的过程和依据，我们可以清晰地看到村庄规范和处理机制的转型。村庄小传统的失效，使村民内部矛盾上移，出村出乡诉诸法律，法律属于保守性的底线设置，讲究量化的证据，但是作为法律的国家大传统，因高度抽离于村庄的具体情境，往往陷入形式主义的困境之中。值得注意的是，大湾村电商经济的发展，不仅在网上开店，诸多规模较大的网商都有实体店面，大湾村位于麻大湖旅游区的范围之内，外地参观旅游的群众较多，往往会购买当地特产，实体店面一方面供应游客，另一方面方便临近区域的外地进货群体采购批货。实体店的开设，将村庄主要干道上的房租价格不断抬高，间接造成了村庄主干道上的争地纠纷和抢地乱占的事件。

　　2010年，村民王GQ和贾A因地基吵架。两家都在大街上，门头房，都可以租出去挣钱，工艺品一兴起来，带的门头房的价格一年都三四万。前邻，按照规划，地基15米×15米，需要向后退2米才能保证住大小，后邻有个院墙和破门楼，他不扒。后邻表示，俺给他保证住了这15米，谁给俺保证15米，要是能给俺保证，俺就让出这2米。于是，前邻通过房建上的私人关系，办了房产证，在县里法院打官司，以房产证为标准，法院就根据章判决，只要县里和乡里盖章，15米必须倒出来，后邻不服。于是，后邻拿出了1951年土改时的土地证，告到了省里法院，土改的成果不能否定了，后邻又胜了，最后前邻只能有多少面积盖多少。到现在，两家谁也不服谁，相互不走动。

　　老百姓对此事件的看法是，后邻要是保证住15米，应该倒出来，保证不住，不倒也应该。老百姓认为上头的对，官越大了，判得越对，老百姓内里不懂，普遍认为省里水平高，政策性强，说得就对。政策只能是大条，包不过农村的事。政策一条一条的，有些本身就是矛盾的。村干部谁没有个一家一户的，谁来仲裁，必须由上一级来仲裁，集体时有工作组，现在没有组织了。（贾CC，55岁，村副书记，2016-04-22S）

上述案例中县级法院与省级法院对同一事件完全相左的判决结果，展现出法律在处理民间纠纷时的有限性，国家层面的大传统未必是高效、最优的乡土问题的解决渠道。当前，村庄中的纠纷围绕土地而展开，大传统与小传统的交织碰撞中，几乎全部瓦解了村庄的小传统。该背景下，土地纠纷的处理在遵守土地的宪法秩序基础上，即需要国家治理的介入，也需要地方村集体自主性的治理空间，将普遍性的政策法规与地方的具体的、差异性的实践结合起来。在保障大众村民基本的生产生活和居住需要，实现土地制度的价值目标基础上，进而从经济学发展和效率的角度出发，规划出与村庄电商经济模式相匹配的公共用地，在共享共有的土地公共产权层面，实现奥斯特罗姆所言的"公共事务的治理之道"，缓解村庄大小传统交织碰撞带来的秩序紊乱。

二 私人规则的肆意崛起

私人规则与公共规则相对，意指个体从自我利益出发对村庄规范进行自我阐释，挑战村庄道德伦理和是非标准的个体化规则体系。私人规则的崛起，直接导致村庄公共舆论的约束力丧失，个体利益的过度或非合理性追求，使村庄公共事物的治理陷入处处碰壁的艰难局势之中。在大湾村，内生的电商经济产业，使得生产和居住一体化，不可避免地带来空间需求和居住需求的拓展，在人地紧张的村情与地租价格飞涨的情况下，村庄的修路、拆迁、老房屋地基的退出遭到了村民私人规则的处处抵抗，村民都不会让渡自身利益来达成集体事业，特别是在少数渔利型钉子户的搅动下，村庄的公共建设寸步难行。加之，当前基层治权弱化，不能采取强制性的行政举措来制止钉子户的个体行为，在维稳的压力下，乡镇基层政府在拆迁工作中以思想动员为主，小心翼翼，村庄一级失去了采取强制制裁行动的合法性依靠，在村庄价值已经高度利益化和市场化的背景下，思想动员的作用普遍式微，甚至失效，由此基层行动力的不足与村民钉子户的渔利行为，共同造成了宅基地整治中私人规则的肆意崛起。

  2000年时，老槐树以北，三条东西路，拆迁任务很大，涉及的户数多，到现在这三条路都没有直开。之所以通不开，是因为那边几个人心眼长得过多了，认为直街是早晚的事，他们提出的要求条件太高，当时的书记王道成说直接不直了。贾PG当书记时，安GD和安JM负责处理的5组组长家门前的路得硬化。当时直接拆迁不动，只好随弯就弯，弯了十来处。

  现在，单纯的做思想工作做不通，上头没有个政治压力，思想工作没用。村里不直街的时候，他要求直，村里直街的时候，他就抬高价钱。八九十年代，政治上有压力，先做思想动员，早扒的，优先补偿，晚扒的，地方就是别人挑剩下的了，最后不扒的，就强行扒，那时乡镇协助村里强行拆除。乡镇开动员会时，最后都有强行拆除这一句，到了后来，都不敢说这一句了，光靠做思想工作不行了。现在，上边下来的基层干部，比村里（干部）还要小心，乡镇主要负责的人又不下来说事，派个房建的、党委的一般小成员下来，要求你"多干事，会干事，又不惹事"，事办不起来不要紧，不要惹得天天有去上访的，我（乡镇基层干部）还想着往上巴结，他不是对工作本着大胆泼辣的态度了。现在一把手提得越频繁了，没有干成一件事的。以前，乡镇书记惹了事，县里对他撑腰，当时告的人多了（上访的多了），证明是你办了实事了，县里是偏向负责的，不向户里争理。现在基层政府惹了事，下头有上访的，上头会认为你不会干事，反过来了。村里很多直路扒出去的，又回去盖起来了，老宅基地又成了他的，返工倒算。这样，村里没规划好的地方又乱建上了。

在1986—1988年开始，有段时期，湖滨镇的房建部门有文件，兄弟两个的（不包括老人）可以扒1/2，5间扒两间，4间扒两间，都可以给换新的地基。这是考虑到当时的经济情况，是比较人性化的措施，但是也给以后的工作带来了后遗症，对以后长远的工作没好处。从王DC当书记开始，老房屋不是全部清掉，村里建设碍事多少扒多少，扒三米两米，也给划一处房基。现在房建直接不出文件了，没有这个说法了，乡镇上没有规划这个事。（安GD，70岁，村庄老书记，2016-04-12X）

从上述经验来看，村庄宅基地退出的机制从未形成，在上楼话语的影响下，村民对宅基地的利益期待形成，更不会主动退出，甚或不会低价退出，这样低成本的宅基地治理工作变得不切现实。从心理学的层面讲，曼海姆认为社会的瓦解与个人行为的紊乱，以及某些层次的人类精神的紊乱之间必定存在更为深层的相互关系，反之亦然，一个社会越是被强固的组织起来，行为形式以及相应的精神态度似乎便越是得到强固的整合。① 村庄中私人规则的肆意崛起，是社会瓦解的重要表现，村民在共同生产生活中形成的地方性规则难以发挥作用，村庄内部土地等基本生产资料的分配陷入秩序危机。在村庄实践中，规则的执行过程和选择过程，遵循的是利益竞争而非规则或法律衡量的原则，导致了社会规则的不确定秩序。② 非正式的习惯规则本是村民共意的价值系统的重要组成部分，并内化于村民的行为选择中，敦促个体行动追求自我利益的同时，也要遵守习惯规则的约束，从而获得熟人社会内部面子、荣誉等象征性资本的维系与再生产，为子孙后代积累在村庄世代生活的价值财富。时下，村民围绕自身最大化的土

---

① ［德］曼海姆：《重建时代的人与社会：现代社会结构的研究》，张旅平译，生活·读书·新知三联书店2002年版，第107页。
② 张静：《现代公共规则与乡村社会》，上海书店出版社2006年版，第237页。

地利益选择行动策略，造成村庄修路、整体规划的难进展，村民均是本着渔利不吃亏的姿态，个体的理性化消解了集体的公共行为。私人利益的放大本能地解构了村落道德和传统规范对个体行为的规约，非正式的习惯规则不再是乡村日常生产生活的隐性规矩，也不再是村民内在行为倾向系统的组成部分，基层社会秩序维系的地方性规则失效。

三 现代性公共规则的重建

孔子用"礼"作为社会行为规范的集中表达，费孝通用"礼俗社会"来概括传统的乡村社会形态。以"礼""俗"为典型特征的非正式习惯规则，是在国家需求与地方社群自发承担日常政府职能的互动中成长起来的，[①] 它与正式制度同时共存，互补互动。传统中国乡村，就是依托家族、宗族类的实体组织，借助这些非正式的习惯规则来维系基层社会的运转。当前，随着乡村自有组织体系的解体，加之村级行政组织的弱化，非正式的乡土规则及其发挥作用的"权力的文化网络"双向瓦解。正式的制度规则是在政治过程中设计出来，依靠政治行动自上而下加于社会的公共规则，由承担国家保护性职能的政府机构来贯彻。[②] 它是国家公权力运行的重要保障，同时其正当性和有效实践也离不开国家权力系统的支持。当前的中国乡村社会，正面临传统规范失效、现代规则未立的转折震荡期。

历史经验表明，在乡村区域，保障村落生活有序运行，村民自己人意识和共同体意识生产的，往往不是村庄外的正式法律和社会政策，而是村庄内部基于长久生产生活互动产生的地方性的规范体系。黄宗智根据清代司法实践的考察，指出县域以下的地方治理是基于半

---

① [美] 李怀印：《华北村治：晚清和民国时期的国家与乡村》，岁有生、王士皓译，中华书局2008年版，第2页。

② [德] 柯武刚、史漫飞：《制度经济学：社会制度与公共政策》，韩朝华译，商务印书馆2000年版，第119页。

正式行政方式和准官员制度的"简约治理";① 李怀印基于对晚清和民国时期华北村庄基层行政的研究,提出基层社会的治理是借助地方村社的非正式制度,国家和社群共同参与,官方职能与地方制度安排交织的"实体治理"。② 随着现代性和国家正式法规政策进入乡土社会,村庄里的家族、宗族等传统的社会整合单元被作为落后保守的力量加以批判;村落社会中的人情、面子等重要的社会舆论力量渐趋打散;民间自发的纠纷调解系统更难以发挥功效,出现了"送法下乡"到"迎法下乡"的实践。在外输的国家政策法律进入乡土社会,与村庄内生的村规民约、伦理规范发生互动、博弈甚或取代的过程中,并没有实现乡土社会的良好秩序,相反村庄陷入了费孝通所言的"司法制度在乡间发挥了很特殊的副作用,它破坏了原有的礼治秩序,但并不能有效地建立起法治秩序"③。

在实地调研中,在基层工作多年的老干部普遍表示"农村工作千头万绪,不能大而化之"。从地方社会中生长出来的"土政策"往往具有较强的弹性和活力,"土政策"向正式制度规则的转型即现代法治社会的建设,需要一个渐进的过程。"一刀切"式向农村灌输各项制度规定,很容易造成内外规则的嵌套与混乱,内生规则破坏失效,外输规则难以落地,由此,村落共识生产受到内外冲击,村落社会秩序自然难以保障。④ 特别是在今天,社会生活日益变得"非嵌入化"(disembedded),年轻个体的生活越来越不受到某些固定的,或者说嵌入的社区(村庄、部落、宗教),或者是自然(季节、地貌和土壤)的控制。在嵌入式环境中,人们做"他们必须做的事",因为人

---

① [美]黄宗智:《集权的简约治理:中国以准官员和纠纷解决为主的半正式基层行政》,《开放时代》2008年第2期。
② [美]李怀印:《华北村治:晚清和民国时期的国家与乡村》,岁有生、王士皓译,中华书局2008年版,第307—310页。
③ 费孝通:《乡土中国》,北京出版社2005年版,第83页。
④ 韩庆龄:《规则混乱、共识消解与村庄治理的困境研究》,《南京农业大学学报》(社会科学版)2016年第3期。

第四章　电商经济与村落结构基础的转型　　177

们无从逃避也无法挑战他们所居住的那个临近社区的信仰和风俗，或者因为自然具有压倒性的支配力量。与此相反，如今人们可以越来越多地选择怎样去生活（包括个人生活和集体生活），① 尤其是青年群体的个体性更强。在村庄年轻的电商经济精英崛起的背景下，村庄公共规则的重建应该充分考虑这一主体的特质。同时，在内生利益、资源密集的地区，村社内部、村与县乡之间的关系复杂，需要多种制度来规约和调节，多元利益主体之间也需要相应的制度来协调关系。在乡土实践中，诸多复杂的制度在往往只是挂在墙上迎检的样品，并没有真正落地，而大量的资源是复杂制度运行的基础条件，一般而言，制度越复杂，就越难以理解，相应转化成制度运行的成本就越高。在社会结构转型的变革时期，村庄内部内生的不成文的乡土规则尚有用武的空间，复杂的制度和条条框框反而会压制基层社会的弹性和活力。我们需要明确，在国家与社会互动中生成完成的制度再生产，才可以回应社会本身的需求。

因此，现代性的公共规则重建，既不是要将村落内生传统性质的村规民约简单复活，也不是一味地援引国家层面的正式法律。一般而言，习俗与法律并不矛盾，相反，它正是法律存在的基础，有时在这一基础之上并没有法律存在，有些社会关系也只能根据某些来源于习俗的分散形式得到规定。② 在村庄土地非农化的速度过快、耕地资源的迅速减少，加之宅基地供给不足和建设用地矛盾不断的背景下，经济发展与社会秩序之间如何维持最优的发展态势？在村庄既得利益群体已经形成的前提下，谁来建立规则以实现权力和利益的均衡？规则的公共性如何保证，如何进行有效监督，等等一系列问题，都值得进一步深思。

---

① ［英］弗兰克·韦伯斯特：《信息社会理论》（第三版），曹晋、梁静、李哲等译，北京大学出版社 2011 年版，第 264 页。
② ［法］埃米尔·涂尔干：《社会分工论》，渠东译，生活·读书·新知三联书店 2000 年版，第 29 页。

第三节　社会关系网络的重构

社会关系网络是村庄社会结构的隐性连线，是个体与村庄发生关系的载体，亦是村庄社会秩序维系与生产的基础要素。村庄社会内部依托血缘、地缘关系的传统关联，生产经营的业缘利益网络，电商经济时代的虚拟信息网络，交相叠汇出村庄新的社会资源与发展机遇，同时也对村庄传统的社会关联体系带来冲击与重组。

一　家庭作坊中的"泛化家庭"与生产型共同体

社会关系是社会生活秩序的基础，它体现着社会结构的特征及其变迁；作为人们的基本社会结合方式，它亦体现了一定的社会生活状态和为人处世的基本原则。[①] 电商经济产业链的发展中，村庄内部的社会关联和经济关联交织重构，折射出村庄结构变迁的同时也形塑出新的经济伦理。

家庭作坊是村庄内销淘宝兴起以后主要的生产供货源地，编工群体根据家庭作坊距自己住址的远近、与家庭作坊主及内部编工之间的血地缘关系，以及自身的技术特长与作坊生产产品的吻合程度等多方面的因素，来选择务工场所。整个家庭作坊内，生产关系网络相对稳定，编工之间都是长时间"搭伙"的一帮人，这一帮人可以是同村的，也可以是跨村拥有相同技能的人，部分编工之间存在同家族或同家庭的直接关联，且由于20世纪90年代以前婚姻圈的范围以本村和周边村庄为主，"姑嫂"[②] 同在一个作坊编织的情况非常普遍。

　　安Z的家庭作坊，专职淘宝供货，2009年开始运营，共13

[①] 林聚任：《论社会关系重建在社会重建中的意义与途径》，《吉林大学社会科学学报》2008年第5期。

[②] "姑嫂"在当地语义中是指出嫁的女子（小姑子）与自己的嫂子或兄弟媳妇。

第四章 电商经济与村落结构基础的转型　179

名工人，其中 12 名编工，1 名男性是粘竹片桌子的工人，该家庭作坊只在线下经营，为淘宝供货，自己没有开网店。工人中 2 个是陈家村的，其余都是本村人。该作坊开始主要生产坐箱，是村里最大的坐箱生产地，近两年逐渐转向香蕉叶子编织制品、竹制桌子等热销品类。专职粘竹片桌子的王 DS 是作坊主安 Z 的表哥，相当于在表兄弟媳妇家里干活，权当是帮忙，王 DS 的妻子自从该作坊开工，就一直在这里编织，早来晚归；安 Z 的兄弟媳妇在该作坊里编织和给编织的桌子、收纳盒粘边；陈家村的郭姓妇女，因自家一个嫂子在这里干活，2015 年跟着过来了；编工付某和刘某之间是姑嫂关系。安 Z 的作坊里，安姓一家子的占了一半。（2016 年 11 月 21 日上午和 11 月 22 日上午走访）

广场老飞机处的家庭作坊，2010 年前后运营，作坊主是原工艺美术厂工人，专职内销淘宝供货，生产香蕉叶子的桌子、坐墩、编织收纳盒为主，共 16 名编工，本村 14 人，孟桥和陈家各 1 人。由于该家庭作坊临近村里中小学，部分编工选择此处因接送孩子上学方便。另，该作坊内有 4 对"姑嫂"关系的编工。（4 月 6 日上午和 6 月 12 日下午走访）

安 ZS 家里的作坊，是该村最早的一批作坊，[①] 线上线下同步经营，他家雇用了 12 个编工，1 个木匠，专门打架子。由于安

---

① 安 ZS 原是工艺美术一厂的正式工人，20 世纪 80 年代，经安联系到一笔蒲草订单，但工艺美术二厂专做蒲草，不允许一厂接单。安考虑到较高的利润，遂退出一厂，开始自己独立经营。2008 年，临沂厂家外销欠款较多，1 个集装箱的货品就要高达 10 万元，安因资金断裂开始做内销淘宝，内销网店的成本可以在交易成功后很快返回。一直到 2010 年，安 ZS 家网店生意非常火爆，芭蕉叶子的内销产品几乎是其独户出售，订单 3—4 天都在赶货，供货不及。到了 2012 年，村里的淘宝户越来越多，外销逐渐开始转内销，竞争激烈，利润开始下滑。2015 年开始，内销散户越来越多，安 ZS 又开始转外销一部分货源，供应美国客户 3 年的产品，半年走 6 个货位，一个货位 60 立方米，13 种样品轮流生产。安 ZS 的儿子今年 31 岁，在潍坊学的电脑技术，儿媳是临沂的同学，都在家里专职经营淘宝生意。

ZS 家临近孟桥村和陈家村，该作坊里 5 个陈家村的编工，4 个孟桥村的编工，本村 3 人。(2016 年 4 月 6 日下午和 6 月 13 日下午走访)

通过上述的经验材料以及笔者对村庄内部家庭作坊的走访考察，家庭作坊内部以本村及周边村庄中年妇女为主力，编织计件制的灵活性，使编工的生产工作和日常生活高度契合，且同一家庭作坊的编工成员之间内聚力较强，结构稳定。不同作坊之间的编工群体之间虽没有明确的区隔界限，但是鉴于生产品种和款式是市场竞争的重要方面，出于对家庭作坊主经营利益的考虑，对新添品种之类的生产信息编工都有主动保护的自觉。另村庄每个家庭作坊都有主要和次要品类，相互之间不是完全的竞争关系，但不同的家庭作坊主之间依然有较强的竞争区隔。

高生产效率是市场经济体制的本质属性，也是机器化工业生产的重要特征。但是大湾村的电商经济依托的是传统手工业，人力劳作的有限性基础上的高效率使其不同于机器工业的高效率，它对劳动力之间的关系结合提出了更高的要求。不管是外销出口还是内销淘宝，电商经济在村庄语境中最直观的特征就是高效率性。对于外销出口而言，订单的交货日期都有明确的规定，延迟交货供货方往往需要巨额的合同赔偿。[①] 内销淘宝的高效率性则主要体现在顾客网上下单后，商家要在 24 小时内及时发货，发货的及时性是评价淘宝商家信誉的重要指标，这决定了商家在淘宝平台上挂出的商品，商家必须有备货。大湾村电商销售的产品以手工业品为主，手工业品的生产，受人为主观因素的影响大，编工或木工数量、技能、劳作的积极性都直接关系到产出效率。当前的产品供应商一般都有固定数量的编工，内销

---

① 大湾村外销大户王 YF 接的 400 万元的订单，外贸出口公司的代理人曾找寻多家外销生产商，但没有人敢接单，因为日期相对较短，不能按期交货违约金高达 1000 万元，最终王 YF 冒险接了单，之后她也产生后怕心理，采用加急生产、高价放货等举措。

淘宝供货的商家，以家庭作坊的形式建构生产关系，编工人员固定，按技能水平分配产品类型，如技艺突出的编工负责编织样品，工资相对比普通编工高，家庭作坊主和编工之间也不仅是单纯的市场雇用关系，雇用之外建立在生产合作上的私人感情亦是关系维护的重要方面。情感性与工具理性的结合，使家庭作坊成为"泛化的家庭"，通过传统的血地缘关系和拟亲属关系的纽带，以家为轴，推恩而扩。这种"泛化的家庭"是编工与家庭作坊主生产生活的基本单位，"家"化的社会关系的结合和建构兼具伦理道义和市场功利的色彩。该背景下，编工在某一家庭作坊内长达数年的稳定劳作，除了基于货币工资的考虑，也蕴含着帮助家庭作坊主完成生产的私人情谊。因为偶发事件，当编工的个体利益与工作时间发生冲突的时候，编工会从作坊的生产利益出发，让渡一部分自身的非货币利益。可以说，"家"化的拟亲属联系纽带是编工与业主，以及编工之间长期维系稳定生产合作关系的重要基础，是当地电商经济高效率属性下的生产要求。拟亲属关联焕发的情感能量，与货币工资的激励相互联系，共同保证了最基础层面手工业生产的顺利性与高效性。

同时，家庭作坊内部基于业缘关系，形成了基本的人情单位，编工之间、小企业主与编工之间都参与彼此家庭的红白喜事，主要是红事，白事互动极少。后天建构性的关系网络，本身具有较强的私人选择性，不同于传统村庄内部与生俱来的血地缘关系，所以彼此都参与红事之类的喜庆互动，而少有或不参与白事之类的仪式互动。且人情走动是家庭作坊主与编工维系关系的重要方式，在必要的时候，家庭作坊主会隐性地采取差异化的人情随礼，标示出彼此关系的轻重，这种情形下附着在礼金上的"礼物之灵"就呈现出强工具理性特征，情感层面的慰问关怀让位于生产层面的依赖与笼络。简言之，市场力量和现代性的进入，带给村民建构新型关系的机会和逻辑，通过地缘、业缘等经济纽带建立的情境性人情关系增多。

我们家里开设编工厂五六年了,从转内销开始慢慢找工人来这里编了,有些样品体积大,在自己家里没法放。编工们都相处得很好,都在这里一直干着,从来没有打过架。有位编工5岁的小女儿发烧,恰逢点上赶货,她把孩子交给父母带,晚上也和其他编工一样回去得很晚。点上赶货的时候,编工都很自觉,都回去得很晚,晚饭就在这里将就着吃点,吃了接着再干,权当是给我帮忙。平时不赶货,冬天白天短,她们也愿意晚上多干会儿,多挣钱,有时找我去街上给她们买饭,有时我也做饭,我们一起吃,我煮了栗子之类吃的,也都分给她们。我们这里的编工相处得都很好,就像一家人一样,有事都互相走动。

我们这里有个女编工,非常出色,干活又快,出活又好,既不多用料,还能把废料都包起来用上,平时啥样品都是找她干,就是做得格外的好。曾经有别的作坊去她家里问过她,去不去别的地方干,她拒绝了。对于这样的编工,平时待遇都一样,有时另外给她点好处。去年(2015)10月1日,她大女儿结婚,我和其他编工一起去的,大家都是200元的随礼,我也是200元,私下里我又给了她300元。表面上和别人的一样多,不能找干活的不愿意,她主要是很出色。在这里干活的工人相互之间都走动,2011年我儿子结婚,也都一起来随的礼。相互之间有结婚、生孩子的事走动的多,老人过世都没有走动的。(安ZS妻,50岁,家庭作坊主,2016-04-06X)

安K,本村5队,娘家本村1队,49岁,2013年来这里干的,之前在家里拧货,1天挣30元。1个儿子,26岁,今年8月份刚结婚,在博兴永新化工上班,儿媳妇是乔庄村的,刚开始在家里开淘宝网店。儿子今年8月份结婚时:这里干活的都一起去的,孩子小的,事都在后头,就都随礼了,像人家这里几个年纪大点的嫂子,人家孩子早就结婚都有孙子了,之前又都没有随打，就没有随礼，人家送礼的话，咱都没有法还账。大家一起都来包包子，来帮忙，这也是人缘，都在那里忙活，也很热闹，有这个人缘也很好。(安 Z 的家庭作坊成员，安 K，49 岁，内销编工，2016-11-21X)

可见，人力劳作的高效率，除了市场利益的驱动，还渗透着村庄社会拟亲属关系网络联结的私人情谊，由此家庭作坊内部形成了实体性的小生产共同体。建立在共同生产合作基础上的认同与归属、拟亲属关系纽带的联结、高度的目标一致、相互之间的人情往来，是大湾村生产型共同体的主要属性特征。刘玉照通过实证考察，用"基层生产共同体"来指称乡村工业化导致的新的社会结构单元。区别于以往共同体的内聚性与边界的稳定、封闭成正比关系的属性特征，刘玉照提出，这一新的基层生产共同体根据生产项目的市场能力和发展水平，具有不断扩张的机制、富有弹性的边界和结构组合机制，形成了一个个"边界不断扩展的社区"，[①] 由此展现出中国乡村社会结构的变迁，他回应的依然是乡村社会结构单元的范围与特征这一共同体理论讨论的经典命题。笔者通过对大湾村手工业发展的考察，并通过对诸多家庭作坊主的访谈，发现当地的家庭作坊依然是以传统的内聚与边界的相对封闭为主要特征，没有出现边界的不断扩展，同一作坊内部的编工群体较为稳定，少有编工从一个作坊移到另一个作坊工作的情形，并且编工的数量基本固定，家庭作坊主会根据自己作坊的产销能力接订单。不过，以家庭作坊为边界的生产型共同体，确实已经成为大湾村一个新的社会结构单元，成为生产与居住一体的村庄社会的重要组成部分。在这一新兴的初级工业形态中，"泛化的家庭"特征使其在应对市场和资本获利逻辑之外呈现出一定的均衡与稳定。

[①] 刘玉照：《村落共同体、基层市场共同体与基层生产共同体——中国乡村社会结构及其变迁》，《社会科学战线》2002 年第 5 期。

二 资源与利益挤压下社会边界的再生产

在查尔斯·蒂利看来,"边界是一种社会机制,主要功能在于做出社会区分。它回答的是我们是谁,你们是谁,他们是谁的问题",① 在社会生活中,村落是由多种独立的、不完全互相依存的边界构成,它们是村庄经济和社会生活范围分化程度的表征。② 村庄的社会边界既包括地域范围上的地理区分和行政区划,也包括各类组织、各种社会群体、血缘、地缘、趣缘关系建构的人际网络的边界范围。社会边界产生的过程,究其实质则是村落或组织成员对"外群体"的排斥和对"内群体"归属和认同的建立过程,是村落内部诸多小共同体的生产过程,它们之间或相互独立,或环环嵌套,共同构成日常生活世界的行动范畴。值得注意的是,村庄中的诸多社会边界并非以实体的形式显性存在,而是遇到资源和利益冲突的时候,各种边界因刺激而外显,且相互间的界限进一步明晰加强。考察利益刺激下的村庄社会边界的再生产,有助于理解经济结构变迁对社会关系网络的重构,也是理解村庄内在基础变迁的重要变量。

折晓叶通过对长江三角洲和珠江三角洲地区工业化超级村庄的考察,发现这些村庄中经济边界开放与社会边界封闭同时存在,二者既相互冲突又共生共荣。他认为超级村庄作为一个经济共同体,其经济活动不再受行政边界的制约,而是以独立的商品生产者的身份,遵循市场的原则,通过契约来建立新的经济关系。但是在社区资源和利益共享的社区文化的作用下,村庄传统的已有社会边界如村籍制度规定的社区身份、合作圈子等却进一步产生强封闭性。③ 在折晓叶的研究中,村庄传统社会边界的封闭性主要排斥的是村庄中的"外村人",

---

① [美]蒂利:《身份、边界与社会联系》,谢岳译,上海世纪出版集团2008年版。
② 折晓叶:《村庄边界的多元化——经济边界开放与社会边界封闭的冲突与共生》,《中国社会科学》1996年第3期。
③ 同上。

村庄内部内聚合作能力在工业化生产的背景下得到功能性加强。但是在当前市场化的进程中，村庄内部的资源，以土地为主，已经不可避免商品化的命运，利益共享的社区纽带早已被走向分化的分配机制斩断。在大湾村的实践中，以大湾村为核心的电商圈，形成了不受行政边界制约的经济联合体，远非"经济共同体"。这个经济联合体内的诸多社会边界的再生产，并不是村庄出于传统的自我保护而产生的边界封闭，村庄这个自然形成的村落主体和行政区划整体在经济发展的博弈关系场中出现了一种真空缺位的状态。村庄内部基于经济利益和市场原则形成的诸多小共同体之间，是分裂型的竞争关系，或功能性的利用依赖关系，相互之间缺少强有力的连接纽带。

在大湾村电商经济的吸引下，诸多"外村人"来到大湾村从事电商产业链上的相关职业，这里的"外村人"指在本地长期定居生活、在本地就业的社会群体，主要包括两类人：一类是村庄中外嫁的女性，结婚后整个家庭在本村定居生活；另一类是与村庄没有直接的血缘、地缘的关系联结，本着就业创业的目的来到本地居住生活。由于经济共同体内部生产、销售、流通各环节之间存在依赖共生性，加之在本村的"外村人"中大部分与村庄成员存在亲属关联，所以相互之间在经济生活和社会交往中并没有清晰的群体界限。但是，近年来，随着生活用水量的加大和村庄供水能力的局限，村民生活用水只能分片轮流供应，三天为一个周期，村民只能在放水日期内的固定时间取水，即便如此，住在村庄外围的诸多农户，因远离村内的供水站，水压不足，也会出现水流量小，面临在固定时间内难以有效取水的困难。村庄水资源的无差别供给，给本村村民带来了利益挤压，激起了村民微弱的"成员权"意识，本村人与外村人之间的边界因用水问题开始刺激出现，用水困难的本村农户开始对村庄外来户的管理政策产生怨恨和不满情绪。

我们村自来水安装得早，在 1985 年前后就已铺设好了管道通自来水，后期水管一直没有更换过，水管在地下时间太长，都风化了，维修很多。淘宝带动的本村外来人口多，吃水用水也是免费的，给本村用水也带来了很大的负担。在村庄边上的用户，光来村里反应吃不上水，书记也只能说是延长放水时间，村边上有10%的村民吃水比较难。

湾头街现在吃水的6000多人，各种外村来做买卖的，都免费吃水。搞得本村的一些自己人反倒吃不上水了。（窦SY，46岁，村两委，分管水电，2016-03-25X）

大湾村村民因用水紧张而产生的对"外村人"的社会边界，究其根本还没有形成群体之间的社会排斥，本村村民不满的是"外村人免费吃水"的村庄对外政策，并认为此原因是村庄用水紧张的关键，并没有对村庄外来群体产生强对抗心理。但是，在村庄经济体内部，各个产业环节之间、同行群体之间、相互的生产作坊之间的社会边界却相对清晰，同行之间因为市场竞争而产生相互排斥，是利益冲突的必然表现形式。

各人赚各人的，不问别人经营的事，不乱事，别人来拿货，只管供货就行了，别人经营什么，干得怎么样，都不能多问。同行不能多问。（WW实体店主，47岁，2016-11-20X）

本村的产品同质化严重，就是拼价格。电商群体之间很少有交流，交流也是互相问问卖得怎么样，主要交流销量，不牵扯核心的运营问题，一般不相互走动。现在卖得好的都是托管、代运营的。（李Y，33岁，网店商，主营纸绳柜箱，2016-06-31X）

在市场利益的挤压竞争下，村庄同业群体之间的社会边界清晰，甚或表现出冲突状态，"个人赚个人的""不搭腔"成为一种真实普遍的同业群体内部的关系样态。"85后""90后"的年轻电商群体之间,相较于村庄内部中年的同业群体,利益竞争的意识少有明显的表达,同辈群体的关系情谊在其间起到黏合作用,比如"双11"销量较好的几个"80后""90后"年轻电商就一起去县城聚餐祝贺,但是大家的交流互动主要在销量层面,不涉及运营技术等核心层面。资源和利益挤压下的社会边界再生产,加大了电商群体之间的社会分化,但是在电商产业的合作链条上,电商群体之间也展现出利益关联强建构性的一面,它们共同交织出电商圈内错综复杂的经济与社会关系网络。

三 理性与道义并存中电商利益关系的建构

西方经济学对市场的理解往往建立在一个以西方人际关系为基础的"陌生人"社会中,而在中国社会,关系建构被认为是中国人商业实践的基本特征[1],嵌入于制度环境的文化信仰和认知过程是理解行动者自利观念及其行为的关键。[2] 因而,市场经济普遍主义的效率和理性偏重视角下的"理性经济人""完全竞争市场"等基本假设,在乡土社会差序格局和伦理本位为主的社会关联结构中,往往会发生一定的偏离。虽然在追求经济利益的过程中,电商同行之间产生区隔边界,且村庄内部不同业的电商群体之间职业关联的建构也展现出很强的工具理性特征,但是市场经济在乡村中的展开不可能完全脱离社会关联,正如波兰尼所言,经济是嵌入社会之中的,现实社会中的经济行为嵌入于一定的社会制度之中,[3] 在社会关联的基础上,市场交

---

[1] Hamilton, Gary G., *Commerce and Capitalism in Chinese Societies*, London: Routledge, 2006, 转引自刘升《市场如何定价:一个社会学的视角——基于浙江朱村的调查》,《中国农业大学学报》(社会科学版) 2015年第3期。

[2] Brinton, M. C. & V. Nee, *New Institutionalism in Sociology*, New York: Russell Sage Foundation, 1998, p. 30.

[3] [英]卡尔·波兰尼:《大转型:我们时代的政治与经济起源》,冯钢、刘阳译,浙江人民出版社2007年版,第15—18页。

换和经济行为才能进一步积累信任，并逐渐走向稳定。可以说，市场理性与村庄道义并存，是当前村庄市场中电商利益关系网络建构的重要特征。

具体来看，大湾村的网店商、物流商、生产商之间，跨行业群体之间因嵌于产业链条上的位置，具有强依赖性，相互之间是利益生产的关系，他们之间的经济互动与社会往来共同建构出区域范围内的电商圈，在这一产业圈内，同业群体内部，却形成了一个个分裂的小共同体，各个小共同体之间边界明显，这也是电商圈是"经济联合体"而非"共同体"的关键原因。生产供货商与网店客户商即生产商与网店商之间的利益建构，是电商群体内部关键的关系环节。生产与流通两个部门的有效合作，才能带来双方的共赢发展。村庄内部的大型生产商基本上形成了自己笼络客户商的对策与策略，相互之间形成了稳定的交易伙伴关系，以保证供货的及时性。

> 作为供货商，养着真实的客户，养不着他，他挣不到钱，你就挣不到钱。我的固定客户有十来个，全是网上销货；散户很多，也是网上销货。不支持老客户不行，他卖的价格再低，也能挣到钱。他不是光在这个村竞争，他是在全网上竞争，他卖不出去，你也不用生产了。新开店的，不一定挣钱，有些赔钱他也卖，积累店铺的销货量和声誉。
>
> 我笼着老客户的方式主要是价格优先和供货优先的策略。比如，非主力的客户一套小木具220元，主力客户我可以给他200元，我还可以给主力客户资金上的支持，他可以不用货到结账，可以3—5个月结账，这样他资金能流转动。此外，淘宝不仅仅是争夺价格，下了单要立即走货，还有时间的问题，在货源不充分的情况下，我给主力客户优先供货，保证住他的发货速度。变了样式的新品种，他肯定卖的价高，我也给他货的价高，这样就双赢。（周 Z，45 岁，木器加工作坊，2016-04-07X）

第四章 电商经济与村落结构基础的转型

生产商与网店客户商之间的利益关系建构充满了策略性，生产商都有固定的客户源，采取各种优惠的方式使固定客户可以在全网的销售竞争中生存发展。生产商依据客户经营规模的大小、与自己交易网络建立的时间长短等多种因素，采取差异化的供货方式，对经营规模大、交易时间久的主力客户，采取资金支持、优先供货的方式，保证主力客户的竞争力。对于非主力客户，则同货不同价，建立主打品种优惠的举措，且采取封闭式的价格策略，客户之间并不明晰彼此的进货价格，由此错开非主力客户之间的产品销售竞争，促进非主力客户的多样性发展。此外，电商群体之间的利益关系建构，除了生产商与网店客户商的关系建构之外，生产商、物流商、网店商之间，基于共同的需求，也往往形成稳定的利益协同关系；同质电商群体之间，精英大户相互建构结盟关系，小户则零散发展。利益关系的建构，都是基于经营需要，以资本获得为根本目标，生产商与客户商之间的走动，主要表现在逢年过节时，生产商会给主力客户一定的实物礼品，表达心意。经营性的业缘关系，本身就是有意识的选择和维系，生产商单向度的人情礼物，双方都深知其间的工具性和目的性，情感的因素相对薄弱。另外，生产商的供货客户，不仅仅局限在本村范围，周边临近村庄也有一批客户群，电商各类群体之间的利益关系建构也就是跨村庄范围的。

> 拿货不去拿她的，有点不好意思，过意不去，毕竟一家子，比较近，多两块少两块的不能计较那么真儿。你要是去别地拿货，她那里没有的货行，你要是不先问问她，就直接从别人那里拿货，碰上了就很不得劲了。（何 X，37 岁，实体店 + 网店，2016 - 04 - 26S）

> 我们这里备料比较全，一般不会缺料，香蕉叶子都是自己从外面直接进货，现在供应源都很稳定了，直接打款到货。村里有

些小作坊，备料有时不怎么全，赶货缺料时来我这里拿点，我都是快点给他们，都是一个村的，抬头不见低头见的，不能光认钱，不为人。（安 ZS 妻，50 岁，家庭作坊主，2016-04-06X）

怎么着都是一个村的，再不济很多都是一大家子的，你太势力钻钱眼儿里了，在村里为不开人。我手底下的客户现在都欠了我将近 60 多万元了，年底前收收账，这些客户有本村的，也有外村的，都是长期业务关系了。（贾 SX，54，苇席批发，2016-08-14S）

本村 1 队，刘，60 岁，娘家是新张村。在这里干了 1 年多，就去了安 ZY 鲁滨工艺品行那里干了，那里主要生产墩子坐垫，我编钢墩很拿手，专门会干这个。我这几天来这里（安 Z 的加工作坊）是帮忙，货很急。我偷着过来的，7 点多来，6 点多才往家走，怕老板看见不愿意，对现在老板说谎，说家里有事，来干了 3 天了。和这里的老板都是一安家，一姓的。"双 11"这里接了些钢墩的单子，这里的老板上我家里找的我，我来帮忙，价格和平时的编价一样，就是多给你价格高了，都这么熟，你也不好意思要啊，权当帮忙。（刘 N，60 岁，内销编织工，2016-11-22S）

不过，建立在职业利益基础上的关系网络，在具有强市场竞争理性的同时，另一方面也在利益获得中渗透着熟人社会的伦理温情。具体而言，市场竞争带来利益冲突和边界隔阂，但是村庄社会"抬头不见低头见"的生活环境与血缘、地缘、趣缘等多重初级关系相互交织，且村庄内部在 20 世纪 80 年代以前不同姓氏的群体之间通婚普遍，姻亲关系与宗亲关系亦相互交织，"在村庄里要为人"，讲究为人处世，重视熟人群体的他者评价等一系列传统的乡土规约，依然是乡土正义和价值规范的内在来源，无疑给市场经济的理性竞争加入了地方道义的中和元素。在已有研究中,谭同学通过对湖南新化人在全国范围经营数码快印业的研究,认为对于市场中的部分主体而言,社会因素有利于帮助它们降低交易成本,从而在市场中具有更强的生命力。对比科斯关于企业的经济性质在于降低交易成本的判断,可以说,包括亲缘和地缘关系网络在内的社会因素,与市场有着深度契合的一面。①吴重庆通过对自己家乡孙村"打金"行业的研究,认为其经济活动不仅与乡土社会网络相互依托,更重要的是二者之间还相互激活,使传统、乡土、家族这些有可能被认为是过去式的遗存,在孙村所在的地域却呈现活态,其不仅渗透于人伦日用,还贯彻于经济民生。②与之相似,在大湾村以电商经济为主的经济活动,在以传统的血缘、地缘关系为基础,以职业和业务往来为载体,塑造出诸多新的社会关联,在分化与合作中共同应对市场风险。上述经验中,网店商拿货时对家族内生产作坊的优先选择、生产商备料不足时相互之间的帮衬、职业群体间资金方面的短期拖欠,在家庭作坊缺货时同家族编工的及时帮忙等等,这些行为都展现出在市场理性竞争的同时,村庄电商产业链上职业利益关系的建构,也渗透着熟人社会的伦理规约,相互之间亦存在一定的互惠基础。在村庄是一个大产业链生产的背景下,日常生活和生产生活相互建构,彼此之间讲究互惠的长期性,注重伦理道义,这是村庄电商经济急速发展的润滑剂,亦是村庄社会关系网络在变迁重构中的不变底色,是对抗单纯的理性利益竞争和资本逐利驱动的传统碎片。总之,纯粹的市场逻辑在村庄带有一定社会性和伦理性的经济形态中是走不通的。

四 跨区域的虚拟交易网络的建构

跨区域的虚拟交易网络主要表现在内销淘宝中的网店商与全国各

---

① 谭同学:《亲缘、地缘与市场的互嵌:社会经济视角下的新化数码快印业研究》,《开放时代》2012 年第 6 期。
② 吴重庆:《孙村的路:后革命时代的人鬼神》,法律出版社 2014 年版,第 153—154 页。

地的淘宝顾客之间的社会关联，以及外销出口中外贸公司与国际客户之间的贸易关联。在内销淘宝中，虚拟交易网络的建立和维护是电商经济的重要内容，它的建立主体为淘宝电商，对象为淘宝顾客，淘宝顾客主要分为三类：一类是淘宝进货商，即从网上采购进货后，在实体店销售；第二类是回购客，即第一次购买商品后，因对产品质量和服务的认可，产生的多次回购行为，成为网店商的忠实长久顾客；第三类是散客，即零星进入网店发生购买行为的新顾客。网店商与淘宝顾客建立的交易网络，形成了依托互联网的"虚拟社区"。卡斯特利用"真实的虚拟性"（Real virtuality）来指代多媒体所牵涉的文本、音频和视频形式融合，以及"网络社会"中的生活含义。他指出，即使我们与网络保持距离，或在不同的地方与他人以不同的交流方式进行互动，媒介都是我们所经历的全部现实。因此，在此体系中，"现实本身……被完全捕获，完全陷入一种虚拟的形象环境之中，陷入一个制造信任的环境之中，在其间，表象（appearances）不仅仅是显示在交流经验的屏幕上，而是成为经验本身"①。卡斯特利提出的"真实的虚拟性"生动地展现出网络社会与现实生活世界的交互体验，跨区域的虚拟交往网络的建立于延展都是基于这样一种交互体验。

> 网上的交易，都是不认识的人，没有什么感情，虽然交谈过程中，一个"亲"一个"亲"的称呼，都是基于自己卖货的考虑，要创造一种亲切的氛围，要有好的服务态度，别人买你的产品觉得很舒服，这样才行。（王LY，22岁，淘宝客服，2016-06-26X）

---

① Castells, Manuel, *The Rise of the Network Society*, Vol. 1 of *The Information Age*: Economy, Society and Culture, Oxford: Blackwell, 1996, p. 373. 转引自［英］弗兰克·韦伯斯特《信息社会理论》（第三版），曹晋、梁静、李哲等译，北京大学出版社2011年版，第135页。

网上购物，虽是看不见、摸不着，但是到货不行你能退啊，再说了看看尺寸，你也能估摸个差不离，不会和想象的差太远，差太远，就是描述和实物不符合了。我这个店，刚开了2年，回头客说实的，真不多，都是第一次买的多，看着好奇，图个新鲜，我卖的那个布的小老虎和蒲草编的拖鞋，卖得比较多。这些东西只有外面的人买，当地人没有要的。要不是淘宝，还真卖不出去，本地没有市场，没销路。（李XX，32岁，网店商，杂货，2016-06-20X）

从社会哲学的层面讲，虚拟实在的产生表现出一个从客观实在出发的否定之否定的过程，现实实在的虚拟化与主观印象和观测结果的客观化共同构成了虚拟实在。① 在电商经济的网上销售过程中，交易关系网络的建构依托于购买客户对网上商品的现实想象，依托网上图片、尺寸、材质等多方面的描述，想象出客观化的观测结果，同时经由客服的咨询介绍，进一步全面了解商品是否符合自己的购买需求，在这一综合的主体感知和互动过程中，"真实的虚拟性"转变成了"虚拟实在"，客户依据"虚拟实在"形成的判断决定是否购买该件商品。虚拟的交易关系网络由此一步步的发展、分解与建构。在外销出口中，外贸公司与国际客户之间都是大宗的订货贸易，在依托虚拟的交易网络之前，都有一个前期的面对面的交易过程，待到贸易关系稳定之后才转入电商经济阶段，依托互联网传递信息，订购订单等。这种贸易关联兼具是实体性与虚拟性，虚拟性是建立在前期建构的实体信任基础之上的。

电商经济依托互联网交易，从村庄社区走向了"虚拟社区"，电商群体的关系资本不仅仅包括实体性的社会关系资源，也包括依托互联网建立的虚拟的客户关系网络资源，地理空间成了一个流动的场

---

① 肖锋：《信息主义及其哲学探析》，中国社会科学出版社2011年版，第70页。

所，不再是社会关系建构的地域边界，或曰地域边界对关系网络建构的影响已经消失。跨区域的虚拟交易网络的建立，一方面给村庄经济带来广阔的市场范围，另一方面，也对村庄实体性的社会关联造成了隐性的隔离与冲击。不过，因为当地"生产在村，销售在网"的生产与流通环节的结合，这种隐性的冲击因为生产关系的实体性建构而被进一步淹没。所以，当前大湾村内部的社会关联尚未受到虚拟社会关系网络的明显冲击。

第四节 小结：村庄公共性的式微

吴理财等学者用"公共性的消解"来概括改革开放以来我国农村文化的变迁。[①] 本书中，笔者用"公共性的消解"来阐释社会转型变迁过程中，相较于农村文化角度更为宽泛的村庄社会基础层面的变革。公共性的丧失与回归，不仅要关注社会互动层面给的交往和参与的公共性，更应该关注聚焦社会资源分配和使用的普惠性和公平性，这是现代共同体得以立足的根本基础。

回归到村庄实践，在个案村庄中，一方面以土地资源为主的村庄内生资源的分配秩序失衡，大小传统的交织碰撞中，私人规则肆意崛起，公共规则失效。具体而言，土地是村庄社会的基本生存资料，乡土社会的生产生活秩序围绕着土地活动而展开，土地作为基本的生存保障资料为村庄成员提供口粮地和宅基地。电商经济发展，需要有相应的建设用地，村庄规划中并没有预留出相应的建设空间，大型的电商厂房转向承包地，普通的电商厂房和生产作坊则在宅基地基础上扩建，耕地进一步私人化，宅基地则走向商品化和资本化，随着聚集在土地上的经济利益的升级，村民愈趋要求拥有彻底而完整的土地产权，而土地确权进一步激发了土地的私有财产观念。在土地产权观念

---

① 吴理财等：《公共性的消解与重建》，知识产权出版社2013年版，第3页。

激活的背景下，国家项目建设征地；虽然农业生产早已不再是农户的主要家庭生计，甚或已经退出诸多村民的家庭再生产，但是村民依然有很强的土地耕作意识，"地先给我补上，种不种再说"，耕地里的私搭乱建，村庄调地越来越难，土地的内部均衡系统失效，固化的土地格局随着人口的生老病死，必然不能适应动态的人口变迁，在土地利益均衡保障诉求和土地调整僵死的逆向困境中，耕地矛盾成为村庄内部的主要冲突源之一。与此同时，20世纪80年代村庄整体规划的失效，给村庄宅基地冲突埋下了隐患。电商经济对土地利益的刺激，使村庄内部围绕个体利益的私人规则不断放大，现代性的公共规则亟须重建来实现新的村庄内在规范，实现新的社会关系整合。

另一方面，村庄原生的社会关系网络正在变迁重组，它直接反映了村民社会互动关系范围的转变。以家庭作坊为载体形成的生产型共同体，依托血地缘关系和拟亲属关联纽带，以及长时间的工作磨合，内部形成了相对团结的业缘关系网络，生产型共同体正在成为村庄内部新的社会结构单元和社会组织形式。不过，各个生产作坊之间边界明显，共同的利益竞争使作坊主之间的关系多了一层排斥性，村庄内部的社会边界不仅体现在生产作坊之间，在电商经济产业链的各个环节之间，相互之间也有明确的边界意识，紧密关联的产供销体系之间既相互独立又唇齿相依，且新的社会边界在资源和利益的挤压下不断再生产，并逐步外显化，本村人与"外村"的电商经营者之间的资源挤压利益开始凸显。不过，各类电商群体之间利益关系的建构，也展现出理性与道义并存的双重属性，市场经济的逐利性和社会性在村庄经济和结构基础的变迁中相互交织。跨区域的虚拟交易网络的建构，是电商经济营销环节的核心特征，虚拟的客商关系的建立，直接依托互联网平台的交易符号，跨越时空边界而互动结网，对实体店的交易关系网络带来冲击。后天建构的社会关联与传统先赋性的社会关联共同成为村民日常生活世界中的关系体系，当前村民之间的关系网络在数量上增加了，但因理性利益的渗入和边界的增多，却削减了公共性和互动性。

不过，传统的依托血缘和地缘的社会关系与市场竞争性的利益关系网络相互嵌入，个体化的发展并非意味着个体从传统的关系网络中彻底脱离，相反，传统的血地缘关系仍然是新的生产网络和市场网络建构的基础，是最核心的信任圈层。依托传统社会关联生发出来的伦理约束，形成福柯笔下微观的弥散权力，在一定程度上制衡着社会关系网络过度理性化的趋势。简言之，村庄基础层面公共性的建设，就是实现村庄社会资源分配和使用的公共性，就是让乡村社会在传统社会关联和新社会关联的变迁重组中找到均衡，实现经济发展与社会秩序的有机协调。具体举措有二，一是在大小传统的交织碰撞中重建现代性的公共规则体系，将乡土规范与正式法律相结合，形成具有弹性和活力的地方制度体系；二是在初级社会关联的基础上，增强村庄内部的组织与合作，突显市场经济的伦理属性，进一步规约资源利益分配中的自利取向。村庄公共性的生产能力，直接决定了村社共同体的有效性和内聚性，是村庄形成稳定结构基础的根本。新型经济产业嵌入乡土社会的过程，并非单纯的经济嵌入，还包括社会性的融入发展，即新型经济产业与村庄社会的政治、资源系统实现有机均衡，成为农村社区发展的组成部分，才能真正扎根乡村社区。

此外，良好的公共性与社会治理密切相关，可有助于区域的良性发展，[1] 党的十九大报告又提出了"打造共建共治共享的社会治理格局"的新要求，这为新时期我国的公共性建设确立了新方向，也为新型经济产业发展与乡村治理现代化之间搭起了联系桥梁。

---

[1] 林聚任、张欣欣、赵海红：《当今共享发展背景下社会公共性建设研究——以胶东地区为例》，《山东社会科学》2019 年第 8 期。

第五章　电商经济与村落治理模式的转型

20世纪七八十年代的经济体制改革，开启了农村社会的商品化进程，市场经济的大潮很快裹挟了乡村社会，2000年以后，新兴的电商经济与经济精英崛起，村庄均质化的阶层结构被打破，对村庄治理产生了重要影响。传统的小农经济体系与现代的工商业经济走向结合，在村庄社会经济基础转变的同时，政治上层建筑也开始逐步转型。在曹锦清看来，只有当一个社会的经济基础从第一产业向第二、第三产业转移时，政治上层建筑方有可能从专制走向民主。① 村庄视域中的国家基层政权建设，呈现出多样性的切面，在现代性实践中不断变革和重塑。

第一节　电商经济的政治效应

"物质生活的生产方式制约着整个社会生活、政治生活和精神生活的过程。"② 在当前国家治理从管理型政府向服务型政府转变的大背景下，现代经济产业的发展与政治治理的制度构建，是相互制约、相互影响的持续交织过程。大湾村电商经济及其相关产业的发展，使其成为山东省的特色淘宝村，电商经济发展与媒体的宣传，给村庄带

---

① 曹锦清：《黄河边的中国——一个学者对乡村社会的观察与思考》，上海文艺出版社2000年版，第768页。
② 《马克思恩格斯选集》（第1卷），人民出版社1995年版，第32页。

来一系列政治效应。

一　乡镇与村庄关系的新结合

乡镇是我国最基层的行政组织，是国家政权的基础和基层社会不可或缺的组织层次。它直接连接错综复杂的乡村社区，肩负着管理农村社会、发展经济、政令上传下达且监督落实的重要责任。税费改革之前，乡镇和村庄是利益共同体的关系，从千家万户的小农手中收取农业税费是其共同的工作任务。随着税费负担带来的治理危机日益加重，国家在20世纪初进行税费改革，于2006年全面取消农业税费和"三提五统"等各项收费。由此，基层治理转入后税费时代，乡镇与村庄之间的关系性质也从提取资源转向分配项目资源和完成县级以上的行政任务。伴随税费改革和乡镇综合体制改革，乡镇政府作为科层体系的末端，面临财权匮乏、治权弱化、责任强化等多重困境。特别是在当前快速的城镇化进程中，征地拆迁、项目落地、新农村建设、环境整治等多项任务，都需要通过乡镇一级具体落实。在压力型体制和多种考核制度下，要达到"任务要完成，不能违法，群众要满意"的工作目标，基层政府不得不在违法与违规之间挤压出应对的弹性空间，其中吸纳村庄中强有力的村干部成为乡镇推进工作和完成任务的关键，即在人员有限、工作任务重、权力不足、资金少的情况下，乡镇一级不得不采取创造性和策略性的治理方式，来完成各项工作任务，保证乡镇行政体系的正常运转。联村干部（驻村干部）、专项工作小组、网格化管理、责任到人、行政包干制等都是乡镇政府完成工作任务的创新方式，"大原则不跑掉的情况下灵活"，"任务越多，越要灵活"，"死按规定，不灵活的话，根本完不成任务"，"摆平就是水平"，"疲于应付"，"唯上不唯下"都是对乡镇工作的生动描述。[①]
于是，乡镇在责权不匹配的尴尬境地中，再度与村干部结成共同体关

[①] 笔者2015年7月在浙江嵊州市调研时，乡镇干部的总结。

第五章 电商经济与村落治理模式的转型   199

系，是应对资源少、压力大的局面的客观需要。

对于大湾村来讲，当前办事处（乡镇）①一级与村庄关系的结合，除了上述普遍性宏观结构的推动之外，电商经济也在二者之间搭建了一座新桥梁。大湾村电商经济的发展，成为区域范围内的特色经济产业。特别是2015年两会"互联网+"被写入《政府工作报告》，李克强总理提出了制造业与互联网的融合是现代工业发展的必由之路，大力推进互联网的政务服务建设。且2015年国务院办公厅发布了《国务院办公厅关于促进农村电子商务加快发展的指导意见》。《意见》指出，农村电子商务是转变农业发展方式的重要手段，要把实体店与电商有机结合，使实体经济与互联网产生叠加效应，推动农业升级、农村发展、农民增收；要培育和壮大农村电子商务市场主体，加强基础设施建设，完善政策环境，加快发展线上线下融合、覆盖全程、综合配套、安全高效、便捷实惠的现代农村商品流通和服务网络。另外，意见还提出，各地区、各部门要进一步提高认识，加强组织领导和统筹协调，落实工作责任，完善工作机制，切实抓好各项政策措施的落实。② 在中央顶层设计的推动下，地方政府都想依托本地域内的电商经济网络有所作为。县级和办事处政府，有依托大湾村电商明星村的光环效应，打造政府行政业绩的动力，同时村庄也要借力县乡政府来获取发展资源，于是，乡镇与村庄关系在特色产业的黏合下，在资源下乡的大背景下，开始了后税费时代的新结合。该背景下，办事处尤其是管区干部与大湾村村委班子的互动最为频繁，各种参观接待工作，均是由大湾管区的工作人员与村庄对接，村庄非标准化的工作事物经过管区一级过滤、优化、处理，进而再向办事处党工

---

① 大湾村隶属锦秋街道办事处，从理论上讲，街道办事处是基本城市化的行政区划，下辖若干社区居民委员会；乡镇是农村管理中最基本的行政单位。但是锦秋街道办事处虽属于城市行政区划，但辖区范围内仍是以行政村为主，具体管辖2个城区社区、33个行政村，所以在很大程度上等同于地方乡镇。

② 《国务院办公厅关于促进农村电子商务加快发展的指导意见》，政府信息公开专栏，http://www.gov.cn/zhengce/content/2015-11/09/content_10279.htm。

委传达，同时，上级的各项工作任务、通知，也通过管区来对接村庄。管区作为办事处与村庄之间的中介组织，工作人员尤其是管区主任与村书记之间，信任与支持关系的建立，并非完全取决于正式的行政工作，私谊性的人情交往亦是建立联系的重要手段。管区主任参与村书记家庭的重大人情事件，村书记会在村庄社会获得极大的社会荣名感，社会面子是在村庄生活的重要资源，通过人情增加村书记在村庄的荣誉资本，从而加强其工作的积极性。通过电商经济的公共性平台，且通过私人情谊的渗透联结，管区与村庄建立起合作式的新关联。

> 我走到哪里都是湾头街的村民，能带领家乡的老百姓有个出路赚钱，心里感到十分满足。2013年以后，村里领导和上面领导都参与进来了，上头领导都关注我们村的淘宝，你不能像以前一样放开去做了，有些事情要考虑很多，不能完全按照自己的想法放手去做。(安BZ，39岁，村电商负责人，2016-04-01S)

> 办事处白主任对安BZ说：你刚才讲得很好，但是红色淘宝联盟，你没有突出党支部的作用，以后介绍时这一块你要再加强，要突出党支部的带动作用。(接待济南济阳县某乡镇的考察团队，2016-03-31S)

> 农村工作错综复杂，很难找到对应的人做对应的事，不可能像城市那么标准化，所以基层工作很烦琐，难度也很大，不是大而化之，用政策条条能完全解决的。
> 自从县长来参观了之后，效益就不行了，天天宣传挣多少少，一宣传，呼呼的都干开了，压低价格，效益直接不行了。所以我现在直接不欢迎参观的。(安ZY妻，54岁，家庭作坊主，2016-11-22X)

第五章　电商经济与村落治理模式的转型　｜　201

大湾村电商经济的发展，是源于民间自发的经济行为，发展壮大初见规模之际，因为媒体推动宣传和政策层面对农村电子商务的推动，县乡政府开始介入支持和服务电商发展。随着产业发展，参与群众的增多，产品的同质化竞争严重，为破解农村电商发展瓶颈，进一步规范壮大电商发展规模，以"红色淘宝"为连接纽带，锦秋街道围绕服务型党组织建设的要求，在大湾村推出发展新模式。首先，在办事处的推动指导下，在村内成立电商行业党支部，下设草柳编织党小组、红色淘宝联盟党小组、仓储物流党小组三个小组。电商行业党支部设书记一人，由大湾村党支部书记兼任，委员3人，由生产编织、网店商、物流商的模范党员组成。在电商行业党支部的引导下，形成"支部+生产编织+网店+物流"的经营模式，力图打破行业壁垒。具体举措包括，为解决电压不稳定问题，党支部投资80余万元对电网进行改造；为解决网络问题，支部率先实施网络入户工程；为解决营业执照问题，党支部对初创者从注册到运营实行一条龙服务，上门为群众办理营业执照，让群众真正实现创业、销售、配送、金融、培训环节的不出村。同时，成立草柳编电子商务技能学校，针对淘宝商户的切实需求，在电脑技术、电商知识、法律知识等方面，设置课程，为网店商提供培训服务；推出电商服务快车道，党员小组定期走访电商户，帮助解决实际困难。同时打造电商创业互联网平台，用"大美锦秋"微信公众号、红色淘宝联盟微信群等载体，及时推送电商服务等信息，推动电商产业健康快速发展。红色淘宝联盟，还积极发挥党员在淘宝行业的模范带头作用，开展"党员网店亮标识、党员业主亮身份"的"双亮"行动，同时联盟内的电商党员签订《电商党员承诺书》，自觉遵守"所售商品均为正品、自觉接受社会会监督、七天无理由退货"等诚信经营承诺，让党员树立诚信经营的标杆。①

---

① 中共滨州市委办公室：《滨州信息》，领导参阅内部文件，2016年6月24日。

综上，办事处与大湾村联合推动建设的"红色淘宝"新模式，给大湾村的电商发展带来基础设施和信息服务方面的重要支持和引导，不过，目前县乡政府主要在资源引进和利用的层面着力，对村庄电商经济发展带来的以土地为主的利益纠纷和私搭乱建事件，却缺乏调节能力和处理意愿。在维稳压力下，基层政府多不愿意涉及村庄内部的具体纠纷事件，以村民自治的话语推向村庄两委班子，村庄集体组织在应对纠纷和钉子户时，往往因为乡镇支持不足而受牵制。可以说，当前乡镇与村庄关系的新结合，是一种对上不对下负责的逻辑，在一定程度上是乡镇基于自身这个利益主体选择性亲和的结果，对村庄现行电商经济模式与运行的干预和指导多是停留在资源输入、文本制度和政策宣传层面，并没有直指村庄电商经济发展的根本困境。此外，"红色淘宝"的形式主义仍然较强，很多提出的具体举措并没有真正落实，电商培训之类因需要资金较多，培训的次数和数量有限，难以起到实质性的技术提升，也难以覆盖村庄广大的电商群体。总之，县乡政府和村庄基层组织在电商经济发展中的指导与服务还处于摸索阶段。

二 村庄治理事务性工作的增加

根据韦伯的官僚制理论，理性的官僚制运作不仅有着高度的规则化特征，而且内在地体现出行政管理的效率逻辑，即行政运作的事本主义和程序化。[1] 在新型经济产业触发政治效应的初期，行政管理的效率逻辑和程序正义却在一定程度上压缩了村庄自治管理的空间。2013年山东省省长到大湾村参观考察电商经济之后，加之新闻媒体的推动等一系列的标志性事件，将大湾村推成了电商经济发展的明星村，进村口的大门上打上了"中国淘宝村"的标志。从此，大湾村作为地域范围内的淘宝明星村，被推向了展览传播的前台。但是，成

---

[1] [德]韦伯：《经济与社会》，林荣远译，商务印书馆1997年版，第248—324页。

第五章 电商经济与村落治理模式的转型

为明星村也有一定的代价,每天来大湾村参观考察的各级领导干部和各地的观摩学习团体络绎不绝,需要不断迎接各项检查,给村庄治理和日常的管理工作增添了诸多压力和负担。大湾村从2013年安JM书记上台后,开始实行点名坐班制,村两委班子采取正规的科层化管理机制,来共同应对日益增加的事务性工作。

挨户统计,一个人能忙得过来?雇人统计,办事处给人家发工资?省里制着今早8点前出2000字的电商报告,成天捣鼓这些事,谁给俺村里钱,你对领导们说,再给俺安排这样的营生,俺就不干扔牌了!这些任务还没完成,又让统计这个那个的,上头一股劲的压些任务来村里,这活还有法干么。(安JM,2016-04-13S)

安书记:"今天上午省委组织部下面的一位处长来我们村调研电子商务,县里组织部的领导们着了急,昨晚上8点钟李CZ书记给我打电话,让我今早上8点钟之前写一个2000字的电商报告,我给贾CT(副书记)说了,他写了个,还不知道行不行。安BZ今天上午负责接待参观,安BZ虽然我们村里给他发着工资,他简直就是天天给办事处干活,是办事处的人一样。电子商务,搞上了这一块,真是一大祸害,搞得我们忙死了。"周C主任:"没有这个电子商务,上头怎么会给你1500万的项目?"(安JM,周C,2016-04-13S)

通过上述对村委干部的访谈与对村庄日常管理工作的参与观察,村干部对电商经济带来的各项参观考察已经相当疲惫。在电商经济由民间自发引入到政府管理的经济体系中之后,自上而下的行政压力和各种统计报表等数据化、事务性的工作都因电商经济的发展而传递到村庄内部。当前,村庄事务性的通知工作多由村民小组长负责,一天记一工，每个工值60元。特别是在村庄集体经济匮乏的情况下，日常性的事务工作增加了村庄的额外支出，更令村干部难以应付。同时，大湾村村庄规模较大，本来村庄正常的管理工作就纷繁复杂，当前又再加上电商经济带来的新一轮形式性工作，不得不让村书记感叹"电子商务，真是一大祸害"。此外，电商经济发展除了增添村两委的事务性工作之外，还给村庄的环境卫生整治工作增加了难度。环境卫生整治是近几年来基层工作的重点，大湾村参观考察的人员众多，考虑到村容村貌的影响，每当有省市级干部来大湾村考察时，村庄书记和主职负责电商工作的支部成员安BZ做各项准备之外，村庄的环境卫生也要随时准备到位，保证整洁。村庄里现负责环境卫生工作的安GD对此深有感触：

> 我们村大，工艺品带的商业户多，门头房产生的垃圾多，比生活区多很多。居住密集，垃圾往地里堆。村里统一管理，之前村里找了15个保洁员，分段分工，利用清晨一早和傍晚打扫卫生，一天20元，一月600元，定期检查，不干净的扣工资。我组织开会，经常下去转转，他们都比较负责任。看看淘宝村，老槐树，麻大湖公园，上头领导经常来观摩。只要有上头领导参观，办事处就以行政命令的方式传达到村里，要求打扫卫生。自从搞了淘宝村，打扫卫生很频繁，保洁员集合频率太高。上次说辽宁省的一个副省长来参观电子商务，我们从7点开始干，连续打扫了两天卫生，结果领导还没来，保洁员可都累坏了。（安GD，70岁，保洁队长，2016-03-24S）

> 2015年夏天，全县统一搞环境卫生整治。我们村分了4个组，每个组一个组长，领着7—8个人分片打扫卫生，一天一人100元工资，最后一天下雨，干了半天，一共干了三天半。以老槐树为中心，分东、中、西片，南坡一片。村里出动了挖掘机5

台,小铁马自翻斗20个,全村大规模打扫卫生,自古以来就没这样打扫过。村里大型的两堆垃圾,拉了40车才拉完,南坡的垃圾场堆得和小山一样。(窦XR,61岁,3组组长,2016-03-25S)

电商发展带动的村庄社会高度商业化的背景下,村庄的环境卫生整治工作较一般生活居住型村庄的难度要大很多,再加上办事处临时通知的领导参观任务,进一步加大了村庄保洁队的工作量。环境卫生整治作为治理工作之一,在日常性治理之外,往往根据需要,采取运动型治理①的方式,来应对各种参观和级别较高领导的来访。基于治理能力和治理资源的有限,常规性的治理方式有时难以应对复杂局面,在难以平均用力的情形下,需要区分轻重缓急。并且,基层问题存在逐渐累积的过程,诸多矛盾问题积累到一定程度,需要通过运动性治理的非常规工作方式来清理,达至新的均衡局面。当前,对上级的主要的中心行政任务,基层政府多采取运动式治理的方式,一方面通过全面的动员才能具备完成巨大工作任务的基础保障;二是通过运动式的席卷才能调动各种力量来完成规模庞大的工程项目。比如前述的2013年郭树清省长的到来,从县到办事处到村庄,环境卫生整顿了一月有余,村庄主干道上的路面、道路两旁的店铺牌子都整修一新;2015年全县卫生大整治,也是一次运动型治理的典型例子,村庄通过分片划包的方式,在短时间内集中一批劳力将村庄积累已久的垃圾堆统一清理干净。可见,电商经济的官方介入给大湾村带来明星效应和村容村貌改善的同时,也给村庄治理带来了一系列冗杂性工作,琐碎、细致、标准化的行政要求极大增加了村级的工作量和财政

---

① "运动型治理":突出特点是(暂时)打断、叫停官僚体制中各就其位、按部就班的常规运作过程,意在代替、突破或整治原有的官僚体制及其常规机制,代以自上而下、政治动员的方式来调动资源、集中各方力量和注意力来完成某一特定任务。具体参见周雪光《运动型治理机制:中国国家治理的制度逻辑再思考》,《开放时代》2012年第9期。

压力，传统的依靠村干部经验能力和乡土规则的简约治理再难满足新型经济发展下的治理要求。

三 电商经济推动项目资源下乡

农业税费取消后，农村公共品的供给主要依靠国家财政转移支付，在这个过程中，国家多以项目制的形式向农村输入资源。项目制是在推行国家发展战略和调动地方资源的双重目标下，中央政府对地方政府进行的非科层化竞争性授权，[①]即国家并非普惠性的向所有村庄提供项目资源，而是需要申报申请和竞争筛选。在这种非均衡性和竞争性的资源分配方式下，各个村庄在表面上看似有一个公平竞争的平台，实际上项目的获得很大程度上依靠村干部的个人资源和主观能动性。正如有学者研究指出的，项目制下的资源竞争规则实际上就遵循着一种高度依赖私人关系和感情的半私人化逻辑。[②] 在此背景下，村民把能否争取到项目作为评价村干部工作能力的重要指标，村民的认知是"有项目总比没有强，国家的钱不要白不要"，同时村干部也把争取项目资源作为竞选的条件向村民承诺。由此，能为村庄争取到项目，建设好村庄的基础设施，同时不跟农民收取一分钱，成为项目制下村民眼中"好干部"的基本技能资格。

在当前办事处与村庄关系新结合的背景下，项目资源的申报并非以村庄为最基层的单位，而是在办事处一级根据项目特色，对村庄进行遴选，然后联合村委会一起申报，即办事处与村庄结合成新的项目申报主体。在国家资源大力支持电商发展的环境下，以"淘宝城"即中国草柳编文化创意产业园为主的一系列大小型项目开始进入村庄。考虑到"村里街上的道路不平，门头很不规范，天天有来参观的

[①] 渠敬东：《项目制——一种新的国家治理体制》，《中国社会科学》2012年第5期。
[②] 折晓叶、陈婴婴：《项目制的分级运作机制和治理逻辑——对"项目进村"案例的社会学分析》，《中国社会科学》2011年第4期。

不好看",① 2015 年，锦秋街道办事处先后投资 500 多万元搞了"四化"工程，路灯亮化、村容美化、道路硬化、网络信息化，对大湾村辖区内的路网、管网和通信网络进行了升级改造，并先后组织培训电商从业人员 1000 多人次，进一步来提升和打造大湾村的电商经济规模和等级。另锦秋片区在 2016 年多级投资 1.6 亿元，建成 4G 基站 480 个，改造邮政支局 5 个，启动村级便民服务站 400 个，不断完善电商末端的配送体系。② 在此基础上，在大湾村挂职的市委副书记的推动下，办事处联合大湾村向山东省申请了"美丽乡村"建设的项目，主要用于建设村庄中心广场边的董永公园，这个项目主要包括泰山行宫建设、董永像雕塑及周边湾的清理、广场南边直通湖心干渠的河道清理与美化、石桥、路灯、绿化等部分，总投资 1500 万元，其中省里的专项资金 700 万元，市里配套资金 300 万元，县里 200 万元，办事处 200 万元，村里 100 万元，因为办事处和村里的配套资金很难提供，相当于这个项目是 1000 多万元的经费。大湾村作为区域内的电商明星村，县乡政府都想将其借势进一步打造成特色旅游村，与麻大湖区的旅游建设项目结合起来，电子商务加上董永公园和与麻大湖公园的联通，共同营造乡村旅游的示范样点，希望项目建成以后，能吸引城市游客来村参观，进而又带动村庄手工编织业的发展，拓展实体店门头的销售。所以，在大湾村的电商经济已经颇有知名度的背景下，围绕电商经济的亮点，各类项目资源也都相对向其集中和倾斜。在项目造点逻辑的影响下，没有亮点的村庄往往处于资源分配的被遗忘的边缘，有亮点的村庄则成为县乡政府资源申报的优先对象。正如安书记在民主议政会上所言"领导们把钱投到玻璃上，能照人，看得见，把钱投到牛粪里，是纯粹浪费"。

在资源下乡的背景下，如何充分利用国家资源来进行乡村的基础设施建设，如何产生"投在玻璃上照人"的效果，依然是个大难题。

---

① 安 BZ, 39 岁，村电商负责人，2016-04-01S。
② 中共锦秋街道工委：《大美锦秋》，2016 年 2 月 29 日。

以董永公园建设项目为例，村庄正在计划如何清理两个大湾里的垃圾河淤泥之际，张 JB 反倒将自己承包大酒店后边紧的一个大湾倒上了建筑垃圾，想着在项目动工之前先自己占起湾来，盖上建筑，由此引发了与村委的冲突，造成村民围观。张 JB 抢垫湾的事件，安书记在村庄的民主议政大会上表示，"现在董永公园项目正在进行前期预算，很快就会着手动工，少数村民不是支持反倒添乱，对于这种无赖的行为，只有村民代表和党员支持村两委的正义举措，村两委工作才能开展，项目进村前的钉子户才能拔掉"。在拔钉子的同时，项目资源的实施落地，也面临着清理钉子户的风险。村庄中的民主议政会，是利用村集体的力量而非村干部个人力量对抗私人渔利行为的新机制，村庄正义开始发挥作用，灰黑势力的完全退场，尚需要制度化的法规建设。

村庄是项目资源最终落地的场所，村集体却缺少资源使用和分配权力，资源进场的同时裹着各方的力量博弈，村庄处于相对被动的地位，群众更是缺少参与监督意识，程序合法背后隐匿了项目进场与落地过程中清理钉子户的暴力力量，国家资源难以最大化的运用于乡土建设中来。在资源下乡与官员联系村制度的背景下，村庄都期待上级行政级别高的领导来本村挂职驻村，以带来项目资源。大湾村安书记在 2013 年郭省长到来后的报告中，就指出"强烈希望省领导来大湾村驻村，项目资源的倾斜"。县乡镇府在进行上级项目申请与打包分配时，往往将项目资源与地方的经济发展目标、自己的行政业绩等多种因素结合起来，所以，地方政府更倾向于将资源分配给已经初见成效的村庄。大湾村的电商名气正好迎合了这一系列客观的利益主体的利益需要，成为重点打造的对象，项目资源开始流进村庄。但是，项目实行过程中，灰黑势力与拳头硬的村民进场，摆平钉子户的同时，不可避免的盘剥项目资源，造成国家资源的内卷化与基层治理合法性的丧失。如何增强村庄对项目的承接能力，村庄如何作为一个有机的整体聚合起来，充分利用国家资源，发挥项目的惠农目标，是当前项目制下村庄公共品供给的关键,特别是像大湾村一类资源吸附能力强的明星村,更是面临此问题。

第二节 多元利益主体下常规治理模式失效

改革开放以来,农村社会出现分化和重组。大湾村在电商经济的推动下,阶层界限进一步明晰,村庄内部形成了普通村民、电商精英、电商普通群体、其他的小企业主、政治精英等多元的利益群体,村庄阶层结构基础的变革对现行的常规治理模式带来挑战。电商精英与村庄政治精英的结盟,形成了压制性的治理结构;同时基层组织在村民自治中的作用不断萎缩,新兴的职业团体与社会组织尚处不成熟状态,难以在基层治理中代表自主的社会意识建言献策,由此,多元利益主体下的常规治理模式亟须变革。

一 电商精英与基层政治的结盟

在国家政权建设过程中,受地方社会的复杂性权力关系约束,基层政权组织很容易被地方精英"俘获",演变成为"盈利型经纪"。产业型村庄内生利益密集,依托村庄手工业的电商经济发展,其自身带来大量的就业机会,并生发出产生配套产业或产业链的机会,进一步拉动且扩大了本地市场的就业容量。在县域范围内,社会有一定的完整性和独立性,村庄精英在本地市场获得活力的机会也比较大,该群体的人数虽不多,在村庄治理中的作用却非常大。从精英自身的角度来讲,通过任职村干部来改变身份,提高社会地位,并因村干部的身份便于与基层政府各部门打交道,为自己的企业谋取政策优惠;从政府角度来讲,政府希望这部分人来带动致富,实现"双强双带",并且通过让该群体来当村干部,建立起村庄结构性的关系,政府也可较好地掌控村干部自身及村庄社会。

传统型家族领袖精英,逐渐丧失权力和领导力,村级权力逐渐弥散化，传统规范并没有完全褪去，仍然对人们的行为和权力的生产有着重要的影响，而现代市场经济下的理性逻辑，新的权力生产的逻辑和新的权力关系也在不断的形成，财富对权力生产越来越重要，对村级秩序产生了重要的影响。在村庄土地利益激活和国家资源下乡的背景下，富人群体、有知识、有丰富经历、关系网络发达的群体成为与当前社会结构最切合的治村人员，这部分群体有积极行动的意愿和能力，不管其本真的目的是从村庄利益出发还是从土地和项目资源谋利出发，抑或从村干部的身份得利出发，这部分群体迎合了项目下乡的承接需求，且正活跃在村庄的政治舞台上。

在大湾村内部，传统的派系政治与富人政治相互交织，随着村庄宅基地的公开买卖和电商产业对土地空间的利用需求，2000年以后村庄选举中的竞争愈趋激烈，传统的派系政治并没有给电商精英直接进入村委班子的机会，电商精英因为土地需求与村庄政治发生关联；随着电商经济成为县域范围内的明星产业，以及村庄宅基地和承包地利益的分配定局，电商精英与基层政治的亲和关系开始出现跨越性。2013年政府全面介入电商发展以后，各种宣传会议、参观考察会议不绝，村里率先起步的少量电商精英与办事处、县委相关部门形成亲密的互动联系，相互之间形成了一定的依赖关系。电商精英与基层政治的结盟，有很强的选择性和工具性，其出发点主要是自身的土地空间需要和政策上的优惠支持。

二　基层组织在村民自治中的作用不足

迈克尔·曼曾指出，现代国家政权建设的核心是基础能力建设，它涉及国家政权力量对社会的渗透及制度化资源再分配能力，其实现主要依赖于制度化、理性化的官僚组织体系以及有效执行公共政策、维护公共秩序的基层政权组织。[1] 自从1982年《宪法》确认村民委

---

[1] ［英］迈克尔·曼：《社会权力的来源》，刘北成、李少军译，上海人民出版社2002年版，第69页。

员会的合法地位，村民自治以国家最高法律的形式确定下来，乡村基层组织共同构成村民自治的组织基础。但是许多学者的研究发现，在基层实践中，诸多村民委员会都是在基层政府的政治动员下成立，具有很强的行政色彩，甚至异化为基层政府在村庄的延伸。[1] 并且，村委会的职能定位并不清晰，其实质更倾向是一个上下等宽的乡镇驻村级的半行政机构，自治性质难以显现[2]，基层国家政权建设难以渗透社会。

已有研究中，不管是对村委会成立前提还是职能性质的质疑，都共同指向基层组织在村民自治中的作用不足问题。在大湾村的实践中，村委会和党支部交叉任职，一共五名正式的村干部成员，其余会计、出纳、卫生管理的工作员都属于村庄临时聘任人员。大湾村本村村民4600多人，外村村民1000多人，仅靠几名村干部有限的精力，很难服务整个大村庄。现大湾村除了村书记和几位聘任的老年村委工作员，其他中年村干部都是兼职，都有自己的副业。在村委班子人员配置有限的条件下，村委组织的自治作用自然难以凸显。在大集体时代，生产大队和各生产小队有机配合，生产小队掌握各小组的土地等生产资料，负责劳务分配和资源分配，生产小队作为实体性的治理单元辅助生产大队的社会管理。当前，村民小组虽延续以前生产队时期的熟人社会范围，小组内部信息高度对称，知根知底。但是，随着村集体对小组土地资源的回收，小组内部没有任何治理资源，小组一级的治理缺位。村民小组承担的都是事务性的工作，并不能发挥实质的治理功能。同时，乡镇与村庄关系新结合背景下，乡镇只能对上负责，完成上级任务和向上申请资源，而难以对下扎入村庄。乡镇对村庄层面的具体事务用"村民自治"的话语持不干涉的心态，村庄因为缺少了乡镇的权力与制度的供给支持，单纯的依靠国家层面法律条文的"村民自

---

[1] 杨嵘均：《论农民自组织动力源的现代转型及其对乡村治理的结构优化》，《学术研究》2014年第5期。

[2] 任孟娥：《基于自组织理论维度的农民组织的现状分析》，《农村经济》2008年第9期。

治",在村庄内生规范薄弱甚或消解的状态下,就难以落到实处。

在亨廷顿看来,一个政府强大与否,稳定不稳定,全凭它能否在完善其政治制度化的速度与扩大群众参与水平两者之间求得最佳值,适时适度地调频这两者之间的相互共振,奏出政治上的和谐。① 迈克尔·曼在将国家权力划分为专断权力和基础性权力,其中基础权力是集体权力,一种"贯穿"社会的"权力"。② 加强国家的基础性权力,减少专断权力的使用,是现代国家政权建设的关键。沿着这一分析路径,米格代尔用"社会控制"的概念来替代"国家基础性权力"的内涵,他将"社会控制"的实现不仅看作是国家机构和人员的下沉,更重要的是要看国家是否具备通过资源配置去实现特定目标和管理民众日常行为的能力,以及是否具备用国家规定的规则去取代人们自己的社会行为取向或别的社会组织规定的社会行为的能力。③

从村庄经验来看,乡村振兴的时代背景下,国家为乡村输入了大量的基础设施建设资源,大湾商圈一带电商经济的发展,更是吸纳了大量的项目资源。但是这些资源却没有转变成为激活村庄政治、实现村庄内部组织动员、调动群众政治参与的纽带,即国家资源的输入并没有起到强化基层治理能力的目标。究其根源,基层组织作为村庄社会中国家力量的代表,基础性权力的不足使其在复杂的村庄治理中处处掣肘,乡村基层组织难以结合地域社会的政治经济基础来与上层的国家治理政策、发展资源形成有效互动,也就难以形成符合地方社会经济基础和群众诉求的制度规则,从而严重影响了国家资源的治理效果与效率。并且在基础性权力不足的大背景下,基层政府为了完成中

---

① [美]塞缪尔·P. 亨廷顿:《变化社会中的政治秩序》,王冠华、刘为等译,生活·读书·新知三联书店1989年版,中译本序第5页。

② [英]迈克尔·曼:《社会权力的来源(第二卷·下)》,陈海宏等译,上海人民出版社2007年版,第68—69页。

③ Migdal, J., *Strong Societies and Weak States: State-society relations and State Capabilities in the Third World*, Princeton N. J.: Princeton University Press, 1988, p. 22. 转引自肖林《国家渗透能力建设:社区治理挑战下的国家应对策略》,《哈尔滨工业大学学报》(社会科学版)2013年第6期。

心工作任务，变相挤压出来的诸多临时性的、特殊性、策略性的工作方式和手段，可能会暂时的解决乡村社会中的难题与困境，但是从长远来讲，也会削弱基层治理的合法性基础，甚或将基层治理引入恶性循环的泥沼。从该角度讲，加强县、乡、村层面基层政府的组织建设和能力建设，村庄中的国家与社会才能相互形塑，避免治理内卷化的危机。

三 职业团体与社会组织在治理中缺位

已有研究指出，市场化过程中形成的理性化社会和农民的自我组织，是村民自治成长的必要社会条件。[①] 也有学者认为，人类历史上组织的形态、数量、密度与社会的发展程度直接相关。与现代城市相比，农村发展慢的一个重要原因是组织太少，家族、宗族、邻里等非正式结构或关系难以适应社会变化，乡村现代化需要建立大量正式组织予以支持。[②] 近年来，农村社会成立了涵盖经济、文化、社会生活等各方面的合作组织和技术协会，农民组织的发展如雨后春笋。不过在大湾村的实践中，地域社会内的职业团体和社会组织正处在起步阶段。

自2013年以来，大湾村每月5日几乎都会召开民主议政会，村两委成员、村民小组长、村民代表出席，办事处里的管区工作人员有时也会参加，同时传达一些上级的通知和指示。民主议政会主要讨论村庄过去一个月中集中发生的大事，村书记对下个月的工作向会议汇报，村监委会汇报财务支出。笔者通过参加民主议政大会以及对村书记会议记录笔记的分析，村庄会议主要围绕私搭乱建、房基处理、领导来访、迎接检查、道路修建、农田水利、环境卫生、计划生育等工作展开。民主议政会是当前村庄政治实践的主要

[①] 徐勇：《村民自治的成长：行政放权与社会发育——1990年代后期以来中国村民自治发展进程的反思》，《华中师范大学学报》（人文社会科学版）2005年第2期。

[②] 宣朝庆：《突破农村公共品供给的困境——民国知识分子参与乡村建设运动的时代意义》，《山东社会科学》2013年第2期。

窗口，但电商协会、快递协会、红白理事会等各类职业团体和社会组织都没有以组织的身份和形态参与村庄政治，虽然村庄两委成员安 BZ 是电商协会的秘书长，村庄电商工作基本由他负责牵头，但他是以村干部的身份而非协会组织成员的身份参与民主议政大会，相似的红白理事会的会长安 GD 是村庄的聘任委员，也是作为村两委班子成员参与会议，并非以红白理事会组织成员的身份参与民主议政会上有关丧葬、公墓建设的事宜的讨论。可以说，村庄内部基本上是以村两委会为主体的一元权力格局，当前村庄中的职业团体基本是作为行政组织的附属存在，缺乏独立性和主体性，尚未在基层治理中发挥实质作用。

　　大湾村在电商经济与相关产业链条的带动下，村庄内部的社会组织正处于发展萌芽阶段。现有的少数行业协会组织均是在办事处与县级组织部门的推动下，形成的社会团体，政府的推动是其成立的初始动力，各协会组织均直接对办事处或县级政府负责，与村庄基层组织基本是脱嵌的关系，自然难以在村庄层面的治理中发挥实际功效。从县乡政府角度来讲，大湾村的电子商务经常吸引省市一级领导来参观、访问、考察，以行业协会的形式将领头精英联合起来，便于组织迎检、开会、座谈。同时，项目资源对接的是具体组织或合作社，不会对接分散的个体，形成行业团体，便于向上争取电商产业的专项项目资源，也便于县乡主体的资源发包和政绩升级。从电商精英的角度来讲，在政府的政策支持中，往往持"扶大不扶小，扶强不扶弱"的逻辑，以协会行业组织的形式形成电商精英的结盟，将个体分散的精英力量聚合起来，借助协会的组织平台，无疑会提高电商精英与政府博弈的能力，同时行业协会以公共服务的旗帜组织起来，也便于自身向上谋取各项资源和政策支持。由此，县乡主体和村庄内的电商精英都有组成行业协会的愿望和诉求，都通过组织的形式获得各自的利益需求，项目资源在官僚体系的上层和村庄经济精英和政治精英之间形成互相分利的隐性分配秩序。在这个过程中，各职业团体与县乡政府结成的是利益分配的秩序，而承载各职业团体发展的村庄社会却与其关系不大。

可见，各种职业团体和社会组织并非天然的代表社会的自主性意识，它们能否在基层治理的舞台上发挥有效作用取决于多种复杂的因素，并非所有的存在就能推动基层政治的民主化进程。在社会转型的过渡时期，普通村民、电商精英、电商普通群体、政治精英、建筑行业、装修行业和水产行业的小老板等多元社会主体开始形成发展，如何有效调动他们的积极性来参与村庄建设和基层治理，如何平衡多元社会主体之间的利益关系，政府和社会如何实现良性有效的互动，都是社会转型发展过程中需要面对的重要现实问题。资源和利益再生产的社会组织是凝集村庄社会的关键，单纯的资源和利益输入个体化的乡村社会，难以产生政策初衷的预期效果，这在资源下乡时代诸多地方的案例已经得到证明；同时，单纯的社会组织建设，往往只有组织的形式而没有实质内容，或沦为行政组织的附属，或称为精英谋利的工具，难以在公共层面产生担当和价值。

第三节 多元社会主体协同下的过渡型治理

伴随电商经济产业的发展，村庄内生利益激活，同质小农出现阶层分化，多元社会主体兴起，相应出现多元的社会需求和利益诉求，常规治理模式逐渐失效，基层政府失去了利益分配和危机化解的能力，出现了"村民自治难自治"的尴尬困境，村级治理机制亟须变革创新。探讨与转型时期的社会结构基础相匹配的过渡型治理模式，是基层国家政权建设的重要内容。多元社会主体兴起背景下，首先应该明确基层政府与多元社会主体、组织的关系定位，进而探讨有利于多元主体参与的村民自治的新单位，以及行政与自治相结合的协商民主实践，发挥国家主导与社会自治的活力，为农村社区建设提供可持续的政治发展动力。

一 基层组织与多元社会组织的关系定位

学界主流认为，农村多元的社会组织作为农村最有活力的新型组织形式，是农民制度化的利益代言组织和农民政治、社会参与的有效方式，[1] 是构建公民社会的桥梁[2]和中国农村政治民主化的必经之路[3]。不过，农民自组织的创新发展，既非政府推行的强制性制度创新，也不是农民在逐利动机驱使下自发行动所能实现的诱致性创新，而是介于两者之间的政府主导性制度创新，故表现出诸多局限性。[4]学界认为，受传统小农经济和中央集权的国家形态影响，[5] 农民自组织的发育先天不良，且在后天发展过程中组织规范性差，法律保障滞后，[6] 与基层政府存在隶属或附庸关系。因此，有学者提出，界定基层政府和农民自组织的权力边界，基层政府权力退出是农民自组织制度创新的关键。[7] 即强调农民自组织的独立性、规范化和制度化，认为超脱基层权力操控的农民自组织是解决"三农"问题的关键，在转型期的中国农村社会中有重大作用。不过，也有学者指出，正式的行政性组织退出农村容易，但是在各种资源不断流出农村的背景下，农村民间组织的发育很困难，真正能够发育起来的往往是带有暴力特征的灰色甚至黑色组织。[8] 由此，基层政府与多元社会组织的关系定

---

[1] 张龙平：《农民自组织：社会参与的有效选择》，《理论与改革》1998 年第 2 期。
[2] 俞可平：《中国农民社会的兴起及其对治理的意义》，俞可平等：《中国公民社会的兴起与治理的变迁》，社会科学文献出版社 2002 年版，第 189—223 页。
[3] 于建嵘：《我为什么主张重建农民协会？》，《中国社会导刊》2004 年第 2 期。
[4] 徐旭初、黄祖辉：《中国农民合作组织的现实走向：制度、立法和国际比较——农民合作组织的制度建设和立法安排国际学术研讨会综述》，《浙江大学学报》（人文社会科学版）2005 年第 2 期。
[5] 马聪：《我国农民自组织状况的历史性考察》，《河南社会科学》2002 年第 4 期。
[6] 国务院发展中心课题组：《农民自组织的成长与约束》，《管理世界》1994 年第 6 期。
[7] 汪杰贵：《论我国农民自组织"内卷化"危机与出路》，《农村经济》2014 年第 11 期。
[8] 贺雪峰、魏华伟：《中国农民合作的正途和捷径》，《探索与争鸣》2010 年第 2 期。

位就至关重要。

在大湾村所在的锦秋街道办事处，社会组织的形态主要表现为行业协会组织和农民专业合作社组织，它们的成立多脱胎于村庄的村委会组织，直接对接县乡相关部门。大湾村当前社会组织的成长力量明显不足，内部组织凝聚力缺乏，与基层组织形成了隶属关系，基本是县乡组织的行政附庸。从大湾村的社会组织与基层政府的结构关系来看其发展困境，确实呈现出学界主流一致认为的基层政府的干预导致了社会组织的自治不足，但是大湾村的职业团体组织若没有政府的外力推动，自发联合起来的可能性较小，这些社会组织当前发展关键是组织的外形形成之后，怎样具备组织的实质内容，怎样与基层政府形成良性的互动，怎样作为村庄范围内组织的样本不断在其他阶层的职业群体内复制，怎样形成自主的应对市场风险的组织机制，而不是急于与基层政府划清边界。不过，大湾村的社会组织与村庄层面的基层组织存在断层，电商协会和快递协会的成立均是在村庄电商经济的光环效应推动下，县乡政府与村庄电商精英的结合，该类社会组织的成立本身具有很强的工具理性特征，组织内部的社会合作居于次要地位，尚未成为成熟的社会组织走向正常发展的轨道。

20世纪80年代政治社会学的视野中"有国家无社会"的话，90年代学界最为流行的是国家与社会的二元分析框架，旨在发现市民社会在中国的萌芽，但是在这一过程中，学界有意无意地遮蔽了国家与社会框架的另一个维度——国家。在村庄政治生活中，农民自组织发展的理想状态应是嵌入到基层治理中的，与基层政权是辅助互动的关系。因为国家与社会从来不是非此即彼的对立关系，而是相互赋权。平等协商能力和现代的契约理性并不是自动就能从乡村共同体中生长出来，基层政府在农民自组织成立前期的政策推动和制度供给以及对农民自组织运行过程中的宏观指导，并非自组织发展的阻力因素，而恰是农民自组织联合和自治属性激发的重要推动力。特别是在华北村落，村庄自治和自组织的发育传统缺乏的客观结构条件下，基层组织的外力推动就十分必要。但是，外力推动之后，社会组织内部终究需要自力更生，形成扁平结构基础上的真正自发合作和信息共享，平衡利益需求，从而共同在市场经济中规避风险，获取最大利润。与以往单向强调农村社会组织的独立属性不同，我们应摆正农民自组织与基层政权之间的关系，是协同治理而非科层隶属的上下级关系，更不是独立并行的双轨关系。

二 生产与职业组织：自治单位的新探讨

行政村是我国村民自治的最基层单位，但是在实际的村庄生活中，特别是在人口众多的华北大村落，行政村范围的村民自治往往因为村落规模过大导致的信息不对称、关系结构复杂等因素，造成自治的属性难以凸显出来。同时，生产队和村民小组是政社合一的行政单位，是国家对乡村进行基层治理和管理的基层抓手，也是受国家控制的自上而下的单位设置，它们的政治色彩浓，与村委会、乡镇政府之间是上下级的科层隶属关系。在农民的观念认识中，"小组长就是收粮派款的"，可以说，生产队和村民小组是农民被组织而非自组织的单位。

电商经济的发展，村庄内部以家庭作坊为主形成了诸多实体性的小生产组织，同时以行业类型为主形成了各种协会组织。家庭作坊为主的小生产组织中，内销淘宝的编织作坊内部，多是40—55岁之间的妇女，她们均是边劳作、边三三两两的聊天，相互之间因为熟识而信息高度流通，并且妇女往往是村庄内部公共舆论信息制造和传播的主体，从家庭内部的家长里短到村庄内部的公共事件，都有不同层面和深度的波及。在当前私人生活的变革影响下，家庭内部的代际冲突、婆媳冲突等事件在妇女的聊天内容比重中下降，她们的交谈多围绕村庄内部的冲突性事件和政策类事件展开。一般来讲，冲突性事件，比如村庄内部的宅基地纠纷、抢地占地事件等，该类事件有一定的公共性，虽有特定的对象群体，但往往不具有强私人针对性，谈论该类问题不会有得罪人的压力；政策性事件，比如村庄修路的规划、村庄内部的建设项目等等，当该类事件直接关系到村民的切身刚性利益时，农户往往比较关注，从而在工作场合不断的谈及。如何将工作场合中表达出的合理利益诉求传达到村庄层面，如何充分利用妇女工作聊天中所形成舆论的监督功能，以及如何充分依托家庭作坊的载体来传达村庄政策、规划、公共事件等，即基层治理如何激活村庄内部已有的小型组织的社会活力和对村庄政治的社会参与性。在村庄调研中，笔者发现，如果作坊内部有比较关心村庄公益和发展事业的村民代表、妇女代表时，她们往往起到很好的牵头和上传下达的作用。

李KT，51岁，一直在飞机场附近的安家做编工，她是第7组的村民代表，性格爽朗，每个月的民主议政会她基本都参加，会议上有什么通知，一回到工作坊内，她就对周围的编工传递。4月6日村庄的民主议政会主要讨论董永公园建设项目，村书记向大家传达了项目建设的初衷和美好的前景，号召要保护周边环境，村庄正在清理湾塘，不要继续在往里面随意倒生活垃圾等事宜。李开完会，就直接回到作坊里继续编织，她一回去，大伙就都问她，今天开会有什么新鲜事？李很兴奋地向大伙介绍了董永公园项目，项目建成后会怎样怎样，并告诉大家以后不能往湾塘里扔垃圾。编工们围绕着这个项目一直聊，"公园一建，周边的地基更价高了"；"真有参观旅游的来，村里以前开饭店的应该又经营起来了"；"开实体店卖工艺品的，又多了销路"；"在路边上的房子，搞个农家乐饭店说不定很发财"，等等。（走访家庭作坊，2016-04-06S）

家庭作坊作为小型生产组织，手工劳动的灵活性不同于机械的程序性，编工群体的劳作过程中可以产生自由的言论，该生产组织群体之间有1—2个热心公益的妇女，往往就能调动起作坊内部群体对家庭以外村庄公共事务的关注程度，就能够将小群体的政治参与意识在一定程度上激活。当下农民的分化体现在职业、经济等各个方面，分化的小农难以一致行动。个体遵循理性选择和自我利益最大化的逻辑行事，最终个体的理性带来的是集体的非理性。在分化的社会背景下，村民或社会组织中有无维护公共利益的代表人物就很关键，他可以把村民动员、说服、组织起来，没有公共精英的牵线，组织内部的村民很可能依然是一盘散沙。村庄的发展建设事关每位村民的切身利益，村民在过好自家日子的同时，也对将要在此长久生活的村庄环境有强烈改善的愿望，家庭妇女作为村庄舆论的传播主体，亦可发展成为村庄建设建言献策的组织性有生力量。

除了村庄内销淘宝供货的小型生产组织之外，当前村庄中已有的各类协会组织和红白理事会组织也是村民自治制度具体实践的重要载体。不过，现有协会组织均是在政府行政力量推动下行业内精英的结合，村庄内部其他经济阶层的电商群体，若在自愿合作的基础上，结成扁平化的多样组织形态，未尝不是共享市场信息的最佳方式。同时，大湾村率先起步的少数电商大户，因网店信誉度有保证，在村庄同行增多、淘宝竞争越来越大的背景下，精英大户可以在商品生产和流通环节均衡利益，依然可以从容应对，而开始起步的小商家为了提高销量和店铺的信誉度，只能不断压低价格，打价格战，从总体上拉低了电商经济的利润率。可见，当前村庄的电商大户和普通电商小户之间是断裂式的关系，如果能够通过协会组织的形式，将电商精英大户与普通的小户结合起来，形成互助帮带的联动机制，形成互惠共利的团体，也是增强村庄电商经济的整体竞争实力的重要举措。只有在实体性的组织内部，个体才会关心组织利益，表达合理诉求，进而形成有效合作。基于村庄内部的生产合作需求，合理增加村庄内部的组织密度，把村民自治的制度实践引入村庄内部的经济组织和各类协会组织中，将村民自治的单位范围从行政村一级进一步下沉到村庄内部的多元社会组织中，自下而上的组织单位主要是对村民负责，与村委会和乡镇基层政府是协同治理的新型关系。

多元社会主体之间的协同治理有利于推动村庄权力结构的调整，重构村庄的权利网络和制度网络，把体制外的精英纳入、吸附到基层治理中来。促进村庄热心公益事业的社会精英在村庄治理中的作用，活跃在村庄政治前台的，不应该仅仅是经济精英，有一定责任与担当的社会精英才是村庄良治的重要力量。能够把老百姓自治的积极性和主动性调动起来的往往不是正式的制度和法律，而是共同利益和生产生活中产生的共识。各个社会组织是紧密的利益共同体，有明确的范围和边界，小共同体内有较强的价值生产能力，是相对完整的熟人社会。通过调动熟人社会内部的力量来解决自身问题，村民之间是相互制约、牵制和长期互动的逻辑，遵循"自己人"的处世之道。村庄内部自发形成的多元社会组织，将进一步明确、凸显自治的属性，直接对接农民需要，而非服务于国家任务或是政府政绩，公私界限明确。同时，在具体的乡村环境中，各个组织内部的具体需要存在较大的差异，立足于组织需求，村民的利益诉求也能得到针对性的满足。

三 行政与自治结合：协商民主的新实践

20世纪80年代，美国学者约瑟夫·毕塞特在《协商民主：共和政府的多数原则》（1980）一文和《理性的温和声音：协商民主与美国联邦政府》（1994）一书中，用"Deliberative Democracy"一词来对美国的宪政体系和权力架构进行阐释，以区别于对美国宪法的精英式、贵族式解释。[①] 后在一批当代西方著名思想家的推动下，协商民主作为一个概念和政治理论成为学界和政界的热门话题。罗尔斯认为，在一个多元分化的社会中，政治共同体的稳定与发展，不可能依赖于强力，"要求利用国家权力的制裁来纠正或惩罚那些与我们观点相左的人，是不合乎理性的或错误的"，[②] 他主张的是国家与公民社

---

① 李强彬：《协商民主：西方观点与中国语境》，《经济社会体制比较》2014年第4期。
② ［美］罗尔斯：《政治自由主义》，万俊人译，译林出版社2000年版，第146页。

会分离基础上的政治自由主义，重叠共识的理念、权利的优先性与善的理念、公共理性的理念是罗尔斯政治自由主义理论的三个核心理念。协商民主的萌芽孕育在其正义原则与政治自由主义可能的路径之中。在哈贝马斯看来，协商民主是一种话语民主，对话在协商民主中处于重要位置，产生于理想的言语情境之中。民主过程的核心在于对共同利益进行讨论，而不是就各种私利展开竞争。[1] 区别于哈贝马斯的观点，吉登斯认为对话民主不同于讲话场所，他不像哈贝马斯那样假定民主化多少包含在讲话或对话的行为中，而认为对话民主有可能作为日常活动以及大型集体组织保持生存的条件，在社会反思的范围内实施，且对话民主并不一定达成共识。[2] 赫尔德通过对多种民主模式的考察，认为协商民主是一种新的民主模式，是一种集中提高民主质量的特别政治途径。[3] 简言之，西方协商民主理论普遍认为，在一个强调平等参与、相互尊重和充分理由论证的环境中共同商议公共政策，可以更好地沟通和化解分歧，也更可能形成凝聚更多共识、理性和正义的公共政策。[4] 2001 年，西方协商民主理论由哈贝马斯引入中国，随后中国学者就本土语境中的协商民主实践展开了激烈讨论和丰富探讨。

在本土学界，学者们认为协商民主提供了一种不同于选举民主的新的思考方式和理论框架，和选举民主是相互补充的关系，中国的协商民主是在中国基本制度框架下，所有受到决策影响的行为主体，围绕政治社会生活中的议题，通过咨询、商议、讨论的方式，达成共识

---

[1] 黄振辉、王金红：《协商民主与中国地方治理创新》，《经济社会体制比较》2009 年第 5 期。

[2] ［英］安东尼·吉登斯：《超越左与右——激进政治的未来》，李惠斌、杨雪冬译，社会科学文献出版社 2000 年版，第 119 页。

[3] Held, David., *Models of Democracy* (3nd edition), California: Stanford University Press. 2006.

[4] Rosenberg, Shawn W. eds., *Deliberation, Participation and Democracy: Can the People Govern?*, New York: Palgrave Macmillan, 2007.

的一种民主形式，它既强调协商程序的民主性，也强调结果的共识性。[1]甚或有学者认为，中国共产党领导的多党合作和政治协商制度，本身就是协商民主的一种制度形似，但是也有学者指出协商民主与政治协商之间存在明显差异，中国政协中的协商意为"咨询"，而西方的"协商"，意为"慎思"和"讨论"，[2]是两种不同形式和不同类型的民主政治。[3]虽然对协商民主的本土界定存在分歧，但学者们均肯定协商民主的实践，可以显著的推进中国公共政策过程的优化和公共决策制度的创新，有利于重塑公民角色、政府角色以及它们之间的关系，推动民主治理的发展。[4]2006年，《中共中央关于加强人民政协工作的意见》指出，"人民通过选举、投票行使权利和人民内部各方面在重大决策之前进行充分协商，尽可能就共同性问题取得一致意见，是我国社会主义民主的两种重要形式"。"选举民主"和"协商民主"成为本土理论研究中的两种民主的重要区分。中共十八大报告首次提出健全社会主义协商民主制度，这是中国共产党关于社会主义民主新理念的集中反映，也是中国政治学研究的重要理论成果。

回归基层社会，协商民主的运转具有更强的操作性，将普通村民与体制外社会精英的意见和需求纳入基层治理中，是多元社会主体兴起的背景下，协调各社会主体利益需求的关键途径。在曹锦清看来，中国传统小农私谊性的、临时性的人情往来从未达到契约性的、永久性的平等联合的高度，传统的亲情关系网络远非现代意义上的合作与联合。税费时代，家庭联产承包责任制下的分散小农，单靠传统的亲情私宜非但解决不了问题，反而会使问题恶化，他们唯一的出路是形

---

[1] 齐卫平、陈朋：《协商民主研究在中国：现实景观与理论拓展》，《学术月刊》2008年第5期。
[2] 金安平、姚传明：《协商民主：在中国的误读、偶合以及创造性转换的可能》，《新视野》2007年第5期。
[3] 张献生、吴茜：《西方协商民主理论与我国社会主义民主政治》，《中国特色社会主义研究》2006年第4期。
[4] 李强彬：《协商民主：西方观点与中国语境》，《经济社会体制比较》2014年第4期。

成共同利益的认识，并在此基础上组成不同的联合。这种联合需要平等的协商，需要制定规则，需要选举一个领导，建立一个组织，建立实施共同决议，并需要对实施过程与结果进行评估与监督，这类契约性合作对于缔约者来说，具有制度创新性质。这可以被概括为自治社会与共同体组成的基本要素。在某种意义上，可以说这是中国农村现代化的核心因素，是中国小农观念及人与人互助观念的现代化。倘若没有这个现代化，中国的农民和农村就难以走出传统的篱墙。[1] 改革开放以来，当我们把全部的精力集中于经济建设时，地方公共权力这只气球便自动的冒出水面，它与社会的关系便由"鱼水"关系发展到"油水"关系，甚至发展到"水火"关系的地步。[2] 通过平等协商建立起来的契约组织，是一种新的生活方式，将是中国农村最为深刻的一场革命，它需要辅之以一场新的文化启蒙运动，曹锦清将这一依托现代契约组织的协商民主，称为"社会民主"。

  回归村庄经验，在大湾村的实践中，电商经济激活了村庄内生的产业资本，多元社会主体之间的阶层界限以职业和经济实力的显在指标呈现出来，电商大户出现扩大再生产的厂房建设需求，需要用地指标；普通村民在宅基地资本化的现状下，难以承受高额的地基价格，宅基地的保障权益不足，作为村庄成员的宅基地保障权难以实现，电商群体与政治精英在村庄承包地中建设厂房、养殖场和住房的行为，激发普通村民效仿而在自家承包地和房基周围乱搭乱建，村庄规划陷入一团乱麻，各利益主体之间缺乏平等的协商和合作，围绕土地利益形成了阶层挤压和阶层对立的怨恨情绪，威胁社会稳定，村庄中出现了多起因宅基地纠纷导致的上访上诉事件，给基层治理带来巨大的压力和负担。在村庄层面，缺乏一个联合村庄各个利益主体的组织集合，难以产生平等对话基础上的利益协商。由此，我们可以反思在村

---

[1] 曹锦清：《黄河边的中国——一个学者对乡村社会的观察与思考》，上海文艺出版社2000年版，第765页。

[2] 同上书，第768页。

两委与县乡政府的推动下，将村庄内部的社会力量充分激活调动起来，形成各利益主体中代表的联合，开展协商民主的实践，用最广泛的社会力量和群众参与来解决共同的乱麻与难题，将社会自治落到实处。村庄中协商民主实践的关键在于群众的组织参与，通过经常性的组织群众参与公共活动和民主会议，将村庄的公共权力从村两委的一元格局向代表各社会主体利益的社会组织分权，才能形成平等基础上的协商与共识。当前，村庄中从2013年开始的民主议政大会，就是协商民主实践的重要萌芽。民主议政会每月一次，商议村庄大事，但是如前所述，村庄内新生的行业协会在基层治理中是一种缺位状态，尚未成为村庄自治的有生力量，民主议政会依然是以村两委权力为主导。代表国家正式权力的村庄行政与职业团体等社会组织形成的村庄自治，相互结合起来，才是协商民主实践的良性状态，是当前村庄基层政权建设的实质内容。

第四节　小结：对派系政治超越的可能

对于内生利益密集型的村庄来讲，利益分配的政治是形成良好村级治理的基础。电商经济的发展，带动了村庄社会阶层结构的新变迁，电商精英阶层成为村庄中的新经济精英，推动村庄传统手工业向现代产业经济的模式转型。大湾村的电商经济，已经产生巨大的政治效应，成为村庄治理中的不可或缺的一环。当地行政村与自然村合一，是以行政村为主导的治理，属于半熟人社会治理。延续生产队而来的村民小组，土地统归村集体管理，小组内部丧失实质性的治理资源，成为空壳。由此，在村庄地方性的结构中，村庄内部缺少纵横捭阖的结构性力量，派系博弈直接进入村庄政治，即缺少制约、缓和的结构。在当前经济发展的因素刺激下，家族力量进一步外显化，左右村庄选举。村庄精英之间的竞争，最后角逐出的往往是家族力量大或财力基础雄厚的一方，由此形成依附性和压制性的治理结构。

大湾村因为电商经济发展的溢出效应，村庄内生产业发展带来产业链的密集，推动土地价值的提高，围绕土地、资源分配等产生复杂的利益纠纷。电商明星村的财政项目资源带来的村级建设也比较多，除了村庄道路交通等基础设施建设外，还涉及拆违控违、环境整治、美化环境等福利性项目。在村庄经济资源和发展机会较多的背景下，高密度的村庄建设引发的村级治理任务也比较重。内生利益密集的村情下，钉子户层出不穷，放任不管的老好人村干部注定了退场，多数普通村民因利益剥夺感增强，也希望打破低水平均衡的村庄政治。能够摆平钉子户、抑制村庄私搭乱建的违规行为成为办事处（乡镇）和普通村民对村干部的资格期待，由此，有霸气和狠气的人以及灰黑势力参加村级治理，就呈现出一定的合理性和不可逆性。现任村书记就是在抢占土地的集体事件爆发后被办事处临危受命，他上台后项目建设中一直启用的贾P就是其背后对付钉子户的暴力支持。

电商精英的崛起，以及电商经济的政治性嵌入，在对村庄常规治理模式带来挑战，并带来改善的希望。虽然，电商精英开始通过多种渠道与乡村政治结盟，基层组织在村民自治中的作用日渐乏力，职业团体和社会组织尚未成为基层治理的组织化力量。不过，以职业团体为主的社会组织的兴起，是村庄中的一股新政治力量，在电商发展自发出现内部结合合作的产业需求下，该类组织出现了成为村社强有力的结构力量的可能，且职业团体的形成不局限于家族姓氏，可以突破传统的先赋血缘结构的合作范围。同时，要使职业团体代表更为广泛的民众意见，政府就不应仅培育精英大户组建协会组织，也要鼓励和扶植村庄内部的生产商群体、普通网店商群体、普通物流商群体整合起来，以行业组织的形式加强内部团结，同时参与村庄基层治理。职业团体为主的社会组织与基层政府之间，应该形成良性互动的关系，社会的独立性并不意味着完全脱离国家权力的约束，在村庄内部结构松散无力的背景下，正式权力的完全退出，往往会导致灰黑势力介入村庄行政。因此，基层组织与以职业团体为主的多元社会组织之间是协同治理的关系，村民自治的单位范围下沉到多元社会组织的层面，村委会一级起到"统合"作用，村庄政治与具体实在的村庄日常生活联系在一起，协商民主就有了运行的基础和空间，普通村民就有了组织起来的渠道，村庄延续已久的派系政治亦有被打破的可能。职业团体和生产组织的力量一旦调动起来，村庄内部的权力结构就会因为民众力量的参与，而出现调整的空间和制衡的在地化力量，这将成为派系博弈直指村庄政治舞台的阻碍力量，从而打破压制性的治理结构。

涂尔干从经济生活入手，寻找制衡社会秩序的组织化团体，通过职业伦理来联结社会道德，从而把社会个体从组织和道德层面双重凝聚起来。在当前利益分化的社会格局下，将社会道德与职业伦理之间建立紧密关联，利于规范无序的商品价格竞争和村庄内的土地失序行为。依托职业团体的组织体系，建立个体在村庄政治层面的组织性嵌入，个体利益直接与村庄政治发生关联，也会推动激活村庄政治的活力和公众的参与性。从宏观上讲，现代国家政权建设就是吉登斯所言的民族国家建设，它必须同时持续拥有"配置性资源"（主要是规划和管理）和"权威性资源"（主要是权力和控制）。民族—国家的发展就是社区内部的人们不断的从地方性的"制约"中解放出来，直接面对国家的全民性规范、行政监控、工业管理、意识形态的影响和制约的过程。[1] 在我国社会，地域幅员辽阔，区域经济的发展很不平衡，不同地区的传统习俗和社区记忆留存的程度也有很大差异，国家权力的触角难以全面进入乡土社会，自上而下的现代国家治理能力建设，需要与具体地区的经济社会基础相匹配。由此，地方性的村庄政治建设就是基层国家政权建设的主要组成部分。结合地方社会环境，以加强基层组织建设为重点，培育新型治村主体，重视规则之治和组织群众，发挥地方文化的道德约束功能，无疑是基层社区增强自我整合能力的重要抓手。

---

[1] ［英］安东尼·吉登斯：《民族—国家 暴力》，胡宗泽、赵力涛译，生活·读书·新知三联书店 1998 年版，第 146—147 页。

第六章　共同体本位的农村社区建设何以可能

党的十六届六中全会通过的《中共中央关于构建社会主义和谐社会若干重大问题的决定》指出，"积极推进农村社区建设，健全新型社区管理和服务体制，把社区建设成为管理有序、服务完善、文明祥和的社会生活共同体"。2018年农业农村部《关于实施农村一二三产业融合发展推进行动的通知》中进一步提出了以产业融合推动城乡融合的新路径。培育乡村发展的新业态和新动能，构建新型农村社会生活共同体是解决我国城乡二元体制、统筹城乡发展的重要途径，是实现乡村社会有机整合与融合的关键所在，对国家政治稳定和社会发展具有重要的战略意义。[1] 新型的农村社会生活共同体是以农村、农民作为研究的出发点，去体认乡村与外部环境的基本关系，以发现和培育乡村发展的内生性机制作为问题解决、政策创新的基点。[2] 在乡村发展转型的实践过程中，综合经济、社会、政治各系统的协调发展，实现村社共同体基础的重建，找到现代性转型过程中乡村社会内源性活力的激发机制，实现国家资源与乡土自身资源的结合，最终使经济与社会有机一体。

---

[1] 李增元：《农村社区建设：治理转型与共同体构建》，《东南学术》2009年第3期。
[2] 宣朝庆、韩庆龄：《文化自性与圈层整合：公共文化建设的乡村本位》，《学海》2016年第3期。

第一节 电商经济带来的经济活力与秩序动荡

一 村庄内外社会资本的激活

布迪厄首先提出了社会资本的概念,他认为社会资本是实际或潜在资源的集合,这些资源与由相互默认或承认的关系所组成的持久网络有关,而且这些关系或多或少是制度化的。他把社会资本分成经济资本、社会资本、文化资本、象征资本或曰符号资本。[1] 科尔曼从社会结构的角度,认为社会资本指个人所拥有的表现为社会结构资源的资本财产。社会资本有为结构内部的个人行动提供便利的特征,同时,社会资本是生产性的,是否拥有社会资本决定了能否实现某些既定目标。[2] 与科尔曼类似,帕特南也指出,社会资源"是那些嵌入个人社会网络中的资源,这种资源不为个人所直接占有,而是通过个人的直接或间接的社会关系而获得",进而将社会资本定义为"能够通过推动协调的行动来提高社会效率的信任、规范和网络"。[3] 从西方社会资本的理论研究来看,社会资本的概念与关系网络的分析结合在一起,将关系网络本身视为社会资本或社会资本的承接载体。在本土研究中,费孝通的《乡土中国》中提到,"在差序格局中,社会关系是逐渐从一个一个人推出去的,是私人联系的增加,社会关系是一根根私人联系所构成的网络"。[4] 林耀华的《金翼:中国家族制度的社会学研究》也指出,"我们日常交往的圈子就像一个由用弹性的橡皮带紧紧连在一起的竹竿构成的网,这个网精心保持着平衡。拼命拉断一

---

[1] P. Bourdieu, *The Forms of Capital*, *Handbook of Theory and Research for the Sociology of Education*, John. Richardson, ed. New York: Greenwood Press, 1986.
[2] [美]詹姆斯·S. 科尔曼:《社会理论的基础(上、下)》,邓方译,社会科学文献出版社1999年版,第354页。
[3] R. Putnam, *Bowling Alone*, *The Collapse and Revival of American Community*, New York: Simon & Schuster, 2000.
[4] 费孝通:《乡土中国·生育制度·乡土重建》,商务印书馆2014年版,第32页。

个橡皮带，整个网就散了。一个人为了要在这个世界上生存，必须与不同圈子中的人们发生多种联系。"① 传统的乡村社会，本身就是血缘、地缘关系交织成的关系实体，乡土关联是每个人在村庄生活的重要社会资本，又是行动规约。同时，寄寓在乡土关系网上的私人情谊、伦理道德、信任情感等更是村民世代长久生活的重要象征资本，它们与村庄中的诸多实体性物质资本一起，建构出村庄内部的社会资本体系。统括来讲，村庄内生的社会资本包括村庄内部的自然资源如土地、苇草、水源、空间等，关系资本包括宗族、家族关系网络、邻里等地缘关系网络，人力资本包括劳动力、编织技术、美工技术等；象征资本包括荣誉道德、伦理规范、信任情谊等。

　　大湾村电商经济的发展扩大，将村庄中内生的社会资本进一步激活，对乡土要素进行了重新配置，充分调动起了内生资本的经济活力。村庄中传统的手工艺编织与互联网销售结合，形成了完整的产业链条；村庄中的物力和人力都被纳入生产体系中来，村庄中以血缘、地缘为主的原生关系网络为基础，延展出广泛的生产之网，各年龄层次的村民在村内实现了灵活而充分的就业，代际之间形成新的分工合作体系，家庭作为经营生产单位再现新的生机。同时，电商经济与土地、空间等社会资本的互构重塑，将土地传统的耕种和居住功能向生产转型，同时将村落空间从生活居住向生产经营转型，在这个过程中，村庄的土地资源日益商品化和财产化，成为当前村庄中利益冲突的焦点。此外，电商产业链条上生产商、物流商、网店商之间的合作，除了基于市场竞争和现代契约原则，乡土社会关系网络维系的私谊和信任也是重要的黏合剂。总之，电商经济的发展，将村庄内在的社会资本进行了新一轮的互构和重塑，将其卷入产业经济的链条上，极大地激发了村庄的经济活力，使村庄内生经济利益的能力越来越强，相应的年轻群体纷纷在本村就业创业，村庄的经济吸引力越来越

---

① 林耀华：《金翼：中国家族制度的社会学研究》，生活·读书·新知三联书店1989年版，第2页。

大，汇聚的人力资本越来越强，反过来又加速了村庄电商经济的发展水平，部分内生资本之间形成了良性的共生互动。

电商经济的成功发展，不仅是激活村庄内生社会资本的结果，它的发展与村庄外社会资本的联动也紧密关联。村外的社会资本主要包括政策资本，即国家对互联网推广的大力政策支持；网络资本即虚拟的互联网关联的跨越时空的关系网络；信任资本即依托互联网交易平台的匿名信任，等等。具体而言，"互联网+"战略的提出，极大的推动了互联网平台的相关政策支持，比如2016年11月交通部印发了《关于进一步加强农村物流网络节点体系建设的通知》，对农村物流体系建设给予政策支持，国务院办公厅印发了《关于支持返乡下乡人员创业创新促进农村一二三产业融合发展的意见》，明确指出对互联网平台的返乡创业政策支持。国家在宏观政策层面对互联网与农村一、二、三产业结合的推动，为电商经济创造了良好的发展环境。此外，依托匿名信任延展出最大化的交易网络，借助各类信誉评价、美工图片、店铺级别等符号资本，信任资本逐渐增量，交易经营网络越趋扩展，附着在其上的资本价值也越来越高。在这个过程中，虚拟的符号资本是以互联网载体的电商经济的重要资源，该类资本的激活与调动以上述村庄内生的各类社会资本为基础，随着生产交易的发展扩大而建构加强。只有内生的社会资本处于活化状态时，才能将村外的各类其他资本整合融入，否则村外的资源永远处于虚位状态，难以在农村社区内部发挥作用。

综合来讲，电商经济的发展关键就是将村庄内生与村外的社会资本结合起来，在互联网技术日益普及的背景下，将村庄内部潜在的社会资源转换成为商品，借助互联网拓展的市场平台，创造出源源不断的利润收益。大湾村一带强大的内生经济活力，使区域范围内的村庄没有出现大规模的人口外流，村庄结构比较完整，普通村民在村庄就业的经济收入可以高于外出务工者，年轻电商群体的经营收入则高于或持平于一般的城市白领阶层，村庄各年龄段的群体在本地范围内可以完成家庭的再生产。在村庄内外社会资本激活，村庄经济展现出巨大社会活力的同时，却伴生出现了一系列的社会秩序失衡的现象，村庄经济活力与秩序动荡成为电商经济发展带来的两面效应。

二 生产主义与村庄社会的张力

传统村庄的日常生活，是一种道德体验不断建立和积累的生活，这一道德体验体现在日常交往、社会网络、公共生活等多个层面，是村庄共同体中弥散的集体意识和先验传统。大集体时代，国家力量迅速进入乡土社会，"讲政治"成为行政共同体的主要维系力量，村庄中的道德体验与国家政治结合起来，成为村落社会正常运转和村民行动有效规约的基础规范，个体村民从家庭、家族的组织依赖转向生产队中的"公私一体"的集体依赖，华北地区大家族的力量本就分崩离析，五服小家族的力量和核心家庭依然是村民生活中的重要安全感依托。随着大集体时代的落幕，国家力量的退出，乡村社会以国家力量为代表的正式组织体系不再对村民发挥直接的约束管控，村民开始在市场上自由流动，年轻个体的活力开始释放。

电商经济的兴起和发展，把村庄的土地、人力、空间等各类资源资本都纳入生产主义的发展体系中，致力于实现财富价值。生产主义的典型特征是技术的推进和经济的日益理性化，追求资本的增殖即利润为最终目标。费孝通通过对江村经济的历时性观察，认为家庭手工业的破产和土地权大量向地主手里集中，是农村经济崩溃的重要原因。[①] 虽时过境迁，但是村庄的工农经济结构是否配置合理，无疑是村庄经济活力的主导因素。在大湾村的实践中，电商平台与手工业相结合，形成了地域范围内的产业经济链，作坊手工业和家庭手工业展现出新发展。由于扩大再生产的需要，土地权相应出现向电商精英流动的趋势，村集体利益分配的公平性受损。在农业已经不再构成中青年家庭收入比

---

① 《费孝通选集》，天津人民出版社1988年版，第249页。

第六章 共同体本位的农村社区建设何以可能

重的今天,土地权的失衡固然不会带来村庄经济的崩溃,但是却因土地财产性质和非农使用价值的加强,而带来一系列的乡土纠纷。

此外,生产主义的发展,与村庄原有的运行逻辑发生碰撞和张力,道德体验式的社会生活不断受到理性扩张与财富生产的冲击。从空间来看,村庄主干道是规模不等的工艺品实体店面,诸多实体店面后面是家庭作坊,另外诸多独立的进家庭编织作坊、木工加工、铁架焊工、生产厂房等遍布村庄空间,由于村庄规划的失效,生产空间的扩张出现无序化,造成错综复杂的土地利用的冲突和纠纷;从时间来看,编工计件制工作方式和打包工按日计酬劳的方式虽然灵活,但村民日常时间安排更加紧凑,村庄的生活节奏越来越快,用村民的话来说,"以前老飞机广场那里,闲着玩的人很多,现在谁还有闲空,工艺品一兴起来,都忙着挣钱"。生产主义的发展,重塑了村民的时间观念,用货币对时间进行标准的统一量化,传统的耕作时代的自然农时早已被现代的时间观念取代。在每一种文明中,时间的概念都是与价值体系和日常生活结构相联系,[①] 时间观念的转型,是村庄社会生活现代性转型的重要标志。日常时间、休闲时间和生产时间合为一体,对村庄的社会交往也带来了一系列影响,当前村庄中换工合作的形式几乎全被市场机制代替,村民认为现在每个工一天工值很高,欠工的人情随着工值的提高而加重且难以轻易偿还,市场化的一次性交易更为村民接受;此外,村庄中的人情频率越来越高,但是酒席时间却越来越短,当地习俗红事均中午待客,除了兄弟、叔伯之类的核心亲属办酒,一般都是家庭女性参与,男性不予参加,午饭很快就会吃完,然后纷纷散场回去工作,村民表示"农村你搞仪式时间太长了不行,人家都急着吃饭,吃完后都急着做活,现在吃酒席就一会工夫,新人敬完酒就散了"。村庄生活时间的快节奏,和最大量的向生产时间的倾斜,是生产主义在村庄扩张的重要表现,传统村庄生活的道德

[①] [法] H. 孟德拉斯:《农民的终结》,李培林译,中国社会科学出版社1991年版,第74页。

体验被无尽包裹，市场经济的理性与道义经济的伦理相互博弈。

那么理性化和生产技术的发展是要告别传统？还是创新延续？马克思将技术视为纯粹的物质事实，是生产力进步的表现。马克思相信，现代工业技术作为进步的前兆，它打破了原始的、神秘的思想所构筑起来的各种樊篱。哈贝马斯则用系统与生活世界之间的冲突，来展现现代性发展过程中不可避免的时代困境。哈贝马斯认为，技术是"科学地被理性化了的对客观过程的掌控"，并将它对立于"人们如何能够，并想要生活的实际问题"相关的现象。① 随着技术越来越处于中心地位，这个世界的意义组织被目的理性组织所取代。"随着技术和科学逐渐渗透到社会制度中去，并因此而改变了它们"，"旧有的合法性被摧毁了"。这些旧有的合法性是构筑于传统之上的，然而，当技术完成了它的任务以后："由文化所定义的对社会生活世界的自我理解，被目的理性行动和适应性行为的类型下的人的自我具体化所取代"。"传统的结构日益屈从于工具或策略理性的条件"，这保证了"目的理性行动的子系统的水平延伸"。② 在这一特殊的视角下，哈贝马斯主张，技术意识形态已然代替了所有先前的意识形态。不过，在亚历山大看来，一个社会不可能被技术理性所统治，因为人类的心智结构不能够被彻底地历史化；在关键的部分，它们是未发生改变的。人类持续地体验着将抽象思维的意义投入到世界的需要，也体验着与外在于自身的对象的相互联系。能够客观而不受个人影响地进行计算的能力可能是现代性最明显的分界线。但在其他许多事物中，仍保留着关于动机、行动和意义的制度化集合体。③

---

① Habermas, Jurgen, "Technical Progress and the Social Life-World", In *Toward a Rational Society*, Boston: Beacon Press, 1968, p. 57. 转引自 [美] 杰弗里·亚历山大《社会生活的意义：一种文化社会学的视角》，周怡等译，北京大学出版社 2011 年版，第 181 页。

② Habermas, Jurgen, "Technology and Science as 'Ideology'", In *Toward a Rational Society*, Boston: Beacon Press, 1968, pp. 81 - 98. 转引自 [美] 杰弗里·亚历山大《社会生活的意义：一种文化社会学的视角》，周怡等译，北京大学出版社 2011 年版，第 181—182 页。

③ [美] 杰弗里·亚历山大：《社会生活的意义：一种文化社会学的视角》，周怡等译，北京大学出版社 2011 年版，第 181—182 页。

在生产主义的体系中，电商经济的发展将村庄的所有可供利用的资本与村外的社会资本激活的同时，也将它们作为生产要素进行市场化配置，但村庄中的生产体系与工业化生产体系终究不能完全等同，比如家庭作坊的组建和雇佣劳动，私人情谊的联结和拟家庭关系的扩大，使其不是冰冷的机械式程序运行的现代工厂；生产商之间市场利益竞争的同时也存在相互之间的串货拿料；核心亲属和关系亲密的趣缘群体之间存在核心运营技术的交流；代理商上门放货与编工之间有不用契约规约的信任。传统的血缘和地缘关系网络互动中的亲密情感在生产主义的冲击下虽有下滑的趋势，"人情越来越薄"是村民最为直观的体验，但是孕育在传统社会关联中的社会力量，是与村庄生活情境相契合的力量，是现代性转型过程中村庄"旧有的合法性"的基础，是村庄不被技术意识形态和技术理性湮没的底色和根基，正是这些隐性的社会力量，使村庄生活世界在个体化和理性化日益凸显的同时，不至于将日常生活彻底击成碎片，是现代性农村社区共同体建设的传统内核。所以，在技术理性为主的生产主义的扩张中，村庄社会虽然受到一系列的冲击，内部的纠纷日益随着利益的凸显而显在化，工具理性日益伸展的同时却少有冲破边界，村庄中的钉子户和谋利户虽然被村民评价为"有本事"，但这种评价更多是出于村庄公平受损的气氛情绪，并非村庄主流的价值观念。所以，大湾村一带结构完整的村落，在生产主义的扩张中，村庄现代性的前景，并不尽是哈贝马斯所言的被技术理性湮没的悲观命运。

简言之，不论是市场，还是国家，都只是与生活世界相分离的系统，它们都无力实现社会整合和建立新的社会同一性，问题不在于国家与市场在功能上的分化和相对重要性，而在于找到生活世界和系统之间的合理界限。[①] 从村庄社会建设和发展的角度来讲，在生产主义的扩展与村庄社会的发展之间寻找合理的均衡点，将系统与生活世界

---

① 汪行福：《走出时代的困境——哈贝马斯对现代性的反思》，上海社会科学院出版社 2000 年版。

之间的对立张力维系在合理的限度之内，才能在西方工业化的现代性道路之外找到另外一种可能，才能发现农村社区建设的新生机。

三　农村社区建设的新生点

在费孝通看来，国家力量进入乡村社会后，打破了传统的关系网络，这是现代化的必然。但关键的问题是在打破之后，它没有相应地建立起一种现代制度网络，规范真空使得乡土社会呈现失序状态。陆学艺认为，改革开放以后，中国工业化和现代化迅速推进，但是社会结构调整滞后于经济发展，由此引发诸多社会矛盾与问题。[①] 温铁军则指出，中国的问题，基本上是一个人口膨胀而资源短缺的农民国家追求工业化的发展问题。[②] 上述学者均从社会基础和社会发展的层面指出了中国现代化发展中的问题渊源，可以说，经济活力与社会均衡是农村社区建设的基本目标，是构建和谐社会的基础。

电商经济兴起发展以后，村庄经济展现出的社会活力与村庄社会秩序的失衡形成强烈的反差，阶层分化的界限明晰化，围绕土地的利益纠纷和冲突不断，村庄中不仅出现了组织真空，制度亦出现真空，且内聚的社会组织，要求有一个道义上的权威中心，当前村庄生活的道德体验日趋下降，市场经济行为占据主导，传统的文化，包括信任、规范、制度、传统、网络、形象等，本来对于经济和社会的发展，具有十分重要的推动作用，学者们称其为"文化力"，[③] 但当前村庄中的文化力作用不振，村庄缺少强有力的组织系统和制度规范。制度是决定人们的相互关系而人为设置的一些制约，它构造了人们在政治、社会或经济方面发生交换的激励结构，制度变迁则决定了社会演进的方式，因此，它是理解历史变迁的关键。制度通过向人们提供

[①] 陆学艺：《中国社会结构与社会建设》，中国社会科学出版社2013年版，第94页。
[②] 温铁军：《"三农"问题：世纪末的反思》，《读书》1999年第12期。
[③] 李惠斌、杨雪冬主编：《社会资本与社会发展》，社会科学文献出版社2000年版，导论，第13页。

一个日常生活的结构来减少不确定性,它是人们发生相互关系的指南。但是,制度的稳定性丝毫没有否定它们处于变迁中的事实,由于变迁在边际上可能是一系列规则、非正规制约、实施的形式与有效性发生变迁的结果,制度变迁就是一个复杂的过程,这一过程是渐进而非不连续的。① 在当前电商经济引动的村庄产业发展的过程中,乡村社会发展的整体性制度安排正处于磨合期,即农村社区的发展建设远未定型。乡土制度的安排,只有结合村庄场域中的"文化力",结合农村社区的经济基础,即上层建筑的构建与经济基础相符合,才能发挥实践效力,否则经济活力就会被生产主义的扩张技术化和理性化,乡土社会秩序失衡就在所难免。

同时,乡土社会高速的经济社会转变,需要坚实的社会基础来承载转型变迁,共同体本位的农村社区是转型的过渡状态,是富有弹性的社会结构形态,亦可能是一种理想型的发展前景。传统的封闭内聚的村庄共同体早已不符合全球化背景下的发展趋势,但是共同体作为一个动态的发展的体系,如何建立新的基础和内核是关键。在这个过程中,传统与现代也不尽是对立的非此即彼关系,家庭结构的完整和村庄结构的完整互为一体,家庭内部合作和家庭生计模式的选择根源于村庄资源、地理和社会情境,村庄内部正在成长的以生产为主体的组织体系之间,尚有越过市场经济理性和利益竞争的合作可能,村社成员的归属和认同感有从核心五服家族和小生产共同体走向村庄整体联合的可能。只有当利益共享和情感共鸣的层次范围进一步外扩,才能建立有根的生存和信仰依托,分散的个体才不至于成为经济洪流中的无根浮萍,出现韦伯所言的现代化的两大困境即自由的丧失和意义的沦丧。

在乡村振兴的新时代,共同体本位的农村社区建设,是高速经济发展与社会秩序动荡的悖论中,农村社会发展走向的一个较为合理的

---

① [美]道格拉斯·C.诺思:《制度、制度变迁与经济绩效》,刘守英译,上海三联书店1994年版,第3—7页。

定位，亦是乡村振兴的内核驱动。现代性发展转型过程中动态的共同体属性的建立，关键在于重构虚空的村庄社会实体，即共同体的基本根基；而共同体根基的建设，其关键又在于激活乡村社会的内源性活力，之后才能有效援引外力，方能在稳定中有序发展，实现乡村本位的全面振兴。

第二节 乡村社会内源性活力的激发机制

乡村社会的内源性活力，不单纯是指发展主义视角下的经济活力，是经济社会综合发展的内在动力机制，后税费时代开启了国家资源下乡和各种惠农补贴下乡的进程，但是资源利用的效率和最终结果远没有出现预期的效果，乡土社会的组织能力和发展能力并未随着资源下乡而提升，许多地区反因大量下乡资源分配不均，导致地方矛盾和干群冲突。相似的电商经济的发展，给村庄带来了发展飞跃的机会，但是村庄却无法作为一个有效的承接主体来承载机会，以至于出现进一步分化的不稳定秩序。乡村社会不是一个被动的客体，它自身具有再生发展的能力，如何将自身的活力激发，是现代性转型过程中农村社区建设的重中之重。

一 村落有机体的整体性与主体性

分田到户以后，随着土地等村庄生产资料使用权的下移，家庭开始恢复主要生产单位的社会功能，村庄层面的社队组织体系瓦解。同时，伴随着市场化力量的嵌入，乡村社会的劳动力、家庭生计、日常的商品化消费等，已经与市场经济紧密相连，社会个体化的程度日益增强。加之电商经济推进过程中，家庭作坊、物流仓储、生产厂房的增加，进一步刺激了村庄集体的公共资源尤其是土地资源和村落空间的分化，村庄层面缺少统一的规划和管理，缺少集体层面的规范制约，私人利益的驱动导致丛林原则，村庄集体资源日趋私人化，不断向经济精英和政治精英的手中集聚，乡土公平和正义被逐渐打破。由此，在社会个体化和利益私人化背景下，找回村落有机体的整体性和主体性，无疑是乡村社会内源活力的激活引线。

具体而言，首先村落有机体的整体性表现为实体结构的完整性。当前，村庄社区之间的边界虽然都被生产分工体系进一步融合分割，大湾村的家庭作坊中也融入了周边村庄的家庭妇女，但是经济发展形成的生产共同体与村庄共同体的建设是一个一体两面的问题，因为实体性的村庄建设必然依托经济社会生产，而社会生产又必然依托一定的村庄场域。特别是在华北行政村和自然村合一的村庄社区中，社区的边界就不可能被生产界限吞没，在资源和利益的挤压下，村庄内部出现的对外村人的不满情绪，就是村庄社区的成员利益最明显的表达。生产和生活在村实现，使得当地的实体性村庄结构相对完整。

其次，村落有机体的整体性还表现在村庄资源的完整性。资源和利益是将分散的小农个体和工商业个体联结的物质纽带，也是村社制度有效运行的基础。笔者在多地的调查研究表明，集体资源密集丰富的社区，村民的社会参与度明显高于集体资源匮乏的村庄。案例地区的村庄资源主要是土地资源，具体而言，农村的土地是农民生活的基本社会保障，是乡土社会新型经济产业发展的底线依托。学界和政策界主流一致认为，集体资产进行股份制改革，才能产权清晰，利益共享，改变集体资产的无主状态，盘活集体资产，从而适应社会主义市场经济体制的要求，让农民共享改革成果。究其实质，资源确权是以农户的个体产权为基础的生产关系变革。当土地资源不再是农业生产的重要生产要素时，人与土地的关联性质就会发生重大的改变。村庄中的集体承包地几乎全部私人化，宅基地也基本售卖完成，没有多余的机动地基。在此种情景下的确权改革，对于村庄整体规划无疑是雪上加霜，个体农户经济利益激发的产权观念与国家政策的支持相辅相成；精英大户承包的村庄土地盖上私人建筑后，承包期无限延长转为私有；耕地里的私搭乱建随着土地使用权和经营权的扩大而变得合法合理，肆意改变耕地用途的行为更难控制。农地非农使用后的土地增值收益，直接落到精英群体手中，普通村民产生强烈的利益剥夺感，进一步反推村庄内部的私搭乱建行为。

简言之，在当前村庄社会急剧变革的时代，在社会转型的过渡时期，在人口与资源压力的背景之下，产权改革需要一定的社会基础，其推行应慎之又慎，不可"一刀切"。土地等资源的集体所有制，很可能随着私人产权的扩大而成为空壳，当村庄仅有的集体资源也分化流失后，完整而富有主体性的农村社区将难以为继。在村庄内生的集体资源难以发挥社区整合作用的背景下，国家的项目资源下乡，更难以在农村社区建设中发挥整合功能，项目资源在官僚体系上层形成分利秩序，缺少群众监督，渗透到基层社会的资源流量在公共品供给中往往选择性提供。因此，村庄资源的利用，应该从农村社区这个有机整体出发考虑，个体的利益与整体村庄的利益相结合，相互之间形成利益关联，坚持整合而非分化的逻辑，农村社区才能在社会变迁中形成稳定结构。

相应整体性建设，村落有机体的主体性则体现在群众主体性的激发。后税费时代，有效组织和动员群众参与村庄建设，是一个棘手的难题。从结构功能理论的视角来看，社会结构的强制力量的奥秘在于其内在性。这些结构除了外在于行动者，也内在于行动者本身。它们极富意义，这些意义虽然是无形的，但亦有结构，是社会的产物。当前，社会结构的强制性力量愈趋不明显，村民个体的主观能动性却越趋彰显，两者之间出现隐性对立，以至于结构分散的鸿沟越来越大。在艾森斯塔德看来，社会结构不仅仅是一种功能关系结构，而且是一种利益关系结构；社会结构—功能分化的过程同时也是社会阶级或阶层分化的过程。由于社会的各个群体在利益与目标上存在着差别，因此社会也不可能是一个简单的合意系统，社会的结合必然带有不同程度的强制性。[①] 经济发展带来的村庄阶层分化，是社会结构转型的基

---

① 杨善华、谢立中：《西方社会学理论》（下卷），北京大学出版社2006年版，第40页。

本动力,由此伴生的利益冲突是村庄社会、政治亟须协调的难题。在个体凸显、阶层分化、利益多元、村庄结构转型的多重变迁转轨中,协调功能冲突,平衡利益关系,将个体的主观能动性与社会结构的完整性结合起来,将个体的利益与村社集体的利益之间建立关联性纽带,保证农村社区有机体的整体性和主体性,是村庄内源性活力的生长基础。案例地区中,电商产业作为一种大众化的新型产业形态,在地域社会泛起了市场化的经济效益和政府层面的政治效益,充分激发了个体行动者的活力,个体与村庄亦基于产业链条形成密切关联,使农村社区展现出富有主体性建设的面向。

当前中国农村最大的战略是乡村振兴,最重要的制度条件是农村集体所有制。[①] 通过发挥集体所有制的制度优势,激活农民的主体性和组织力,这是乡村社会内源活力激活的关键。在高速城镇化和现代化的进程中,农村社区是一个有能动性的整体和主体,忽略村庄成员的意见,被动的进行改造,看似乡村社会的福利,但依然会面对村民冷漠的态度。只有农村社区自身成为一个有内聚力和团结力的主体,才能在现代性的转型发展中,抓住机会而规避风险,才能有效利用国家惠农项目资源,进行基础设施建设,才能在高速的城镇化进程中不至于迷失方向,保持稳定的乡土社会秩序,才能成为社会变迁时代的现代性共同体,为普罗大众提供安身立命之所。只有乡土秩序稳定,才能有序转型,在变迁中发展,在发展中探索未来。

二 社会基础层面的合作性与公共性

村庄内源性活力的激发,不仅依托村社结构上的整体性与主体性,社会基础层面的公共性与合作性,则是村社内源活力激发的具体行动机制。合作性与公共性的连带成长,是村庄社会基础层面上对内源发展动力的激发,是规约经济发展带来社会失衡的软约束机制。

[①] 贺雪峰:《大国之基:中国乡村振兴诸问题》,东方出版社2019年版,第307页。

米切尔·泰勒认为，社区实质上是一种无序的社会秩序，社区的关键特征是分享共同的观念意识和信仰规范，成员之间具有直接的和复杂的相互关系，而且是互惠性的。不过国家破坏了许多要素，利他主义本能在社区秩序维系中起作用，但因国家的强制行动而减到最小或受到损害。[①] 另外，博弈论所依据的"囚徒困境"与奥尔森的"搭便车难题"都反映了人类合作与协作问题上令人沮丧的前景。在本土经验研究中，曹锦清通过对农户分散购买拖拉机而非合作共用现象的观察，认为平等的合作虽然可以产生互利的效果，但更会引发内部矛盾。消解内部矛盾而取互利的合作，需要全体村民观念与制度上的创新，而中国的农民很难跨出这艰难而关键性的一步。[②] 单纯的用经济学的理性算计和效率优先的逻辑来考察村庄环境中农民的合作和组织行为，有诸多局限性。因为在村庄日常生活中，农民的诸多行动是嵌入具体化的乡土情境和社会关联网络的，不是一次性交易和博弈互动，需要考虑长久的生活目标。于是，贺雪峰用村民的认同和行动单位，即农民生活中可以在何种规模、何种程度及何种事务上组织起来的单位，[③] 来理解乡村治理的区域差异，旨在超越直接套用西方理性行动理论来解释农民行动逻辑的做法。村民的认同和行动单位，基本上与合作互助的单位范围是吻合一体的。在村落共同体中，农民行动除了受理性算计的影响外，还受更广泛的因素尤其是地方性知识的影响，这种地方性知识在村庄层面的表现就是村落共识，而村落共识的形成与生产，就是村庄公共性的成长过程，它们是村民合作行为的根本基础。

中国是以家庭为本位的社会，毋庸置疑家庭是农民最基本的认同和行动单位。传统社会，家庭承担着生产、抚育等多种功能，但是个

---

① 转引自［美］道格拉斯·C.诺思《制度、制度变迁与经济绩效》，刘守英译，上海三联书店1994年版，第18页。
② 曹锦清：《黄河边的中国——一个学者对乡村社会的观察与思考》，上海文艺出版社2000年版，第586页。
③ 贺雪峰：《村治模式：若干案例研究》，山东人民出版社2009年版，第360页。

第六章 共同体本位的农村社区建设何以可能

体小家庭的力量毕竟有限，出于农业生产合作的需求和应对生活风险的考虑，在"生于斯、死于斯"的相当封闭稳定的乡土社会内部，超越家庭层面的家族、村庄经过长期的合作和互动，逐渐成为农民基本家庭认同之上的第二层行动单位。市场经济背景下，随着个体理性和私人利益的崛起，附着在村庄网络节点上的道德要素流失，公私转化的动力缺失。村民在"公"的层面只想享受权利却不想尽义务，超越核心家庭的集体认同扭曲变形。"种好自己的一亩三分地，公家的事有村干部"，村庄层面的"公"与核心家庭层面的"私"相互对立起来，成为两个彼此不相干涉的行动领域。在我国多数乡村地区，村民的认同和行动单位内缩至核心家庭，超出家庭层面的认同不断式微，村落成为马克思所言的马铃薯式的原子化结构，丧失了公共性的生产能力和一致合作的能力。当前，该单位发挥作用的圈层范围不断向内挤压，村民之间的互助合作成本越来越高，乡土信任和互助合作中的道义伦理弱化，同时，市场经济中的高劳动力价格，也使村民承受互助合作中人情亏欠的心理压力加重，村民在心理上倾向选择市场解决家庭发展过程中的用工用财事件。分田到户以后，随着村庄集体组织退出生产生活，村落中便缺少合作的统合组织，分散的个体农户之间难以在上述多重因素交织的复杂情境中加以联合，纵使有合作的需求，也难以有合作的行动。

大湾村一带电商经济的发展，形成了区域范围内完整的产供销一体的产业链条，村庄内在的人力、土地、传统手工艺等资本被市场激活，成为村庄重要的发展资源。在村庄内生利益的能力日益加强的背景下，村庄内部的产业合作亦随之加强。可以说，在村庄经济的发展过程中，村庄内部的合作需求被激发出来，并因利益纽带的联结而走向自发的联合。即个体家庭的电商经营虽有相对的独立性，但仍不可避免的与电商圈内的其他产业如生产和物流等环节关联在一起，产生内部的合作效应，这种合作是建立在经济利益的基础上，彼此长期互惠共赢的结果。相较于产业链条上的宏观合作，从中观层面讲，家庭作坊包括生产加工作坊、物流商作坊内部，编工群体之间和物流客服人员之间也都存在职业合作或曰生产合作；而在更微观的层面，电商经济的发展嵌入，为家庭内部的不同年龄层次的劳动力均提供了灵活的就业机会，促使家庭内部横向的劳力合作和纵向的代际合作，共同维系家庭的生产和发展。由此，大湾村的社区合作主要表现为产业链上的合作、家庭作坊内部的职业合作、家庭内部的劳力合作和家庭生活合作三大形式。不过，当前，村庄内部的诸多合作都是在经济生产的过程中，农村社区不仅仅是一个生产、就业的区域，更应该是生活层面的共同体。在电商经济带动的村庄内生工业化的背景下，在后集体时代的分散个体经营的情形下，农民个体有了组织起来的契机，亦有组织起来的生产需要。

与此同时，社区合作方式在大团体和信息不完全时，显然不可行，在人口众多、村庄地理面积较大时，村落成员之间不可能完全熟悉，大湾村传统的"河南"和"河北"的地域划分，两大区域村民之间的熟悉程度就很有限，村庄内部实现有效合作的组织，主要是依靠家庭和社会组织。家庭不仅是传统的经济单位，更是个体成员价值和意义的基本归属单位，虽然家庭内部的代际关系随着时代变迁和物质生产资料的变革，经历了多次变迁，家庭规模也走向了核心化，但是家庭内部的道义伦理一直存在。父辈家庭和子辈家庭之间从未完全断裂，且在村庄生活中，父子家庭的荣誉名誉是一个整体。家庭为载体的合作组织，内聚力最强，但因为个体家庭的分散，且家庭与家族合作之间仍然有较大的鸿沟，如何在更大的范围实现跨越家庭的合作？以家族为载体和以社会组织为载体成为当前社区合作的两种可行选择，这也是村庄公共性建设的重要路径。只有个体村民建构起从自我认同到组织认同的价值转变，社区合作才能真正持久。组织认同的建立基于物质层面组织带来的社会效益和精神层面的组织归属，在当前的村庄实践中，村民对已有组织的认同基本停留在经济利益的层次，价值市场竞争等诸多张力因素，导致村庄家庭之外的组织之间相对封闭，成为村庄经济从联合体走向共同体的障碍。

综上所述，在内生电商产业发展的过程中，分散的小农户组织起来以提高农民在市场中的谈判能力，实现小农户与大市场的有机衔接，从而增加农民收入，使农民家庭能够在地完成家庭资源的再生产和本地城镇化的目标，这是乡村振兴的根本要义。但是在产业激发的合作需求下，分散的小农户如何组织却至关重要，当前资本引导的市场化的农民组织和专业合作社等，多是精英农民的联合，普通农户处于弱势失语状态，它们带来的是乡土社会的进一步分化而非村庄公共性的成长。因此，以村庄社区的集体资源以及国家项目下乡的资源为契机，在村落有机体整体性和主体性激活的背景下，通过培育村庄社区的公共舆论等促进地方社会公共性的成长，形成社会性的监督力量，并对行政权力形成一定的制衡，给社会创造出一定的自治空间。笔者认为社会自组织的发育与现代化的基层组织体系的共同成长，才能实现村庄中普通农户之间的有效组织与合作，即形成自发合作与制度化合作并存的理想格局。在该过程中，乡村基层组织作为统筹乡村协调发展的单位，应该发挥资源的整合协调作用，将村庄内部社会组织之间的利益纽带在村庄层面整合起来，调动起所有新型经济产业参与者的积极性，使他们成为乡村振兴有组织性的主体力量；同时基层组织还应为电商经济的发展提供技术支持和指导，而不应该仅仅停留在电商宣传和制造明星效应的层次上，使村集体组织成为村庄内部组织的协调者和统合者，才能使产业利益留在村庄内部并为普通农户共享。

生产生活在村使得生产中的组织合作可以拓展到日常社会生活的层面中来，即社区合作有从经济层面拓展到社会和文化层面的可能。当前在村庄中最明显的表现就是家庭作坊内部来自各个村庄的编工、木工、其他工作者之间的人情交往。从电商经济产业链上的合作到生产合作，再到日常生活的合作，具体到家庭内部的合作，村庄中的社会合作之网一直在交织和互织，形成的合作资本，不仅是村庄非物质的产业资本，更是村庄内源性活力的重要基础资本。"当人们在那里生活了多年以后，会形成许多共同的互惠规范和模式，这就是他们的社会资本，利用这一资本，他们能够建立起制度以解决公共资源使用中出现的困境"。① 汉斯·科曼"社会资本被看成是公民社会的黏合剂。许多集体行为的问题只通过个人行为无法解决，但是由遥远的国家调节或间接的正式民主程序也不容易解决。相反，社群的自我调节，结合民主国家及其机构的威权，倒可以使问题得到解决。"② 可见，村庄内部的合作资本，不仅是经济层面社会发展的需要，亦可以在村庄日常生活和政治生活中发挥重要作用，是农村社区可持续性建设和发展的重要根基，是其成为有内聚力整体的直接要素。

三 基层治理层面的多元性与社会性

经济活力与政治秩序稳定紧密相关，正如亨廷顿所言："我们还没有在高收入国家看到政治无序状态。"③ 一个国家治理方式的选择与治理能力的高低受制于现有国家治理资源的贫弱，任何社会的调控形式的选择取决于社会资源总量所能允许的程度。④ 村庄中的基层国家政权建设，具体而言就是村庄政治生活的实践，受发展阶段、村庄结构和治理成本的约束，科层化和规范化有限，治理能力和治理技术也表现出地方性和灵活性。与转型过渡时期的村庄结构基础相适应，以协商民主为途径的过渡型的治理模式，在传统自治与现代民主的融合中，对村庄社会结构中延续的派系政治出现超越的可能。可以说，在基层治理层面，加强正式国家权力建设的同时，多元主体的参与和

---

① [英]罗伯特·帕特南：《使民主运转起来》，王列、赖海榕译，江西人民出版社2001年版，第198页。

② *Social Capital and European Democracy*, by Routledge, 1999. 出自李惠斌、杨雪冬《社会资本与社会发展》，社会科学文献出版社2000年版，第5—6页。

③ [美]塞缪尔·P. 亨廷顿：《变化社会中的政治秩序》，王冠华、刘为等译，生活·读书·新知三联书店1989年版，第18页。

④ 王沪宁：《社会资源总量与社会调控：中国意义》，《复旦学报》（社会科学版）1990年第4期。

源自社会的自治,是村社内源性政治活力激发的重要途径。

从理论上讲,传统帝国制度与中国社会是有机联系在一起的。中央集权的国家行政与自然村落基础上的乡里"自治"互为表里,是中国传统国家与社会结构的基本特点。在君主官僚统治的传统社会,县以下的乡村社会在很大程度上是自成一体、自我运转。在日常生活中,地方政治中存在一定的权威等级结构,有学者认为,帝国政治制度的政治权威构架基本是精英主义的,某些人由于自己的德行并借助所受的教育而有权行使政治权威;那些不具美德的人则被安排在受统治的地位上,由此导致精英和群众两个阶级构成的政体。[①] 但是,精英政治与民众社会生活是相结合的,并不构成对立。精英生活在村庄中,通晓村庄伦理和村民之间的相互关系以及基本信息,地方精英秉持公平和正义,在乡土纠纷调解和与村庄之外的政府互动中发挥主要作用,在该过程中,村庄的日常生活经由精英联结,它与地方政治融为一体,即费孝通所言的"政治是生活的一部分,政治单位必须根据生活单位"[②]。村庄政治就是村民日常生活的政治。地方精英处理地方政务和担任地方"代理人"与"保护人"角色的基本行动逻辑则是村从村庄道德,村庄中不成文的行为规约或村规民约是其依据,个体的精英情怀与村庄道德互为支持,村庄层面村民集体认可和潜移默化感受到的道德体验是村庄政治公平公正的直观判定,由此,普通村民与村庄精英在日常生活的互动中共同建构维系村庄政治,村庄内在的政治就不仅仅是空有的形式主义,实现低成本的高效治理。

在当前的社会环境下,单纯复制传统地方政治的实践模式显然不合时宜,政治共同体的实现关键在于民众的参与性。从传统的威权精英政治,到协商民主式的现代政治,民主协商的发生需要具备一定的社会条件,即哈贝马斯所言的"理想的言语情境",村民平等参与、

---

① [美]詹姆斯·R. 汤森、布兰特利·沃马克:《中国政治》,顾速、董方译,江苏人民出版社1992年版,第34页。

② 费孝通:《乡土中国 生育制度 乡土重建》,商务印书馆2014年版,第385页。

平等协商对话的基础环境，当前的困境还在于即使具备基础环境，如何调动村民主体的参与意愿，如何塑造"有政治"的村民？"有政治"的村民，不仅体现在村庄精英层面，普通村民如何与村庄政治建立关联也是关键。大集体时代，在行政压力和革命的政治氛围中，村庄生活与政治紧密相连，但是此时的联结刚性大于活力，村民个体的主体性和选择性相对缺失，改革开放以后，随着个体利益本位的凸显，村民日渐围绕自己的小家庭展开生活规划和发展展望，村庄变成仅仅地理上居住的场所，村庄政治与村民日常生活直接脱节。不仅如此，随着村庄层面公共性的消解，村庄道德沦丧，日常生活不再获得公知的道德体验，村庄政治的评判标准从内在的道德体验评价转向外在的政治法律制度。当然，法律制度的转变，是社会发展的使然，我们固然不能盲目恋古而不思往前。我们应该反思，要建立与现代民族国家相适应的新的地方政体，传统政治秩序如何在新条件下来实现重新整合。亨廷顿认为，社会和经济的现代化破坏了旧的权威模式，摧毁了传统的政治制度，却不一定会创造出新的权威模式或新的政治制度。但它却一定会由于启发了政治觉悟和扩大了政治参与而产生对新权威和新制度的迫切要求。[1] 现代化已造就出或者在政治上唤醒了某些社会和经济集团，这些集团过去或者就根本不存在，或者被排除在传统社会的政治之外，现在他们也开始参与政治活动了，它们要么被现存政治体制所同化，要么成为对抗或推翻现存政治体制的祸根。因此，一个处于现代化之中的社会，其政治共同体的建立，应该在"横向"上能将社会群体加以整合，在"纵向"上能把社会和经济阶级加以同化。[2]

涂尔干从社会唯实论的角度提出，只有建构完整的社会才能拥有道德和物质的最高地位，它不可避免地要为个人立法，同样也只有集

---

[1] ［美］塞缪尔·P. 亨廷顿：《变化社会中的政治秩序》，王冠华、刘为等译，生活·读书·新知三联书店1989年版，第426页。

[2] 同上书，第366页。

第六章　共同体本位的农村社区建设何以可能

体构成的道德实体才能凌驾于私人之上。[①]值得注意的是，国家的制度供给与社会自治之间是相辅相成的关系，社会需要有一定的自主空间，基层社会治理才会有活力和弹性，社会自治是在国家宏观的制度和政策框架范围内的自主性发挥，而不是散漫自由式的任意性治理。社会的活力和自主性是在稳定的治理环境中才能充分体现的，社会自身并不产生意义和价值，社会内部政治、经济、文化各要素系统的互动建构，才能不断产生秩序和维系秩序的机制。我国地域范围广阔，区域社会之间的社会经济发展很不平衡，国家层面的制度设计只能是宏观指导，具体的规范和规则体系是形成于基层社会实践中的。基层社会，正在面临从熟人社会向半熟人社会甚至陌生人社会的转变，在该背景下，乡土社会内部自我调适的能力受到现代化因素的强烈冲击，内生制度和内生规范的能力受损，村社内部陷入诸多结构性的困境，"送法下乡"到"迎法下乡"成为普遍现象，村民对待村庄的诸多乱象解决的希望，都寄希望于村庄之外的能人，如大学生村官，和村庄之外的、高高在上的国家。所以，加强国家的基础权力建设，增强社会的自治活力，二者是合二为一的。

在电商经济的发展过程中，村庄社区一直承担的是政治宣传的事宜，负责应对上级的参观考察和各类形式主义的报表工作，在对电商经济的推动发展尤其是核心的运营环节方面，村庄行政远未涉足。从村庄到办事处再到县级政府，提供的技术培训有限，银行贷款优惠有限，对自发发展起来的电商经济的明星效应却进行了一轮又一轮的政治消费，激发了电商群体中没有参与村庄政治的精英人士的不满，进一步挫败了精英群体公益责任的担当情怀。可以说，村庄的政治与个体利益的脱节，是电商经济的诸多从业者对村庄政治不感兴趣，对村庄建设难以产生积极感和责任感的深层根源。面对新兴的经济主体，村庄政治并未成功将其群体进行整合。政治开始脱离日常，成为高高

[①] ［法］埃米尔·涂尔干：《社会分工论》，渠东译，生活·读书·新知三联书店2000年版，第17页。

在上独立于村民与社会甚或高于村民与社会的权威意识形态，并且这一"权威"随着简政放权、和谐社会建设等一系列中央政策的号召，村民的个体权力观念不断放大，本能而自然地消解了村庄政治的权威性，以至于村庄整体层面的行动能力急剧下滑，社会的自治活力需要重新找回。

多元主体的协同治理与社会的自治活力构成了地方政治激活的主要内容，而政治活力是村庄内源性活力的重要表现，没有政治的农村社区终将没有前途。党的十九届四中全会明确提出了推进国家治理体系和治理能力现代化的目标，而基层治理作为国家治理的重要组成部分，在面对非规则和非程式的复杂乡土社会与多元农民诉求的背景下，治理主体、治理规则、制度体系等更是面临诸多挑战。在电商经济带来村庄新兴经济主体成长的背景下，电商精英群体远未承担起国家与社会之间的桥梁纽带的作用，出现孙立平所言的"国家与社会的中介失去了原来的有效性"，[1] 他们没有承担起中间阶层的历史责任。传统社会的中间阶层士绅是主体，发挥地方事务与国家政策之间的中坚功能。当前，村庄里新兴的电商精英，儒家意识形态形塑的精英价值观已经难以完全重塑，但是由于利益在村，新兴精英仍然要在村庄生活中获得生活的超越性价值和社会性的面子观，所以当村庄的政治平台开放时，部分新兴电商精英不管是出于自身经济利益还是社会效益，都有参政议政的动机。多元社会主体之间的均衡互动，才是村庄政治的良性生态，分散的电商户之间的组织平台，只有相互之间建立职业的、利益的、共赢的社会关联，村庄内生的社会组织才会有真正的活力，不至于成为封闭的小团体，才能在村庄政治建设中形成新的一股力量。重塑地方政治，将村庄政治拉回到日常生活中来，将大众参与、多元主体互动、社团组织发育、协同治理的策略逐步制度化，在治理层面形成社会秩序制衡的硬约束，真正将自治、德治和法治的

---

[1] 孙立平：《转型与断裂：改革以来中国社会结构的变迁》，清华大学出版社2004年版，第29页。

内在脉络在乡村现实实践中打通，才能健全充满活力的基层群众自治制度，激活乡村社会的自治活力，建立农村社区中的政治共同体。

第三节 小结：共同体本位的农村社区建设

在传统村庄向农村社区过渡转型的过程中，共同体作为对传统村庄性质属性的界定，其具体表现形态发生了巨大变迁，概念内涵也在现代性转型的背景下被赋予新意义，从动态发展的角度讲，共同体本位的农村社区建设是经济活力、社会有序、政治有道三位一体。传统村社共同体的基础已经随着社会的多元转型被逐渐抽离，但是这种抽离并不是连根拔起的彻底断裂，土地价值、家庭生计与合作、村庄社会关系网络、村庄意义与规则体系等一系列日常生活的主体要素，虽然也在变，但万变之中始终有根系，一个社会的根干价值经过千年沉淀和发展，成为富有活力的文化基因，是难以骤然改变的。[①] 乡土社会的主导价值与道德系统始终不是单纯的经济本位，而是嵌入在乡土境遇中的道义和伦理本位。只不过，当前经济本位的作用日益凸显，特别是在面对村庄之外的国家力量时，村民个体权利的扩大使其持不担道德风险的渔利逻辑，国家与村庄社会的弱连接使得村民在与村社和国家打交道时，持内外有别的行动逻辑。该背景下，共同体本位的农村社区建设，不仅仅是着眼于村庄社区自身的发展前景，更是置于中国社会转型大背景下的国家与基层社会关系的发展重建。所以，它注定是经济、社会、政治多维一体的，各方元素相互牵动，在动荡变迁中追求均衡和秩序。

在村庄社区内外资本激活，展现出巨大的经济活力和动力的同时，生产主义的扩张，导致村庄内部生产要素的财富性价值凸显，加之公共规则的缺失，导致一系列的乡土矛盾和纠纷。同时，生产主义

---

① 王处辉：《论中国社会价值系统的一主多元特性》，《江海学刊》2008年第5期。

的扩张遵循资本生殖的市场逻辑，与村庄的社会生活逻辑交织重叠的过程，不可避免的发生碰撞和冲突，对村庄的日常生活节奏、价值体验、社会关系网络、时间观念等产生潜移默化的影响，正在重塑村庄新的生活方式。农村社区中的产业经济，终究不能等同于工业化时代的机器经济，况且大湾村一带均是以手工业为主的编织行业和木工加工为主的木器行业，产品特质决定了生产环节大量的劳动力投入，以人为主的经济生产在一定程度上也决定了生产关系中的脉脉温情，并且电商经济产业各个环节中，均是本电商圈内村民在就业，地域内的外来人员多是参与电商中的网店商角色，社会关系网络以生产为线索整合出新的结构单位。村庄社区在传统"文化力"的底色下，对抗生产主义的普遍理性主义和单纯的经济效率，在经济活力与秩序动荡中，农村社区建设展现出新生点。这一生机与希望，无疑是立足村社内部，借机于市场利益，依托基层组织和乡村基本制度体系，在利益纽带和乡土文化纽带的双向连接下，把村庄社区内部的人力、物力、组织、文化等多重资本激活，实现现代性背景下村庄的大转型。但是，村庄到底要转向哪里？我们要尊重村社本身的主体性，各种外力强力打造的市镇，没有经过文化沉淀和群众选择的方向，终究不是长久的家园。

  理想型的农村社区共同体，是实体性的村社组织形态，是经济共同体、生活共同体、政治共同体的统一。在生产力发展带来经济活力的同时，社会基础层面的公共性和合作性形塑的秩序软约束，与治理层面形塑的制度性硬约束，相互结合、相互促进，是对当前经济发展带来的社会动荡的双向抚平。

第七章　村落社区转型的牵引和展望

第一节　村落社区现代性转型的牵引

一　现代性转型的牵引力量：电商经济与内生产业的融合

2015 年《国务院关于大力发展电子商务加快培育经济新动力的意见》中明确提出，要推进电子商务与其他产业深度融合，加强互联网与农业农村融合发展。电商经济与乡村内生产业的融合构成了乡土社区经济转型的主体内容，是乡村现代性转型的牵引力量。案例地区的传统小农经济是村庄中老年群体的兼业或主业；电商经济则与水产、运输、建筑、装修一起构成村内的工商经济体系，为村庄中青年劳动力提供就业机会，因电商经济产业链的覆盖性广，它成为当地经济产业的主导。可以说，大湾商圈一带电商经济与村庄内生产业体系的嵌入结合和自发转型，是村庄经济现代性转型的自然轨迹和主体选择。

农业与手工业的结合是中国诸多农村地区的特色。随着互联网技术的普及，传统手工业与电商经济的结合，则成为村庄工商业的主导和颇具活力的新兴产业。有学者认为中国的互联网经济虽然带来了新的市场和电子交易技术，但这只是市场创新，并未带来真正的社会财富。[1] 大湾村电商圈的发展，不仅拓展了流通市场，还在生产环节创

---

[1] 华民：《"阿里"：互联网金融创新是否创造真实的社会财富》，《探索与争鸣》2014 年第 12 期。

造了社会财富。在整个村庄社区中，年轻群体从流通销售环节获利，中老年群体从编织、打包、发货等基础的生产环节获利，使生产过程与流通渠道在村庄内部实现了统一。具体而言，在家庭代际分工与合作的基础上中年妇女和老年人依托"去过密化"的农业生产和基础的手工业编织，实现在市场就业机会中难以实现的劳动力价值；年轻群体通过电商经营、外出打工、工厂上班等职业途径参与村庄之外的劳动力市场的竞争。村庄内部形成了相对有序的、环环对接的社会分工，市场经济的刺激和小农家庭生产单位的弹性，共同促成了村庄社会经济的发展与变迁。电子商务与农村内生产业的结合，创造了一种大众性的劳动新业态，保证了村庄不同年龄和技术层次的剩余劳动力的有效就业，并且经济利益的生产在很大程度上增进了代际之间的劳动互动，缓和了现代化和工业化进程中的伦理动荡和家庭分裂的结构危机。

此外，高速的城镇化进程中，农村青年单向度的进城流动，造成村庄年轻劳动力和精英人才的流失，一度成为村庄衰竭、内驱动力不足的主要原因。电商经济及相关产业的完善，使村庄内部的年轻群体不用外出打工，在本村就可以就业创业，并产生对外出人才和外来人口的吸纳效应，村庄有充实的人口基础。同时，电商经济产业链中编织生产和发货环节的劳动力需求，使农闲时节的剩余劳动力在村庄内部就能充分吸纳。乡村内生经济产业的发展，在追求理性和高效的同时，兼顾了各类群体的生活保障，维系基层社会的基本秩序，这是以人为本的城镇化的根本要义和现代性转型的重要本土特征。且在市场经济不可逆的发展潮流中融入乡土社会的价值元素，避免理性和技术化的商品经济吞没共同体的灵魂，即村庄中的道德体验，使其在生产主义的扩张发展中，发挥整合碎片化的观念和行动的伦理约束功能，亦可增强农村社区汇聚人心、生产集体意识与共同体验的能力。

中国农村近百年的历史是一部自然经济衰败的历史。[①] 依靠土地

---

① 《费孝通选集》，天津人民出版社1988年版，第249页。

耕作经营为主的小农经济,是传统村落共同体的经济基础。当前,电商经济与其他村庄传统产业共生互动,成为大湾村一带村庄经济的主导,工农相辅的家庭经济结构,使共同体的经济基础得以重建。村庄内生的经济产业,是资源和利益再生产的根本,是村庄经济活力的源头活水,村庄成员与村社之间存在紧密的物质利益的关联,生产在村和生活在村,使得村庄社会本身也具有一定的社会活力。当地村庄内生秩序在转型变迁中,虽然出现了一系列的动荡,但是同样乡村社会的自反性亦展现出秩序修复的可能。人口基础上的留得住人是村落共同体的基本属性,而留得住人的前提是村庄能够产生生产生活的资源和自我实现、社会实现的价值归属。经济的发展变迁往往是政治和社会等多方变革的先导因素,经济基础和上层建筑的有机协调才会带来秩序的和谐与稳定。

二 现代性共同体的新形态:经济与社会在发展中的均衡

在百年来的历史发展进程中,农村社会变迁始终是我国历史变迁的主体内容。[1] 村社经济活力激活以后,需要相应的社会秩序和政治秩序。大湾村电商经济带来的巨大经济活力的同时,社会和政治秩序却陷入失衡的危机。社会分化与村庄的利益分化如影相随,处于社会结构上层的精英群体因其关系、资本、活动能力等多方因素的影响,在村庄公共资源的利益分配中处于优势位置,利益分配的失衡进一步造成村庄公共性的流失和村庄政治公平性的受损,引发村庄秩序失衡。村庄中的经济、社会、政治三个子系统紧密关联,它们的均衡发展,是村庄秩序形成和维系的基本机制,亦是现代性共同体属性生成的基础表现。

村庄内生工业化发展,需要相应的社会基础来承接变迁。公共性是社区现代性转型过程中秩序整合的重要黏合剂,是农村社区共同体

---

[1] 王先明:《中国农村发展理论的百年探索》,《人民日报》2013年2月7日第007版。

属性的本质体现。一个有公共性的村庄社区，才会不断产生内聚合力，形成一致行动的意愿和能力，村社才会有真正的主体性和自反性。哈贝马斯强调，具有组织、社团与运动三种形式的公民社会是公共领域的载体。他认为公民社会的核心机制是由非国家和非经济组织在自愿基础上组成的，这样的组织包括教会、文化团体和学会，还包括了独立的传媒、运动和娱乐协会、辩论俱乐部、市民论坛和市民协会，此外，还包括职业团体、政治党派、工会和其他组织等。[①] 据其理解，中国公民社会的发育还远不成熟，乡土社区更是缺少内生的独立组织体系，依托传统血地缘关系和文化伦理建立的公共性消解的同时，现代公民社会的公共性又未确立，社会基础层面的土地秩序、资源分配、规则碰撞与关系网络的互构重组，都亟须公共性的规范来引导整合，建立公序良俗是乡土秩序稳定的根基。村庄公共性的发育，具体与村落中的组织与合作连为一体。在村庄内生经济产业发展的背景下，把农民组织起来是把农村主体的大众村民组织起来，在经济合作和职业合作的基础上拓展社区合作，来应对单家独户的小农难以解决的生产和生活问题，增强对村落共同体的情感和归属。多元组织的发展既要有独立性，又要有村集体组织的统合引导，才不至于走偏方向，才能在社区合作中实现个体化社会核心家庭和小家族之外的社会再组织。在村落内生的组织发展和合作互动中，村庄公共性的生产能力亦在具体行动中凝聚发展。

经济社会的发展，不仅带来社会基础层面的巨大变革，工业化的生产亦对传统村庄治理带来挑战。良性村庄政治与社会生活是相互嵌入的，强有力的地方社会与强大的地方政治密不可分。以往诸多研究表明，传统中国乡村社会具有自治的文化基因，[②] 并且这一自治的基

---

① [德] 尤尔根·哈贝马斯：《公共领域的结构转型》，曹卫东等译，学林出版社 1999 年版，第 29 页。
② [美] 李怀印：《华北村治：晚清和民国时期的国家与乡村》，岁有生、王士皓译，中华书局 2008 年版，第 10—11 页。

因主要是依靠两个因素：一是相对稳定的社会结构中，儒家文化伦理与村民的生产生活相互浸融，生成的具有地方特色的文化伦理规范；二是传统的士绅、精英阶层出于道德荣誉等象征性社区资本的积累，有担任村治主体的意愿和责任。所以，在当前市场经济与消费社会的大环境下，在村庄传统的"权力的文化网络"解体的背景下，在村庄精英生活面向转向村外，日益外流，且价值观念巨变的同时，这一自治的基因在乡村社区建设中能否激活，激活的关键在哪里，都值得重新探索。值得注意的是，传统的地方自治与今天的村民自治之间有着本质的异同。传统地方自治是在国家治理与地方自反之间，自下而上成长出来的一种地方政治形态，因为根生于基层，是从地方社会生活中成长出来的枝丫，加之在社会流动性较小的乡土环境中，村庄精英向内的生活面向和村民世代久居的生活预期相互结合，村民之间有较强的建立稳定社会生活秩序的期待，个体自觉与地方公德共同发挥作用，使得地方自治在村庄精英群体的引领下实现低成本的良性治理。可以说，传统的地方自治与村庄社会是唇齿相依、交织共生的。20 世纪 80 年代以来，国家行政主导的村民自治，则是一种自上而下的治理实践，村庄社会与基层政治的关系几经沉浮，加之社会流动的加速和村民对自我家庭经济生产能力的集中关注，村民自治与村庄社会之间依然有较强的悬浮性质，即村民自治并没有沉浸到村庄社会之中，地方政治与社会生活之间缺少直接的互动，在该背景下，村民自治对上负责，行政性质凸显也就成为常态。其实，村民自治的问题并不是学界主流认为的基层政府权力干预而带来的行政性质凸显，[①] 关键是与普通民众和日常生活的脱节，以及与个体化为主的乡村社会的对接出了问题。随着全球化和个体权利为中心的市民社会的兴起，国家与社会的关系开始出现崭新的样态。该背景下，形式主义的基层政治研究，只有拉回到村庄实践中才有生命力。同时，地方政治的重

---

① 徐勇：《村民自治的成长：行政放权与社会发育——1990 年代后期以来中国村民自治发展进程的反思》，《华中师范大学学报》（人文社会科学版）2005 年第 2 期。

建，需要在国家治理框架内才有意义，国家的退出，并非能自然而然地带来公民社会的发育。基层政治千头万绪，逻辑复杂，在内生经济发展的利益相对密集型的农村地区，地方治理应与村庄经济产业发展相适应，建立实体性的村庄政治。实体性的村庄政治绝非局限于民主性的村庄选举这一村民自治的当前实践，而是与村庄社会自主性及多元社会主体相结合。因为，村庄社会生活是有实在内容的，儒家现世的生活伦理使得劳动、交往、价值和信仰都源于社会，而社会自治的活力与村庄公共性的发育紧密相关，二者均是建立在村庄有效的公共规则体系和组织合作的基础上。依托村庄经济产业发展带来的组织和合作契机，在生产和职业组织中探讨村民自治的具体实践，进行村民自治单位的下沉与创新，在增强社会自主能力的过程中，在乡镇引导、村集体统合的层面建立起将大众参与、多元利益主体协同的协商民主实践，无疑是转型过渡的良性治理之路。

综上所述，现代性共同体的新形态就是村庄的内源性活力的激活，是村庄整体结构与村内经济、政治、社会各个子系统之间的均衡发展过程，亦是村庄内生秩序能力再生产的过程。具体而言，经济活力、社会基础层面的公共性重建、地方政治的建设之间存在重要的内在联系，特别是在当前中国快速的城镇化进程中，转型变迁中的社会结构极不稳定，更应注重社会系统之间的协调与均衡。现代性转型的希望首先是经济解放，即生产力水平的提高和匮乏经济恶性循环的打破，[1] 但是西方社会激进发展的市场经济带来了过度理性主义的恶果，这无疑不是我们的前进方向，走出西方西现代性的陷阱，关键是实现经济与社会有机协调中的稳步推进。所以，基于内生产业激发的经济活力，是为农村生活的主体村民提供生产生活的基础保障，实现底线秩序之上的可持续发展，在经济分化引发的村庄利益纠纷和秩序动荡中，正式的法律规范和技术化的治理方式难以管控乡村社会的每一个

---

[1] 费孝通：《乡土中国　生育制度　乡土重建》，商务印书馆2014年版，第349页。

触角，基层国家政权建设只有从变化发展的社会情境出发，自下而上的生发出政策规章，才能更具韧性和可操作性。从该角度讲，社会基础层面的公共性建设，就是在大小传统结合中实现地方规范体系和公共规则的重建，通过组织合作关系网络的拓展实现个体化村庄社会的再组织，发挥公共性在村落社会现代性转型中的秩序黏合作用；地方政治的重建就是将国家公权力建设与社会意识相结合，发挥多元社会主体的作用，实行良性互动和协同治理，逐步向现代国家治理体系转型。在村庄公共性与地方政治的重建转型中，分别生成抵御生产主义恶性扩张的资本渔利逻辑的社会软约束和制度硬制衡，从而增强村庄生活的道德体验即共同体意识，推进经济活力与社会秩序的协调。简言之，村庄经济、社会、政治系统的内在均衡，是村庄有机体秩序维系的根本机制，正如帕森斯一直强调的，"作为一个系统，一个社会的核心是规范性的秩序，通过它，人们的生活才得以共同组织起来。"[1]

第二节 村落社区现代性转型的前景

一 内发型发展与共同体本位的农村社区

关于村庄现代性转型的前景，李培林认为，"逆城市化、城乡一体化、乡村生活的重新复兴，是今后新型城镇化的一种大趋势，新型城镇化并不意味着把农民都迁到城镇居住，也意味着把乡村建设得更加美好，让生活在乡村的人也能达到城镇的生活品质，同时还能体会到乡间的绿色、休闲和泥土的清香"。[2]"三农"学者温铁军曾多次强调，今天的乡村建设与民国时期的乡村建设并无本质差异，[3] 民国时

---

[1] Talcott Parsons, "The Political Aspect of Social Structure and Process," in David Easton, *Varieties of Political Theory*, Englewood Cliffs, N. J.: Prentice-Hall, 1966, p. 71.
[2] 《2017年〈社会蓝皮书〉发布暨中国社会形势报告会》，http://www.china.com.cn/zhibo/2016-12/21/content_39941248.htm.
[3] 温铁军：《我们还需要乡村建设》，《开放时代》2005年第6期。

期的乡村建设运动带有鲜明的时代特色，各派建设者们都旨在通过乡村复兴来救亡图存，挽救农村于崩溃的边缘，救亡图存和改良社会是该时期乡村建设的主旨。这一时期的乡村建设运动都是基于乡村本位，注重乡村内在力量的激发，进一步论证了乡村内部具有传统的、自治的资源。今天，我们固然不能模仿当时的乡村建设运动来为"三农"问题求解，但是以史为鉴，在新的社会背景下，反思各派乡村建设引领者开辟的道路和理论，尤其是对乡村自身内力的关注与激发，对当前的农村建设与发展无疑具有重要的启发意义。

1976年，鹤见和子在日本首先倡导"内发性、自生性发展论"，内发型的发展是"适应于不同地域的生态体系，植根于文化遗产，按照历史的条件，参照外来的知识、技术、制度等，进行自律性的创造"。三石善吉"内发性发展"（endogenous development）指的是，在力图保持固有的"文化基础"的同时，积极地导入外来文化并加以实践，从而促进本国发展的一种模式。西川润"后发社会不只是模仿先进社会，而是立足于自身社会的传统，改造外来模式，谋求与自身社会条件相适应的发展路线"，"是富有创造性的人与社会的发展"。[①]共同体本位的农村社区建设，是典型的内发型发展模式，在保持乡村自主性和乡土内力激活的前提下，援引外力，达至经济建设和社会发展的均衡。不过，现代性发展与共同体建设，从西方已有的多数理论来看，是一对背向而行，没有交集的方案。以个体主义和理性主义为内核的现代性，与以集体聚合为内核的共同体之间，确实充满了矛盾与张力。不过，随着共同体理论中对个体认同和体验的肯定，二者之间的张力并非没有缓和的空间。在本土经验中，笔者从村庄社会的经济、社会、政治三个子系统及村庄有机体的整体层面，分别论证了共同体本位的现代性发展转型的可能路径。

因此，村庄社会的现代性转型，并不是意味着按照西方已有现代

---

① ［日］三石善吉：《传统中国的内发性发展》，余项科译，中央编译出版社1998年版，第1—4页。

第七章 村落社区转型的牵引和展望

性路线的既定和相对确定的发展，本土性和地方性的文化和社会关系体系，不可能在经济政治的不平等权力中被磨平，现代性与全球化的扩张，也不可能是一个普遍主义的拉平过程，地方社会与全球社会发生紧密关系的同时，也有一定的自反性和自主性，这种主体性的建立和维系，归根到底取决于地方社会或民族国家的经久不衰且在日常生活中发挥作用的传统惯习，这一传统可以是从古老而来，也可以是在古来传统上的现代性转化，它是地域内成员的处境化经验和生活依据。可以说，现代性的转型，并不是吉登斯等西方学者所言的与传统的断裂；经济与社会的脱嵌，也不尽是波兰尼笔下的社会危机。那挥之不去的难以告别的传统，恰恰是村庄自我的核心和现代性转型发展的主体内核。

另外，乡村社会的关系体系与城市社区有着本质上的差别，乡土社会半熟人化的社会与城市陌生人社会之间仍然不能完全趋同，这是共同体本位的农村社区成为可能的根本基础。村庄正在融合现代性变迁和抵御现代性风险的辩证结构中转型发展。且农村社区未必是要实现和城市小区一样的现代生活和消费方式，城市道路不是村落社区转型的唯一模板，城乡之间的差距不仅体现在客观的经济层面，关键在社会层面。由此，就不应该将现代城市的生产和生活方式当作标准来比对农村社会，以此划出传统与现代、先进与落后的纲线。农村社区的建设发展，要放到中国在全球分工体系中的经济格局里来考衡，要从亿万小农生产生活的保障和生命价值的实现与尊严的角度来考衡。

综上所述，高速的城镇化进程中，中国农村问题的关键是维系农村社会秩序的和谐稳定，为亿万小农提供发展出路和价值归属。当前政界和学界关于"三农"问题的主要思路是让农民增收，特别是取消农业税费以来，在农民进城、资源下乡的潮流下，"三农"问题被逐渐置换为农业问题，脱离了村庄社会系统和分化的农民诉求，单纯考虑农业产业的生产力，偏重于经济学的效率与产出计算，这不是农村产业兴旺的应有之道。经济本位的农村现代化路径，忽视了农村社会有机体的整体性和乡土社会的秩序稳定。乡土产业的创新发展实际上植根于特定的社会系统和制度系统，需要在一定的生产关系的条件下认识乡土经济形态所蕴含的生产力。从该角度讲，本书基于村庄经济活力的引动与村落转型过程的探讨，在内发型发展模式的基础上，归纳出的共同体本位的农村社区建设，或许能实践出一条有中国特色的现代化道路。

二 电商经济的发展限度

随着互联网技术的迅速推进，我国淘宝村的数量越来越多。主流媒体和观点多认为，互联网连接社会资源，是实现乡村复兴的重要载体；相应的电商精英有望成为新乡贤的代表，或是信息时代乡村社会的创新主体；电商经济将创业与就业的机会结合起来，将互联网的红利最大化的释放出来，将成为信息时代的主要经济发展模式。此外，加之国家政策层面"大众创新，万众创业"的大力号召与"互联网+"模式的无限拓展，互联网几乎成了万能的平台和农村现代化建设的重要媒介。乡村地区电商经济的发展，都是依托村庄内生产业的基础之上，内生产业的生产能力和市场的需求程度，以及互联网平台的营销策略即店铺运营，直接关系到电商经济的前途和效益，可以说，脱离了村庄内生产业的支撑，电商经济将是无源之水。

大湾村的电商产业以及县域范围内顾村以老粗布制品为主的电商经济，都是劳动力密集型的产业类型，且参与一线生产的多是中老年群体，年轻群体少有投身一线生产的意愿和技术能力，那么这就面临最基本的生产可持续性问题。并且，村庄内的电商运营模式呈分化局面，规模较大的电商网店均是村庄之外的电商运营公司代管运营，村庄内部少有有实力的电商运营机构。当电商经济销售环节最为核心的运营不是自我掌控时，纵使电商经济规模庞大，覆盖笼罩大片区域，村庄内部运货送货的车辆不断，一派繁荣忙碌的经济现象背后，却有很大部分利益高度外流。从该角度讲，农村电商发展尚处初级阶段，规模庞大不代表高速发展，发展规模与核心技术的掌握并未实现在村的相互匹配。此外，电商经济模式的复制性也有很强的局限，2013年以后，大湾村经常有全国各地的乡镇甚或省市领导、科研机构等来参观学习与考察访问，很少有地区真正模仿成功。经济产业类型与地方的社会基础和资源禀赋密切相关，先进经验往往是自身资源优势、发展机会与国家资源综合缔造的结果，难以千篇一律地普及开来。

因此，互联网并非万能，电商经济也不是在所有农村地区都能落地扎根。但不可否认的是，电商经济的发展，是当前农村社会现代性转型的重要变迁线索，是窥探巨变转型中乡土中国的重要窗口，它给村庄经济、社会与政治等多个方面，带来了新机会和新挑战。村庄现代性转型的过程多元多样，但是这个过程中展现出来的活力与动荡，却有普遍性。在转型的过程中，探讨农村社区的发展与走向，贴着地面实践无疑更具鲜活性和灵活性。需要明确的是，农村社区不是要建设成为单纯的生产共同体，更重要的是生活共同体。乡土秩序的稳定和农民生活水平的持续性改善才是其根本目标。在乡村内源性活力、国家制度供给和资源供给、多元社会组织之间寻找结合点，寻找凝聚乡村团结力的内外社会资本，从而增强农村社区自身的组织能力和承接外来国家资源、内生发展机会的能力，增强纠纷调解、利益分配、危机处理和应对变迁风险的能力，使其成为集经济活力、社区公共性、地方政治、价值文化有机协调的综合系统，实现富有内聚力、留得住人心的现代性共同体的生成与再生产，这才是村落社区建设与转型的前景。

终　章

　　中国的现代性转型具有极强的不确定性，农村作为现代性转型的主体，探讨村落在该过程中的发展变迁和秩序维系机制有重要意义。本文基于鲁北一个电子商务核心商圈的田野调查，以电商经济的发展为研究引线，借用转型社会学的理论视角，展现国家、市场、信息化等多种现代性因素进入村庄的背景下，电商发展与村落经济结构、社会基础、治理模式之间的共生互动，以此为载体来阐释乡村社会内源性活力的激发机制与本土化的现代化路径，回应现代性转型过程中农村社区的建设路径与发展前景。

　　我国实施乡村振兴战略以来，各地积极培育新产业新业态新模式，电商产业持续成为农村经济发展的新动能。研究发现，电商经济产业的迅速发展，是村落现代性转型的助推器。村落经济结构转型中，互联网与传统手工业相结合，编织出巨大的生产之网，塑造出电商经济与乡村内生传统产业相结合的现代经营体系，在家庭结构完整性的基础上实现家庭再生产和代际合作，村庄展现出巨大的经济活力。村庄结构基础的转型中，随着电商经济产业的推进发展，土地资源市场变现的能力增强，出现了土地秩序的失衡和公共规则的失效；同时社会关系网络以传统的血地缘为基础，与生产关系和市场关系相互嵌入而重组重构，村庄公共性不断式微和消解。在村社内外社会资本激活和生产主义的扩张中，电商经济带来的经济活力与社会秩序的失调相向而行，而经济基础和社会基础的变革，直接决定了建立在其上的基层治理逻辑的转变。治理模式转型中，电商经济的政治效应带动了乡镇与村庄的亲和关系，并推动项目资源下乡，村庄利益进一步趋向密集；多元利益主体兴起以后，常规治理模式失效，村集体丧失纠纷调解和利益分配的能力，出现"村民自治难自治"的尴尬困境；由此，以电商行业党支部、行业协会为主的多元组织开始发育，村庄政治出现精英替代，村庄开始以民主议政会的形式动员集体力量来解决利益纠纷，地方政治开始重建。

经济结构、社会基础、治理模式是村落现代性转型的三个基本维度，三者紧密关联，互为变迁基础。在上述多重转型的过程中，立足传统与现代的共生互动，研究表明，乡村内源性活力的激活，首先要建立在村落有机体的整体性与主体性之上，资源和利益是发挥社区整合作用的纽带。对乡村地区而言，土地是其重要的发展整合资源，在夯实土地集体产权的基础上，完善基层组织在土地管理中的制度性权力与监管体系建设，实现基本生活保障与建设用地的均衡是内生产业驱动乡村振兴的关键。其次内源性活力激发的行动机制是在地方小传统与国家大传统的交织中建立村民共意的公共规则体系，形成超越核心家庭层面的组织网络和社区合作，恢复村庄公共性的生产能力。最后是建立多元社会主体协同的基层民主治理，加强国家基础权力建设的同时，兼顾社会自治的活力。最终，现代性共同体的新形态就是在村庄内源性活力激活基础上经济、社会和政治的协调发展，是在地方性知识与现代性因素交织中对以传统社会关联和道德体验为内核的伦理本位共同体的新发展，亦是对理性主义和个人权利为主的西方现代性后果的反思和超越。

在互联网主导的数字经济时代，互联互通的信息技术有效扎根乡村社区，激活村庄内部多元社会资本的活力，并激发村庄社会系统内外的资本整合和资源聚合，这是推动乡村发展进入快车道的重要驱动力量，亦是实现乡村产业兴旺的关键举措。在这个过程中，单一的市场化的路径和行政干预指导的路径，都难以实现市场、村民、产业、政府等多元经济主体、社会主体和政治主体的均衡互动与利益提升。在该背景下，加强村庄内部的统筹规划和组织能力建设就至关重要。党的十九大报告中明确提出了农村基层组织在乡村振兴和产业发展进程中的重要作用，因而以基层村社组织建设为抓手，重视村社组织在新型经济产业发展中的功能实践，以村庄为主体形成对村庄电商产业发展的统合单位和基础公共服务的提供平台，增强基层组织与村庄多元电商组织之间的有机衔接，是能促进村庄产业体系优化的重要途径，也是完善农村新兴产业的市场体系，实现资源整合和高质量发展的组织基础。不过，农村基层组织作为群众性的自治组织，如何实现乡土政治与经济发展的有效协同，亦是需要在新的社会结构背景下重新反思。

在传统与现代的交融汇合中，中国的乡村不是落后的被改造的对象，是富有主体性的社会稳定的有机构成部分，在高速的城镇化进程和波云诡谲的国际局势下，农村社区作为中国社会的主体结构，其建设路径与发展前景就具有举足轻重的作用，集体土地制度和基层组织体系则构成了乡土社区承接新型经济产业、适应现代化转型变迁和革新发展的制度与组织优势。区别于经济本位的农村现代化路径，本书在内发型发展模式的基础上，归纳出的共同体本位的农村社区建设，或许能实践出村落现代性转型的另一前景，这对当前农村社会改革和发展方向或有参考与启发意义。

参考文献

著作

曹锦清：《黄河边的中国——一个学者对乡村社会的观察与思考》，上海文艺出版社2000年版。

陈柏峰：《乡村江湖：两湖平原"混混"研究》，中国政法大学出版社2011年版。

陈那波：《国家、市场与农民生活机遇：来自中国广东农村的经验（1978—2004）》，中央编译出版社2010年版。

陈向明：《质的研究方法与社会科学研究》，教育科学出版社2000年版。

陈旭麓：《近代中国社会的新陈代谢》，上海人民出版社1992年版。

陈禹、左美云、尤晓东等：《信息与社会》，中国人民大学出版社2009年版。

成伯清：《格奥尔格·齐美尔：现代性的诊断》，杭州大学出版社1999年版。

费孝通：《费孝通选集》，天津人民出版社1988年版。

费孝通：《社会学概论》，天津人民出版社。

费孝通：《四年思路回顾》，出自《费孝通集》，中国社会科学出版社2005年版。

费孝通：《乡土中国》，北京出版社 2004 年版。

费孝通：《乡土中国·生育制度·乡土重建》，商务印书馆 2014 年版。

桂学文：《经济发展新动力：电子商务的作用机制与效果测度》，科学出版社 2013 年版。

贺雪峰：《村治模式：若干案例研究》，山东人民出版社 2009 年版。

贺雪峰：《大国之基：中国乡村振兴诸问题》，东方出版社 2019 年版。

贺雪峰：《小农立场》，中国政法大学出版社 2013 年版。

贺雪峰：《新乡土中国：转型期乡村社会调查笔记》，广西师范大学出版社 2003 年版。

胡必亮：《关系共同体》，人民出版社 2005 年版。

黄宗智：《长江三角洲小农家庭与乡村发展》，中华书局 1992 年版。

李惠斌、杨雪冬：《社会资本与社会发展》，社会科学文献出版社 2000 年版。

李培林：《村落的终结：羊城村的故事》，商务印书馆 2004 年版。

梁漱溟：《乡村建设理论》，上海人民出版社 2006 年版。

林耀华：《金翼：中国家族制度的社会学研究》，生活·读书·新知三联书店 1989 年版。

陆学艺：《"三农论"——当代中国农业、农村、农民研究》，社会科学文献出版社 2002 年版。

陆学艺：《内发的村庄》，社会科学文献出版社 2001 年版。

陆学艺：《中国社会结构与社会建设》，中国社会科学出版社 2013 年版。

潘维：《农民与市场：中国基层政权与乡镇企业》，商务印书馆 2003 年版。

彭南生：《半工业化——近代中国乡村手工业的发展与社会变迁》，中华书局 2007 年版。

秦晓：《当代中国问题研究：使命、宗旨和方法论》，载秦晓《当代中国问题：现代化还是现代性》，社会科学文献出版社2009年版。

秦晓：《追问中国的现代性方案》，社会科学文献出版社2010年版。

山东省博兴县史志编纂委员会：《博兴县志》，齐鲁书社1993年版。

孙立平：《转型与断裂：改革以来中国社会结构的变迁》，清华大学出版社2004年版。

汪行福：《走出时代的困境——哈贝马斯对现代性的反思》，上海社会科学院出版社2000年版。

王春光：《中国农村社会变迁》，云南人民出版社1996年版。

王沪宁：《当代中国村落家族文化——对中国社会现代化的一项探索》，上海人民出版社1991年版。

王曙光：《中国农村：北大"燕京学堂"课堂讲录》，北京大学出版社2017年版。

温铁军：《"三农"问题与制度变迁》，生活·读书·新知三联书店2005年版。

吴理财等：《公共性的消解与重建》，知识产权出版社2013年版。

吴重庆：《孙村的路：后革命时代的人鬼神》，法律出版社2014年版。

肖锋：《信息主义及其哲学探析》，中国社会科学出版社2011年版。

谢立忠、阮新邦：《现代性、后现代性社会理论：诠释与评论》，北京大学出版社2004年版。

阎云翔：《私人生活的变革：一个中国村庄里的爱情、家庭与亲密关系：1949—1999》，龚小夏译，上海书店出版社2006年版。

杨善华、谢立中：《西方社会学理论》（下卷），北京大学出版社2006年版。

喻文莉：《转型期宅基地使用权制度研究》，法律出版社2011年版。

张静：《现代公共规则与乡村社会》，上海书店出版社2006年版。

郑杭生：《社会学概论新编》（第三版），中国人民大学出版社2003

年版。

周春发:《旅游、现代性有社区变迁——以徽村为例》,社会科学文献出版社 2012 年版。

周穗明等:《现代化:历史、理论与反思——兼论西方左翼的现代化批判》,中国广播电视出版社 2001 年版。

《马克思恩格斯选集(第 1 卷)》,人民出版社 1995 年版。

《中共中央关于关于农业和农村若干重大问题的决定》,人民出版社 1998 年版。

[德] 斐迪南·滕尼斯:《共同体与社会纯粹社会学的基本概念》,林荣远译,商务印书馆 1999 年版。

[德] 哈贝马斯:《包容他者》,曹卫东译,上海人民出版社 2002 年版。

[德] 柯武刚、史漫飞:《制度经济学:社会制度与公共政策》,韩朝华译,商务印书馆 2000 年版。

[德] 马克斯·韦伯:《经济与社会(上卷)》,林荣远译,商务印书馆 1997 年版。

[德] 曼海姆:《重建时代的人与社会:现代社会结构的研究》,张旅平译,生活·读书·新知三联书店 2002 年版。

[德] 尤尔根·哈贝马斯:《公共领域的结构转型》,曹卫东等译,学林出版社 1999 年版。

[德] 尤尔根·哈贝马斯:《现代性的哲学话语》,曹卫东译,译林出版社 2011 年版。

[俄] A. 恰亚诺夫:《农民经济组织》,萧正洪译,中央编译出版社 1996 年版。

[法] H. 孟德拉斯:《农民的终结》,李培林译,中国社会科学出版社 1991 年版。

[法] 埃米尔·涂尔干:《社会分工论》,渠东译,生活·读书·新知三联书店 2000 年版。

[加] 黛安娜·布赖登、[加] 威廉·科尔曼：《反思共同体：多学科视角与全球语境》，严海波等译，社会科学文献出版社 2011 年版。

[美] R. 科斯、A. 阿尔钦等：《财产权利与制度变迁》，上海三联书店 2002 年版。

[美] 阿兰·兰德尔：《资源经济学》，施以正译，商务印书馆 1989 年版。

[美] 本尼迪克特·安德森：《想象的共同体：民族主义的起源与散布》，吴叡人译，上海人民出版社 2005 年版。

[美] 查尔斯·蒂利、西德尼·塔罗：《抗争政治》，李义中译，译林出版社 2010 年版。

[美] 道格拉斯·C. 诺思：《制度、制度变迁与经济绩效》，刘守英译，上海三联书店 1994 年版。

[美] 蒂利：《身份、边界与社会联系》，谢岳译，上海世纪出版集团 2008 年版。

[美] 杜赞奇：《文化、权力与国家——1900—1942 年的华北农村》，王福明译，江苏人民出版社 1996 年版。

[美] 菲利普·塞尔兹尼克：《社群主义的说服力》，马洪、李清伟译，上海人民出版社 2009 年版。

[美] 富兰克林·H. 金：《四千年农夫》，程存旺、石嫣译，东方出版社 2011 年版。

[美] 黄宗智：《华北的小农经济与社会变迁》，叶汉明译，中华书局 2000 年版。

[美] 杰弗里·亚历山大：《社会生活的意义：一种文化社会学的视角》，周怡等译，北京大学出版社 2011 年版。

[美] 克利福德·吉尔兹：《地方性知识：阐释人类学论文集》，王海龙、张家道译，中央编译出版社 2000 年版。

[美] 李怀印：《华北村治：晚清和民国时期的国家与乡村》，岁有生、王士皓译，中华书局 2008 年版。

[美] 罗尔斯：《政治自由主义》，万俊人译，译林出版社 2000 年版。

[美] 莫里斯·弗里德曼：《中国东南的宗族组织》，刘晓春译，上海人民出版社 2000 年版。

[美] 塞缪尔·P. 亨廷顿：《变化社会中的政治秩序》，王冠华、刘为等译，生活·读书·新知三联书店 1989 年版。

[美] 施坚雅：《中国农村的市场和社会结构》，史建云、徐秀丽译，中国社会科学出版社 1998 年版。

[美] 杨懋春：《一个中国村庄：山东台头》，张雄、沈炜、沈美珠译，江苏人民出版社 2001 年版。

[美] 詹姆斯·R. 汤森、布兰特利·沃马克：《中国政治》，顾速、董方译，江苏人民出版社 1992 年版。

[美] 詹姆斯·S. 科尔曼：《社会理论的基础（上、下）》，邓方译，社会科学文献出版社 1999 年版。

[日] 旗田巍『中国村落と共同体理論』東京：岩波書店 1995 年版。

[日] 三石善吉：《传统中国的内发性发展》，余项科译，中央编译出版社 1998 年版。

[英] 安东尼·吉登斯：《超越左与右——激进政治的未来》，李慧斌、杨雪冬译，社会科学文献出版社 2000 年版。

[英] 安东尼·吉登斯：《民族—国家与暴力》，胡宗泽、赵力涛译，生活·读书·新知三联书店 1998 年版。

[英] 安东尼·吉登斯：《失控的世界》，周红云译，江西人民出版社 2001 年版。

[英] 安东尼·吉登斯：《现代性的后果》，田禾译，译林出版社 2011 年版。

[英] 弗兰克·韦伯斯特：《信息社会理论》（第三版），曹晋、梁静、李哲等译，北京大学出版社 2011 年版。

[英] 杰拉德·德兰蒂：《现代性与后现代性：知识、权力与自我》，李瑞华译，商务印书馆 2012 年版。

[英] 卡尔·波兰尼：《大转型：我们时代的政治与经济起源》，冯

钢、刘阳译，浙江人民出版社 2007 年版。

［英］拉尔夫·达仁道夫：《现代社会冲突——自由政治随感》，林荣远译，中国社会科学出版社 2000 年版。

［英］罗伯特·D. 帕特南：《使民主运转起来》，王列、赖海榕译，江西人民出版社 2001 年版。

［英］迈克尔·曼：《社会权力的来源（第二卷·上）》，陈海宏等译，上海人民出版社 2007 年版。

［英］迈克尔·曼：《社会权力的来源（第二卷·下）》，陈海宏等译，上海人民出版社 2007 年版。

［英］齐格蒙特·鲍曼：《共同体：在一个不确定的世界中寻找安全》，欧阳景根译，江苏人民出版社 2003 年版。

Boschma, R., *Looking Through a Window of Location Opportunity*, Tinbergen Institute, Rotterdam, 1994.

Brinton, M. C. & V. Nee, *New Institutionalism in Sociology*, New York: Russell Sage Foundation, 1998.

Frisby, D., *Fragments of Modernity*, The MIT Press, 1986.

Hamilton, Gary G., *Commerce and Capitalism in Chinese Societies*, London: Routledge, 2006.

Held, David, *Models of Democracy* (3nd edition), California: Stanford University Press, 2006.

P. Bourdieu, *The Forms of Capital*, *Handbook of Theory and Research for the Sociology of Education*, John, Richardson, ed, New York: Greenwood Press, 1986.

Rosenberg, Shawn W. eds., *Deliberation, Participation and Democracy: Can the People Govern?*, New York: Palgrave Macmillan. 2007.

R. Putnam, *Bowling Alone: The Collapse and Revival of American Community*, New York: Simon & Schuster, 2000.

Talcott Parsons, "The Political Aspect of Social Structure and Process,"

David Easton *Varieties of Political Theory*, Englewood Cliffs, N. J.：Prentice-Hall, 1966.

Vivienne Shue, *The Reach of the State：Sketches of the Chinese Body Politic*, Stanford：Stanford University Press, 1988.

期刊文献

曹锦清：《历史视角下的新农村建设——重温宋以来的乡村组织重建》，《探索与争鸣》2006 年第 10 期。

陈德庆：《论中国近代手工业的发展趋势》，《求索》1991 年第 6 期。

陈然：《地方自觉与乡土重构："淘宝村"现象的社会学分析》，《华中农业大学学报》（社会科学版）2016 年第 3 期。

陈宇：《运用共享经济理念优化农村电商发展模式》，《人民论坛》2019 年第 23 期。

崔丽丽、王骊静、王井泉：《社会创新因素促进"淘宝村"电子商务发展的实证分析——以浙江丽水为例》，《中国农村经济》2014 年第 12 期。

董坤祥、侯文华、丁慧平、王萍萍：《创新导向的农村电商集群发展研究——基于遂昌模式和沙集模式的分析》2016 年第 10 期。

董运生、傅园园：《合法性悖论：淘宝村民间团体的生存困境》，《江海学刊》2016 年第 4 期。

房冠辛：《中国"淘宝村"：走出乡村城镇化困境的可能性尝试与思考——一种城市社会学的研究视角》，《中国农村观察》2016 年第 3 期。

顾淑林：《包容性创新和淘宝村现象：电子商务与中国农村社区嵌入型创业》，《经济导刊》2015 年第 9 期。

郭承龙：《农村电子商务模式探析——基于淘宝村的调研》，《经济体制改革》2015年第5期。

郭海霞：《农产品电子商务发展的法律保障》，《学术交流》2010年第5期。

郭亮：《土地"新产权"的实践逻辑：对湖北S镇土地承包纠纷的学理阐释》，《社会》2012年第2期。

郭于华：《代际关系中的公平逻辑及其变迁》，《中国学术》2001年第4期。

国务院发展中心课题组：《农民自组织的成长与约束》，《管理世界》1994年第6期。

韩庆龄：《从土地秩序与土地认知反思农地制度改革》，《北京社会科学》2016年第5期。

韩庆龄：《规则混乱、共识消解与村庄治理的困境研究》，《南京农业大学学报》（社会科学版）2016年第3期。

何慧丽、程晓蕊、宗世法：《当代新乡村建设运动的实践总结及反思——以开封10年经验为例》，《开放时代》2014年第4期。

何慧丽：《当代乡村复兴之路》，《人民论坛》2012年第31期。

贺雪峰、魏华伟：《中国农民合作的正途和捷径》，《探索与争鸣》2010年第2期。

贺雪峰：《华中村治研究中的机制研究》，《云南行政学院学报》2016年第2期。

贺雪峰：《基层治理的活力在哪里》，《中国社会科学报》2015年7月20日第7版。

贺雪峰：《论中国农村的区域差异——村庄社会结构的视角》，《开放时代》2012年第10期。

贺雪峰：《论中国式城市化与现代化道路》，《中国农村观察》2014年第1期。

贺雪峰：《乡村选举中的派系与派性》，《中国农村观察》2001年第

4 期。

胡天石、傅铁信：《中国农产品电子商务发展分析》，《农业经济问题》2005 年第 5 期。

华民：《"阿里"：互联网金融创新是否创造真实的社会财富》，《探索与争鸣》2014 年第 12 期。

黄振辉、王金红：《协商民主与中国地方治理创新》，《经济社会体制比较》2009 年第 5 期。

黄宗智：《集权的简约治理：中国以准官员和纠纷解决为主的半正式基层行政》，《开放时代》2008 年第 2 期。

江沛：《近代以来中国转型若干社会问题治理片论》，《天津社会科学》2008 年第 6 期。

解梅娟：《电商扶贫："互联网+"时代扶贫模式的新探索》，《长春市委党校学报》2016 年第 2 期。

金安平、姚传明：《协商民主：在中国的误读、偶合以及创造性转换的可能》，《新视野》2007 年第 5 期。

金耀基：《中国的现代转向》，牛津大学出版社 2004 年版，自序。

康春鹏：《我国农村电子商务研究综述》，《农业网络信息》2014 年第 12 期。

寇光涛、卢凤君：《"互联网+农业产业链"的实践总结与创新路径》，《农村经济》2016 年第 8 期。

蓝宇蕴：《都市村社共同体——有关农民城市化组织方式与生活方式的个案研究》，《中国社会科学》2005 年第 2 期。

冷鹤鸣：《当代中国社会现代化转型中的现代性问题》，《理论参考》2007 年第 10 期。

李国英：《"互联网+"背景下我国现代农业产业链及商业模式解构》，《农村经济》2015 年第 9 期。

李海平、刘伟玲：《农村电子商务存在的问题与模式创新》，《陕西科技大学学报》2011 年第 2 期。

李海平、刘伟玲：《农村电子商务存在的问题与模式创新》，《陕西科技大学学报》2011年第2期。

李丽、李勇坚：《中国农村电子商务发展：现状与趋势》，《经济研究参考》2017年第10期。

李玲芳、徐思远、洪占卿：《农村电子商务：问题与对策》，《中共福建省委党校学报》2013年第5期。

李培林：《我国发展新阶段的社会建设和社会管理》，《社会学研究》2011年第4期。

李强彬：《协商民主：西方观点与中国语境》，《经济社会体制比较》2014年第4期。

李艳菊：《论我国农业电子商务发展动力机制与策略》，《求索》2015年第3期。

李扬、张晓晶：《"新常态"：经济发展的逻辑与前景》，《经济研究》2015年第5期。

李增元：《农村社区建设：治理转型与共同体构建》，《东南学术》2009年第3期。

厉以宁：《论城乡二元体制改革》，《北京大学学报》（哲学社会科学版）2008年第2期。

厉以宁：《缩小城乡收入差距 促进社会安定和谐》，《北京大学学报》（哲学社会科学版）2013年第1期。

厉以宁：《走向城乡一体化：建国60年城乡体制的变革》，《北京大学学报》（哲学社会科学版）2009年第6期。

梁文卓、侯云先：《团购网站运营影响因素主成分分析——基于消费者满意导向》，《经济体制改革》2012年第1期。

梁晓音：《"淘宝村"发展模式、问题与对策——以广西"淘宝村"为研究对象》，《商业经济研究》2016年第14期。

林聚任、张欣欣、赵海红：《当今共享发展背景下社会公共性建设研究——以胶东地区为例》，《山东社会科学》2019年第8期。

林聚任：《论社会关系重建在社会重建中的意义与途径》，《吉林大学社会科学学报》2008年第5期。

刘可：《农村电子商务发展探析》，《经济体制改革》2008年第6期。

刘梦琴：《中国城市化进程中村落终结的路径选择》，《农村经济》2011年第2期。

刘锐：《行政吸纳村庄的逻辑——S市农村调查》，《广东社会科学》2017年第2期。

刘升：《市场如何定价：一个社会学的视角——基于浙江朱村的调查》，《中国农业大学学报》（社会科学版）2015年第3期。

刘小峰、夏玉珍、余佳伲：《质性社区研究的三种模式——以费孝通社区研究史为参照》，《学习与实践》2012年第12期。

刘永飞、许佳君：《困顿与转型：乡村手艺产业的社会建构——江苏福乡柳条编织技艺产业的拓展个案研究》，《南京农业大学学报》（社会科学版）2017年第1期。

刘玉照：《村落共同体、基层市场共同体与基层生产共同体——中国乡村社会结构及其变迁》，《社会科学战线》2002年第5期。

刘祖云、孔德斌：《共同体视角下的新农村社区建设》，《学习与探索》2013年第8期。

卢福营、孙琼欢：《论现阶段农村基层政治生活中的派系》，《天津社会科学》2005年第1期。

卢晖临、李雪：《如何走出个案——从个案研究到扩展个案研究》，《中国社会科学》2007年第1期。

鲁炜：《经济全球化背景下的国家话语权与信息安全》，《求是》2010年第7期。

吕丹：《基于农村电商发展视角的农村剩余劳动力安置路径探析》，《农业经济问题》2015年第3期。

骆毅：《我国发展农产品电子商务的若干思考——基于一组多案例的研究》，《中国流通经济》2012年第9期。

马聪:《我国农民自组织状况的历史性考察》,《河南社会科学》2002年第4期。

毛丹:《村落共同体的当代命运:四个观察维度》,《社会学研究》2010年第1期。

毛丹:《村庄的大转型》,《浙江社会科学》2008年第10期。

孟晓明:《我国农业电子商务平台的构建方案研究》,《科技进步与对策》2009年第4期。

裴庆力、张侃:《500户村民开网店湾头村草柳编销售近亿元》,《滨州日报》2013年8月13日。

齐卫平、陈朋:《协商民主研究在中国:现实景观与理论拓展》,《学术月刊》2008年第5期。

秦晖:《传统中国社会的再认识》,《战略与管理》1999年第6期。

渠敬东、周飞舟、应星:《从总体支配到技术治理:基于中国30年改革经验的社会学分析》,《中国社会科学》2009年第6期。

渠敬东:《项目制——一种新的国家治理体制》,《中国社会科学》2012年第5期。

任孟娥:《基于自组织理论维度的农民组织的现状分析》,《农村经济》2008年第9期。

邵占鹏:《农村电子商务的兴起与新型城镇化的破局》,《江汉大学学报》(社会科学版)2015年第1期。

史修松、魏拓、刘琼:《农村电商产业集群发展模式与空间涉及差异研究——江苏淘宝村的调查》,《现代经济探讨》2017年第11期。

舒林:《"淘宝村"发展的动力机制、困境及对策》,《经济体制改革》2018年第3期。

宋孟丘、黄小庆:《基于合作社的农村电子商务发展探讨》,《商业时代》2014年第26期。

苏海舟:《文化共同体》,中国农村研究网。

孙立平、王汉生、王思斌等:《改革以来社会结构的变迁》,《中国社会科学》1994年第2期。

谭同学：《亲缘、地缘与市场的互嵌：社会经济视角下的新化数码快印业研究》，《开放时代》2012年第6期。

田毅鹏：《"村落终结"与农民的再组织化》，《人文杂志》2012年第1期。

汪杰贵：《论我国农民自组织"内卷化"危机与出路》，《农村经济》2014年第11期。

汪向东：《农民"卖难"与农村电子商务》，《中国信息界》2012年第5期。

王处辉：《论中国社会价值系统的一主多元特性》，《江海学刊》2008年第5期

王迪、王汉生：《移动互联网的崛起与社会变迁》，《中国社会科学》2016年第7期。

王沪宁：《社会资源总量与社会调控：中国意义》，《复旦学报》（社会科学版）1990年第4期。

王景新：《工业反哺条件下的中国新乡村建设》，《小城镇建设》2005年第11期。

王静：《我国农产品物流电子商务供应链网络结构与运行机制》，《学术论坛》2012年第2期。

王立胜：《人民公社化运动与中国农村社会基础再造》，《中共党史研究》2007年第3期。

王铭铭、刘铁梁：《村落研究二人谈》，《民俗研究》2003年第1期。

王绍光：《大转型：1980年代以来中国的双向运动》，《中国社会科学》2008年第1期。

王先明：《中国农村发展理论的百年探索》，《人民日报》2013年2月7日第007版。

王小章：《现代化求索与现代性反思》，《现代哲学》2005年第4期。

温铁军：《"三农"问题：世纪末的反思》，《读书》1999年第12期。

温铁军：《世纪之交的两大变化与三农新解》，《经济问题探讨》2012年第9期。

温铁军：《我国为什么不能实行农村土地私有化》，《红旗文稿》2009年第2期。

温铁军：《我们还需要乡村建设》，《开放时代》2005年第6期。

温铁军等：《中国大陆的乡村建设》，《开放时代》2003年第2期。

文贯中：《市场畸形发育、社会冲突与现行的土地制度》，《经济社会体制比较》2008年第2期。

吴菲：《盖奥尔格·西美尔社会交换理论述评》，《理论观察》2007年第1期。

吴昕晖、袁振杰、朱竑：《全球信息网络与乡村性的社会文化建构——以广州里仁洞"淘宝村"为例》，《华南师范大学学报》（自然科学版）2015年第2期。

吴重庆：《无主体熟人社会》，《开放时代》2002年第1期。

项继权：《论我国农村社区的范围与边界》，《中共福建省委党校学报》2009年第7期。

辛逸：《人民公社研究述评》，《当代中国史研究》2008年第1期。

徐旭初、黄祖辉：《中国农民合作组织的现实走向：制度、立法和国际比较——农民合作组织的制度建设和立法安排国际学术研讨会综述》，《浙江大学学报》（人文社会科学版）2005年第2期。

徐勇：《"再识农户"与社会化小农的建构》，《华中师范大学学报》（人文社会科学版）2006年第3期。

徐勇：《村民自治的成长：行政放权与社会发育——1990年代后期以来中国村民自治发展进程的反思》，《华中师范大学学报》（人文社会科学版）2005年第2期。

徐勇：《在社会主义新农村建设中推进农村社区建设》，《江汉论坛》2007年第4期。

宣朝庆、韩庆龄：《文化自性与圈层整合：公共文化建设的乡村本位》,《学海》2016 年第 3 期。

宣朝庆:《百年乡村建设的思想场域和制度选择》,《天津社会科学》2012 年第 3 期。

宣朝庆:《突破农村公共品供给的困境——民国知识分子参与乡村建设运动的时代意义》,《山东社会科学》2013 年第 2 期。

颜强、王国丽、陈加友:《农产品电商精准扶贫的路径与对策——以贵州贫困农村为例》,《农村经济》2018 年第 2 期。

杨静、刘培刚、王志成:《新农村建设中农业电子商务模式创新研究》,《中国科技论坛》2008 年第 8 期。

杨嵘均:《论农民自组织动力源的现代转型及其对乡村治理的结构优化》,《学术研究》2014 年第 5 期。

叶敬忠:《发展、另一种发展与发展之外》,《中国农业大学学报》(社会科学版)2010 年第 1 期。

叶敬忠:《一分耕耘未必有一分收获——当农民双脚站在市场经济之中》,《中国农业大学学报》(社会科学版)2012 年第 1 期。

于建嵘:《我为什么主张重建农民协会?》,《中国社会导刊》2004 年第 2 期。

岳欣:《推进我国农村电子商务的发展》,《宏观经济管理》2015 年第 11 期。

曾亿武、郭红东:《农产品淘宝村形成机理:一个多案例研究》,《农业经济问题》2016 年第 4 期。

曾亿武、万粒、郭红东:《农业电子商务国内外研究现状与展望》,《中国农村观察》2016 年第 3 期。

张军:《网络空间的低度嵌入与深度融入:电商经济发展转型研究》,《江海学刊》2016 年第 4 期。

张龙平:《农民自组织:社会参与的有效选择》,《理论与改革》1998 年第 2 期。

张喜才:《电子商务进农村的现状、问题及对策》,《农业经济与管理》2015 年第 3 期。

张献生、吴茜:《西方协商民主理论与我国社会主义民主政治》,《中国特色社会主义研究》2006 年第 4 期。

张志旻、赵世奎、任之光等:《共同体的界定、内涵及其生成——共同体研究综述》,《科学学与科学技术管理》2010 年第 10 期。

赵晓峰、李婷:《塑造"革命小农":人民公社时期新旧制度的博弈机制探析——兼与"理性小农"和"道义小农"的对比分析》,《中共杭州市委党校学报》2014 年第 6 期。

赵晓峰、张红:《从"嵌入式控制"到"脱嵌化治理"——迈向"服务型政府"的乡镇政权运作逻辑》,《学习与实践》2012 年第 11 期。

折晓叶、陈婴婴:《项目制的分级运作机制和治理逻辑——对"项目进村"案例的社会学分析》,《中国社会科学》2011 年第 4 期。

折晓叶:《村庄边界的多元化——经济边界开放与社会边界封闭的冲突与共生》,《中国社会科学》1996 年第 3 期。

郑瑞强、张哲萌、张哲铭:《电商扶贫的作用机理、关键问题与政策走向》,《理论导刊》2016 年第 10 期。

郑胥睿、叶梦:《对我国"淘宝村"发展现状的调查与思考》,《城乡社会观察》2015 年年刊。

郑亚琴、李琪:《整合网络信息链:发展农业电子商务的前提》,《情报杂志》2007 年第 6 期。

郑亚琴:《我国农村电子商务区域基础设施发展水平的主成分聚类分析》,《中国科技论坛》2007 年第 1 期。

周飞舟:《从汲取型政权到"悬浮型"政权——税费改革对国家与农民关系之影响》,《社会学研究》2006 年第 3 期。

朱燕:《电商精准扶贫——互联网+农业背景下的扶贫新路径》,《经济研究参考》2017 年第 16 期。

[日] 石田浩「中国農村社会経済構造研究の再検討と分析視角」

『関西大学経済論集』1984 年第 5 期。

Fujita, M. and T. Mori, "Structural Stability and Evolution of Urban Systems", *Regional Science and Urban Economies*, 1997 (27).

Halfacree, K., "From Dropping out to Leading on? British Counter-cultural Back-to-the-land in a Changing Rurality", *Progress in Human Geography*, 2006 (3).

Krugman, P., "Increasing Returns and Economic Geography", *Journal of Political Economy*, 1991 (99).

Mendels, "Industrialization and Population Pressure in Eighteenth-Century Flanders", *The Journal of Economic History*, 1971 (31).

学位论文

陈靖:《土地的社会生命——基于皖北黄村的实地研究》，清华大学，博士学位论文，2015 年。

刘锐:《义利合一：土地、财产与治理——农村宅基地制度变迁研究》，华中科技大学，博士学位论文，2015 年。

陆保良:《村落共同体的边界变迁与村落转型》，浙江大学，博士学位论文，2011 年。

彭大鹏:《现代化与现代性：理解转型期农村政治秩序的一个视角》，华中师范大学，硕士学位论文，2005 年。

王金荣:《中国农村社区新型管理模式研究》，中国海洋大学，博士论文，2012 年。

王萍:《村庄转型的动力机制与路径选择》，浙江大学，博士学位论文，2013 年。

徐芳:《我国农村电子商务现状及其对策研究》，南京大学，硕士学位论文，2012 年。

张建雷:《发展型小农家庭的兴起：市场、制度与农民家庭的互构——皖东溪水镇的小农家庭与乡村变迁（1980—2015）》，华东理工大学，博士学位论文，2016年。

网络资料

《2017年〈社会蓝皮书〉发布暨中国社会形势报告会》，http://www.china.com.cn/zhibo/2016-12/21/content_39941248.htm。

《滨州博兴县》，360百科，http://baike.so.com/doc/7752654-8026749.html。

《电子商务》，360百科，http://baike.so.com/doc/5333306-5568741.html。

《国务院办公厅关于促进农村电子商务加快发展的指导意见》，政府信息公开专栏，http://www.gov.cn/zhengce/content/2015-11/09/content_10279.htm。

《现代性的歧义》，http://www.doc88.com/p-21571718205.html。

曹锦清：《中国农村转型：转向何方》，http://www.zgxcfx.com，2007-7-10。

李昌平：《中国农民的出路与中国的道路》，百度文库，http://wenku.baidu.com/view/17f4b96baf1ffc4ffe47acc8.html。

麻国庆中山大学人类学系课件：《传统的惯性与社会的结合：人类学中国研究的方法论的讨论》。

中共锦秋街道工委：《大美锦秋》，2016年2月29日第3版。

析出文献

Castells, Manuel, *The Rise of the Network society*, Vol. 1 of the Information Age: *Economy, Society and Culture*, Oxford: Blackwell, 1996, p.373。转引自［英］弗兰克·韦伯斯特《信息社会理论》（第三版），曹晋、梁静、李哲等译，北京大学出版社2011年版。

Habermas, Jurgen, "Technical Progress and the Social Life-World", In Toward a Rational Society, Boston: Beacon Press, 1968, p. 57. 转引自［美］杰弗里·亚历山大《社会生活的意义：一种文化社会学的视角》，周怡等译，北京大学出版社2011年版。

Habermas, Jurgen, "Technology and Science as 'Ideology'", In Toward a Rational Society, Boston: Beacon Press, 1968, pp. 81 – 98. 转引自［美］杰弗里·亚历山大《社会生活的意义：一种文化社会学的视角》，周怡等译，北京大学出版社2011年版。

Migdal, J., Strong Societies and Weak States: State-society relations and State Capabilities in the Third World, Princeton N. J. Princeton University Press, 1988, p. 22。转引自肖林《国家渗透能力建设：社区治理挑战下的国家应对策略》，《哈尔滨工业大学学报》（社会科学版）2013年第6期。

Szelenyi, Ivan and Eric Kostello, "The Market Transition Debate: Toward a Synthesis", American Journal of Sociology, 1996, 101, pp. 1082 – 1096. 转引自陈那波《国家、市场与农民生活机遇：来自中国广东农村的经验（1978—2004）》，中央编译出版社2010年版。

［英］麦基弗：《共同体：一种社会学的研究》，转引自俞可平《社群主义》，中国社会科学出版社2005年版。

孙立平：《"过程—事件分析"与对当代中国国家—农村关系的实践形态》，出自清华大学社会系编《清华社会学评论》特辑，鹭江出版社2000年版。

武福直：《武福直著作集（第9卷）中国农村社会构造》，东京大学出版会，1976年版，第26页。转引自张文明《村民自治：结构与功能的失衡》，《华东师范大学学报》（哲学社会科学版）2006年第5期。

俞可平：《中国农民社会的兴起及其对治理的意义》，载俞可平等著《中国公民社会的兴起与治理的变迁》，社会科学文献出版社2002

年，第 189—223 页。

郑浩澜：《"村落共同体"与乡村变革—日本学界中国农村研究述评》，吴毅主编《乡村中国评论（第一辑）》，广西师范大学出版社 2006 年版。

后　　记

　　本书是我在博士论文的基础上修改完成的。博士毕业将近三年，这期间我围绕着数字乡村建设的主题做了进一步的田野调研，同时积累了更多的思考反思。此时，回望之前的博士论文，虽然进行了诸多修改，但还是有很多不尽如人意之处。不过，这些不足记录了自己稚嫩的成长历程，亦记录了那些从田野中归来思绪喷涌的冲动，我姑且将它们视为学术生命初期的锻炼与探索。跌跌撞撞地一路走来，确实要感恩感谢很多人。

　　首先感谢我的导师宣朝庆教授，宣老师不嫌愚钝，给了我一个继续求学深造的机会，为我打开了更广阔的学术道路，对我学业给予了无尽的支持与包容，并不断鼓励、引导、帮助我在既有研究的基础上不断前行。每周一次的组会，串联起我博士生活的三年岁月，这期间有宣老师的谆谆教诲，有同门学友对我的启发帮助，更有我们师门团结友爱的温暖情意。感谢所有同门学友、师弟师妹们！他们是陈强、杨玲、司文晶、吴晓航、吴苏、陈旭华、贾岱铮、郝光耀、朱琳、舒东妮、王余意、张邵丰、刘明明、齐燕、张羽丰等。感谢博士阶段的所有同班同学，我们一起经历了最好的上课时光，留下很多美好！

　　感谢武汉大学贺雪峰教授对我们学术道路的引导和关心，自己走上农村研究的道路和贺老师组建的读书会、研究团队密不可分。硕士研究生期间的读书岁月和团队成员的相互感染，使我建立起对学术研究的初心和信仰。感谢我博士论文立题阶段给我指导、启发的师兄师姐，感谢六期同年级的小团队成员，我们在互助激发中共同成长，彼此间的亲密和纯粹是我们终生前行的力量，他们是刘锐、张建雷、魏程琳、王海娟、阳云云、高万芹、杜园园、田孟、史明萍、管珊、孙敏。团队里还有太多的人需要感谢，念在心中，不一一提及。

感谢南开大学社会学系的王处辉教授、赵万里教授、袁同凯教授、关信平教授、乐国安教授等老师们的授课指导。感谢博士论文匿名评阅人的宝贵建议；还要感谢答辩委员会的各位教授以及答辩秘书王庆明老师。

感谢中国社会科学出版社，感谢马明老师的辛苦付出和编辑老师对文本的细致修订。

最后，感谢调研过程中为我提供帮助的所有人，感谢街道办事处人员和大湾村书记对我调研的大力支持，感谢村两委成员的配合，他们帮助我联系访谈对象，协助我入户调研，为我的研究提供了很大的便利。感谢所有接受我访谈的基层干部、小组长、家庭作坊主、快递物流商、电商、编工和普通村民，感谢所有访谈对象对我追根到底的发问带来不快的谅解。由于按照学术规范和匿名原则，不能提及他们的名字，但是诸多场景都深深印在了我心里，他们身上有太多智慧值得我好好学习。

韩庆龄
2020 年 7 月